**SUCHE HEIMAT,
BIETE VERWIRRUNG**

Proschat Madani

SUCHE HEIMAT, BIETE VERWIRRUNG

Mein persisch-deutsch-
österreichisches Leben

Für Nasi

Inhalt

Nicht lesen!   **7**

Am Set 1   **11**

Von Krawattenlängen und anderen Symbolen   **35**

Unterwegs auf meiner göttlichen Wurzelmission   **57**

Mein Vater auf dem Elefanten oder: das weinende Volk   **91**

Von Ursprungswunden und falschen Pferden   **123**

Die riskante Kante oder: das gelobte Land der Authentizität   **159**

BFF und HMITW   **185**

Von Filzpantoffeln und großen Gefühlen   **219**

Am Set 2   **247**

Danksagung   **284**
Quellenverzeichnis   **286**

Nicht lesen!

Blöder Trick, ich weiß! Aber er funktioniert offensichtlich: Sie lesen.

Und jetzt Hand aufs Herz, würden Sie diese Zeilen auch lesen, wenn darüber »Vorwort« gestanden hätte? Eben.

Ich will Ihnen hier einen kleinen Ausblick darauf geben, was Sie erwartet. Mehr nicht. Das scheint mir nötig, weil dieses Buch ... nun, sagen wir: nicht so leicht einzuordnen ist.

Es steckt viel Biografisches darin, aber es ist keine Biografie. Für ein Sachbuch ist es zu wenig sachlich. Für einen Roman zu real. Es werden ab und an Wissenschaftler und andere schlaue Leute darin zitiert – ist es ein Fachbuch? Natürlich nicht. Spirituell ist es nicht, obwohl ich mitunter von vermeintlichen »Erleuchtungserlebnissen« berichte. Und politisch ist es schon gar nicht, obwohl es im Buch viel um Integration geht. Es ist häufig, aber nicht immer komisch, weil es bisweilen auch traurig darin zugeht. Auf keinen Fall ein Ratgeber – und ein Betroffenheitsbuch? Hoffentlich nicht.

Eins aber ist es mit Sicherheit, immer, durchweg und ausnahmslos: vollkommen subjektiv und daher sehr persönlich.

Kurz: Dieses Buch ist eine Gewürzmischung. So wie ich.

»Das Persönlichste ist das Allgemeinste.« Das sage nicht ich, sondern das sagte einst Carl Rogers, seines Zeichens Psychotherapeut.[1] Ich stimme ihm zu. Mittlerweile. Die längste Zeit aber habe ich ihm nicht geglaubt. Denn mein Persönlichstes schien mir so anders zu sein als das Allgemeine. Deshalb bemühte ich mich, es so gut wie möglich zu verstecken, indem ich mich so gut wie möglich anpasste.

Und darum geht es in diesem Buch: um meinen oft nicht allzu ernsten Blick aufs Fremdsein und Anpassen, aufs Ausgeschlossensein und Dazugehören.

Ich bin eine Ausländerin, wo immer ich bin. Ich kenne es nicht anders. Zu meinem Erstaunen musste ich aber mit der Zeit feststellen, dass auch die, die Heimat haben, fremd sein können. Auch von ihnen erzähle ich hier. Für die meisten Personen im Buch gilt jedoch der Klassiker: Alle Ähnlichkeiten mit Lebenden und Verstorbenen sind rein zufällig und nicht beabsichtigt.

Unter uns: Es gibt diese Menschen trotzdem. Haben sie darum gebeten, in meinem Buch vorzukommen? Ich habe sie nicht einmal gefragt. Dafür jedoch habe ich sie in ihrem Beruf, Aussehen, Alter und anderen Eigenschaften so verfremdet, dass sie nicht zu erkennen sind. Außer von sich selbst vielleicht.

Das kann natürlich nicht für meine Mutter gelten. Sie hat mir erlaubt, sie so zu beschreiben, wie ich sie sehe. Mein Vater hat mir das nicht erlaubt. Konnte er nicht, weil er nicht mehr lebt. Auch hier, wie kann es anders sein, ist es mein subjektiver Blick auf ihn, der ihn zeichnet. Er kann mir ja bei unserem Wiedersehen die Leviten lesen, wenn ihm meine Darstellung nicht passt. Und meine Tochter? Sie hat keinen Schimmer, was ich über sie geschrieben habe. Sie lässt sich überraschen, was von ihrem großen Vertrauen mir gegenüber zeugt. Mein Mamaherz schlägt höher, sehr gerührt und voller Dankbarkeit.

Aber ich habe ja nicht nur verfremdet, ich habe auch verdichtet. Meine Erfahrungen der letzten 45 Jahre in eine Geschichte verwoben, die innerhalb einer Woche stattfindet. Und wie das mit Verdichtungen so ist, sie dichten, in diesem Fall nicht ab, auch nicht dazu, sondern zum Wesentlichen hin: Alle Begegnungen, die ich im Folgenden beschreibe, haben stattgefunden. Nicht unbedingt in der zeitlichen Abfolge, vielleicht an anderen Orten und in mehreren Etappen. Aber die Gedanken und Gefühle, die sie in mir ausgelöst haben – genau so, wie ich sie beschreibe, habe ich sie gedacht und gefühlt.

Jedes Kapitel behandelt eine Variante des Themas Fremdsein und mag mitunter dadurch bedingt auch im Stil variieren. Und vielleicht finden Sie sich in der einen oder anderen Begegnung, Geschichte, Situation, Erzählweise wieder. Wahrscheinlich immer dann, wenn mein Persönlichstes auf Ihr Persönlichstes trifft.

Das würde mich sehr freuen. Denn dann verbindet uns etwas. Und mittlerweile glaube ich fest daran, dass es letztendlich darum geht: ums Verbundensein. In erster Linie mit mir selbst. Denn dann, so meine Erfahrung, bin ich es viel leichter auch mit den anderen. Immer wenn mir das gelingt, fühle ich mich nicht mehr fremd.

Noch gelingt es mir nicht immer. Aber immer öfter. Und das fühlt sich verdammt gut an.

Ich wünsche Ihnen viel Spaß beim Lesen!

Ihre Proschat Madani

Am Set 1

*P*ünktlich 6.55 Uhr öffne ich die Haustür und trete hinaus in die klirrende Kälte. Wie üblich stehe ich fünf Minuten vor der verabredeten Zeit abholbereit da. Ich bin nach einer durchwachten Nacht um fünf Uhr aufgestanden, habe mich bis aufs Äußerste geduscht, bis aufs Äußerste meine Haare gewaschen, drei doppelte Espressi getrunken und mich zwanzig Minuten lang auf meinem Meditationskissen hin und her gewälzt.

Erste Drehtage machen mich nervös. Sehr nervös. Auch nach so vielen Jahren noch. Ich weiß ja nie, was mich erwartet. Was, wenn der Regisseur entdeckt, dass ich völlig ungeeignet für die Rolle bin? Nein, schlimmer noch: ungeeignet als Schauspielerin überhaupt? Ein siebzigjähriger Kollege erzählte mir unlängst, dass er immer noch von Albträumen geplagt werde, in denen er, bevor er den ersten Satz gesprochen hat, wegen gemeingefährlicher Unbegabtheit umbesetzt wird.

Schauspieler sind eine eigenartige Spezies: Einerseits ist ihr Ego aufgepumpt wie die Muskelpakete Arnold Schwarzeneggers zu seinen besten Zeiten – andererseits haben sie das Selbstvertrauen einer Pusteblume.

Zu meiner Verteidigung muss ich allerdings erwähnen, dass es sich diesmal um keinen gewöhnlichen ersten Drehtag handelt. Ich spiele zum ersten Mal in einem deutsch-persischen

Film mit. Ich wurde in meiner schauspielerischen Laufbahn oft für persische Rollen gecastet. Ich habe sie nie bekommen. Mein lückenhaftes Farsi und mein undefinierbarer Akzent schreckten die Regisseure ab. Einer meinte, die Authentizität der Figur könnte leiden, wenn eine Frau, die aussieht wie eine Perserin, sich so anhört wie eine Chinesin, die versucht, Italienisch zu sprechen. Aber diesmal hat es geklappt. Ich spiele Fariba Pahani, eine Exilperserin in Berlin. Stopp: Nein, ich spiele sie nicht nur. Ich **bin** Fariba Pahani. Immerhin beschäftige ich mich mit nichts anderem als mit Fariba, seit ich vor vier Wochen erfahren habe, dass der Regisseur mich für die Rolle will. Ich habe einen Sprachkurs belegt, mir 13 iranische Filme angesehen und mir meinen Text von einer persischen Kellnerin auf meinen iPod sprechen lassen. Mit diesen Worten schlafe ich jede Nacht ein und jeden Morgen wache ich mit ihnen wieder auf. Ich habe persisch kochen gelernt und mit meiner Mutter auf Farsi telefoniert, während sie mir auf Deutsch mitteilte, dass sie mich nicht versteht. Ich habe Bücher über den Iran gelesen, mich über Land und Leute kundig gemacht, die Eckdaten der Weißen Revolution auswendig gelernt ... und ich kann Ihnen nun erzählen, dass 53 Prozent des Iran von Wüste bedeckt sind und elf Prozent von Wald. Wie eine besessene Ethnologin habe ich mich an diese Herausforderung gewagt und darf nun mit bestem Gewissen behaupten, dass ich nicht nur bis aufs Äußerste geduscht, sondern auch aufs Äußerste vorbereitet bin.

Zugegeben, bis jetzt erforderte auch keine meiner Rollen eine solche Auseinandersetzung. Waren es am Anfang meiner Fernsehlaufbahn Kopftuchfrauen, deren einzige Funktion darin bestand, verängstigt oder traurig zu schweigen, sind es heute Richterinnen, Ärztinnen, Konzernchefinnen und Atomphysikerinnen ..., die man mit mir besetzt. Die heißen dann auch mal Maria von Ehrenfeld oder Silvia Oppermann, sind also ohne Migrationshintergrund oder wie meine Freundin Efi sagt: Migräne-Hintergrund. Nun habe ich mit einer typischen Richterin oder Physikerin so viel gemein wie Gandhi mit einer Fastfoodkette, aber anscheinend überzeuge ich in diesen Rollen. Ich habe offensichtlich eine dominante, selbstbewusste und seriöse Ausstrahlung, für die ich – ich schwöre – absolut nichts kann.

Und Fariba Pahani? Die ist nicht dominant und selbstbewusst, sondern eine warmherzige Exilperserin, von unstillbarer Sehnsucht nach ihrer Heimat geplagt. Eine Figur, die ich mir erst aneignen musste. Ich kam mir dabei ein wenig vor wie die ganz Großen in Hollywood. Sie wissen schon: die Schauspieler, die sich bis zur Unkenntlichkeit verwandeln, um ihre Rollen glaubhaft zu verkörpern. So wie Robert De Niro in »Wie ein wilder Stier«, als er sich für seine Rolle als selbstzerstörerischer Boxer etliche Pfunde angegessen hatte. Oder Sean Penn, als er in »Ich bin Sam« einen geistig Behinderten spielte, oder Cate Blanchett in »I'm not there« als Bob Dylan...

Wo bleibt meine Abholung? Normalerweise sind Produktionsfahrer überpünktlich. Deshalb registrieren sie in der Regel auch, dass ich ebenfalls überpünktlich bin. Noch bevor ich ein Wort gesprochen habe, demonstriere ich mit dieser Geste meinen Respekt vor der Arbeit des Fahrers. Damit mache ich einen guten ersten Eindruck. Es dauert nicht lange und die Fahrer, die oft der schweigsamen Sorte Mensch zuzuordnen sind, beginnen mir über Intimitäten, Eigenheiten und das mitunter unverschämte Verhalten einiger meiner Kollegen zu erzählen. Sie werden es vielleicht nicht glauben, aber in Produktionsautos werden Ehen zerstört, Intrigen geschmiedet, Körperflüssigkeiten ausgetauscht, Karrieren verhindert, Brustvergrößerungen geplant, Potenzprobleme besprochen...

Nicht immer, aber oft genug. Ich habe Fahrer in einer Art und Weise über Schauspieler reden hören, die mir die Schamesröte ins Gesicht trieb. Eins habe ich dabei gelernt: Benimm dich immer so, dass kein Fahrer auf dieser Welt derart schreckliche Sachen über dich erzählen kann.

Ja, ich lege großen Wert darauf, dass man gut über mich redet, dass man mich nicht für eine Zicke hält, und auch nicht für egozentrisch, arrogant oder launenhaft. Am liebsten möchte ich, dass die Menschen Folgendes sagen, wenn mein Name fällt: »Ach, Proschat Madani! Ist das nicht die wunderbare Schauspielerin, die so bescheiden und nett ist? Ein wahrer Engel, ein Schatz!«

Ich verhalte mich freundlich, zuvorkommend und sehr professionell. Nichtsdestotrotz komme ich mir immer wieder falsch vor in diesem Beruf. Das fing schon in der Schauspielschule an. Während sich meine Kommilitonen leidenschaftlich in ihren emotionalen Ausdruck warfen, sich am Boden wälzten und unverständliche Grunztöne in die Welt hinausschrien, stand ich wie gelähmt daneben und konnte nicht einmal meinen Namen sagen.

Im Grunde habe ich mich in den drei Jahren meiner Ausbildung nur geschämt. Für mich und für die anderen. Jede Improvisation war mir peinlich, jede Übung, die mir einen persönlichen Ausdruck abverlangte. Ich wollte mich so gern hinter den Rollen verstecken, keineswegs wollte ich etwas von mir selbst offenbaren. Mein Schauspiellehrer fragte mich eines Tages, warum jemand, der offensichtlich gar nichts von sich preisgeben möchte, auf die Idee kommt, Schauspielerin zu werden. Ich habe die Frage nicht verstanden. Was ich jedoch verstand, war, dass ich etwas an meinem Verhalten ändern musste, wenn ich nicht bereits im ersten Semester von der Schule fliegen wollte. Also begann ich, diejenigen Schüler zu beobachten, die als vielversprechend galten – und sie zu imitieren. Ich durfte bleiben. Mehr noch, man befand mich plötzlich für talentiert. Ich habe mich weiterhin geschämt, aber wenigstens war ich erfolgreich dabei.

In Anbetracht der Tatsache, dass es bitterkalt ist und dicke Flocken schneit, könnte der Fahrer nun endlich erscheinen. Meine Füße frieren, meine Nase ist rot und meine sorgsam gekneteten Locken hängen inzwischen herunter wie die Schlappohren eines Cockerspaniels. Ob ich bei der Produktionsfirma anrufe und frage, wo der Fahrer bleibt? Nein, es wäre unhöflich zu drängeln. Ach, die Höflichkeit, das scheint in meinen Genen zu liegen. Die Perser sind nämlich ein bis zur Selbstaufgabe höfliches Volk, müssen Sie wissen. Bis zwei Perser zu ihrem eigentlichen Anliegen kommen, kann das Stunden dauern. Der Perser muss nämlich beteuern, dass er sich für den anderen opfert, auch wenn er nur nach der Uhrzeit fragt, um sich dann unter Bekundungen wie »Ich will um Ihren Kopf kreisen« und »Bitte gehen Sie auf meinen Augen« endlich zu verabschieden. Diese spezifisch persische Art der Höflichkeit, die das Ideal der Bescheidenheit und Selbstaufopferung auf die Spitze treibt, hat einen Namen: Tarof. Ein Witz des österreichisch-persischen Kabarettisten Michael Niavarani verdeutlicht, wie Tarof funktioniert: »In Persien gibt es eine Frau, die soll zwanzig Monate schwanger gewesen sein. Sie erwartete Zwillinge. Die haben Tarof gemacht.«[2] Was so viel heißen soll wie: Jeder wollte dem anderen den Vortritt lassen. Ich frage mich, rein statistisch gesehen, wie viel Lebenszeit der Perser für Tarof aufbraucht. Lebenszeit, die er in die Senkung der Arbeitslosenzahlen, einen Flug auf den Mars oder eine neue Revolution stecken könnte. Und warum sind es oft die Kulturen mit ausgeprägter Höflichkeit, die gleichzeitig auch zu extremer Brutalität neigen?

Ich kann über die Antwort nicht weiter nachdenken, weil meine Gehirnzellen gerade dabei sind, nach und nach einzufrieren. Mit klammen Fingern zücke ich mein Handy, um nun doch bei der Produktionsfirma anzurufen. Im selben Moment biegt ein Van um die Ecke und bleibt mit quietschenden Bremsen vor mir stehen. Der Fahrer steigt aus. Während er mir ungefragt die Tasche aus der Hand nimmt, in den Kofferraum packt und mich sanft, aber bestimmt auf den Beifahrersitz schiebt, lässt er eine persische Suada auf mich nieder. Die obligatorischen Höflichkeitsfloskeln, Entschuldigungen, weil …, Erklärungen, warum …, und Beteuerungen, dass er … Ich starre ihn paralysiert an. Gefühlte fünf Minuten. Dann sage ich auf Farsi, dass das alles kein Problem sei, ich hätte gar nicht gefroren, kein bisschen, ich bin nur froh, dass ihm »Shokre khoda«* nichts passiert ist und dass er jetzt gesund und wohlbehalten angekommen ist, ich bin sein Opfer. Ich werfe einen Blick hinter mich. Bin das wirklich ich, die da persischen Small Talk betreibt? Oder ist es Fariba Pahani, die aus mir spricht? Ich lächle den Fahrer an wie ein Honigkuchenpferd. Meine Anstrengungen der letzten vier Wochen tragen Früchte. Yeah! Der Fahrer lächelt zurück, startet den Motor und fragt: »Sie sind gar keine Perserin?«

Stille.

»Ich … bin … Perserin – aber in Österreich aufgewachsen«, stammle ich kleinlaut auf Deutsch.

»Ich kann es hören«, antwortet er und imitiert dabei meinen Wiener Akzent. Den Schlag in die Magengrube will ich mir nicht anmerken lassen und gucke deshalb schnell aus dem Fenster. Doch bevor ich mein in Stücke zersplittertes Ego wie-

---

* Gott sei Dank

der zusammenfügen kann, fährt der selbsternannte Sonderbeauftragte der Linguistikabteilung schon fort: »Ihr Vater ist Österreicher?«

»Nein, Perser«, antworte ich knapp.

»Dann ist Ihre Mutter Österreicherin?«

»Nein, die ist auch Perserin.«

»Aber Sie sind in Österreich geboren?«

»Nein, im Iran.«

»Warum sprechen Sie dann kein Farsi?«

Diese Arroganz der Perser ist es, die mich all die Jahre davon abgehalten hat, mich in ihren Dunstkreis zu begeben. Sogar die, die ihr halbes Leben im Ausland gelebt haben und noch immer keinen geraden Satz in der Landessprache herausbekommen, sehen auf mich herab, weil ich als gebürtige Perserin nicht perfekt Farsi spreche.

»Mir war es wichtiger, die Sprache des Landes zu lernen, in dem ich gelebt habe«, antworte ich demonstrativ freundlich.

Ich wende meinen Blick wieder zum Fenster und signalisiere damit, dass das Gespräch für mich beendet ist.

»Ist doch aber Ihre Muttersprache!«, setzt er zwei Atemzüge später wieder ein.

Ich reagiere nicht.

»Heimat bleibt Heimat, egal wohin man ins Exil geht«, erwidert er auf mein Schweigen, als ob ich das Gegenteil behauptet hätte.

»Wir sind schon vor der Revolution weg. Also sind wir quasi nicht ins Exil gegangen«, reflexartig springe ich wieder in den Ring und bereue es im selben Moment.

»Aus politischen Gründen? Waren Ihre Eltern Schahgegner?«

»Nein, keine politischen Gründe. Meine Mutter wollte eben – weg.«

»Ihre Mutter hat ohne Grund ihre Heimat verlassen?«

»Wenn eine 32-jährige Frau allein mit vier Kindern im Alter von 2 bis 13 Jahren in die Fremde zieht, wird es vielleicht den einen oder anderen Grund dafür gegeben haben.«

Hatte ich vorhin erwähnt, dass Fahrer zu der schweigsamen Sorte Mensch gehören? Dieser, wie Sie sicherlich schon bemerkt haben, nicht. Ich erfahre, dass er Djamshid Allahari heißt. Seine Eltern sind kurz nach der Revolution geflohen. Ihr Verbleib im Iran hätte sonst den sicheren Tod des Vaters bedeutet. Seine Mutter war im siebenten Monat schwanger mit ihm. Sein Vater trägt heute noch an den Folgen der Flucht: Er verlor dabei drei seiner Zehen, erfroren. Djamshid ist in der Türkei auf die Welt gekommen. Jetzt leben sie seit 30 Jahren in Berlin. Seine Mutter hat eine kleine Schneiderei. Sein Vater fährt Taxi. Im Iran war sie Literaturprofessorin, sein Vater Bauingenieur – ich bin übrigens in Berlin noch keinem persischen Taxifahrer begegnet, der nicht Bauingenieur war. Und ich fahre wirklich oft Taxi.

»Es vergeht kein Tag, an dem sich meine Eltern nicht nach ihrer Heimat sehnen«, beendet Djamshid seinen Vortrag.

»Nach 30 Jahren?«, frage ich.

Er nickt bedeutend. »Sie haben alles verloren. Aber ihren Stolz konnte ihnen keiner nehmen.«

Die Stolz- und Ehrenschiene! Die hat mir noch gefehlt. Ob er denn in seine »Heimat« ziehen wird, wenn die politische Situation sich verändert, möchte ich wissen. Er wird den Iran bereisen. Aber er wird dort nicht leben. Dafür ist er dann doch zu sehr Deutscher, meint er.

»Dacht ich's mir doch, Herr Superperser!«, rutscht es mir fast heraus.

Djamshid dreht den CD-Player lauter. Jetzt erst höre ich, dass im Hintergrund die ganze Zeit persische Musik lief. Er schwingt im Takt mit. Unter seinem offensichtlich mehr als einmal zu heiß gewaschenen Pullover zeichnet sich ein durchtrainierter Körper ab. Er hat dunkle, lockige Haare, einen Dreitagebart, der ihm etwas Verruchtes gibt, feucht schimmernde Augen mit langen Wimpern, für einen Mann verschwenderisch volle Lippen und ein verführerisches Lächeln. Ein Lächeln? Warum lächelt er mich an? Hab ich vielleicht zu lange geguckt? Rasch schaue ich geradeaus und hantiere am Handschuhfach herum. Djamshid behält mich im Auge. Er beginnt zu singen. Er singt, dass er zu Gast in den Augen seiner Geliebten sein will, die aber lädt leider den Rivalen in ihre Augen ein, daraufhin rennt er wie ein Irrer in der Gegend herum und ruft ihren Namen in jedes Haus hinein, bis er sich entschließt, ihre Schönheit als Schwert zu nutzen und sich damit das Leben zu nehmen.

»Persische Poesie! Irre, kann ich nur sagen«, kommentiere ich sein Ständchen. Djamshid zuckt mit den Schultern und singt weiter. Dann unterbricht er sich unvermittelt und sagt mit einem etwas debilen Lächeln: »Wenn der Iran wieder frei ist, hole ich mir eine persische Frau. Eine, die Ghormeh Sabzi* kochen und persische Lieder singen kann.«

»Dann wünsche ich Ihnen, dass das iranische Regime ganz bald fällt«, antworte ich.

Djamschid nickt ernst. Offenbar ist ihm die Ironie in meinen Worten entgangen. Meine Freundin Eva sagt über persische Männer: »Die kommen hierher, vögeln sich wund an den deutschen, blonden, bereitwilligen Frauen – und dann holen sie sich doch die Jungfrau aus der Heimat und stellen sie an den Herd.« So etwas kann *mir* nicht passieren! Vor persischen Männern bin ich von Kindesbeinen an gewarnt worden.

---

* »Grüner Eintopf«, traditionelles persisches Gericht

Meine Mutter war der Meinung, man könne nicht früh genug damit anfangen. Wie ein Rosenkranzgebet musste ich mir immer und immer wieder anhören, dass ich mich nie, unter keinen Umständen, zu keiner Zeit, auch nicht unter Androhung der Folter, nicht einmal bei Ausführung der Folter mit einem Perser einlassen sollte. Diese Typen würden zwar Süßholz raspeln und mir die Sterne vom Himmel versprechen, mich aber nach dem sexuellen Akt sitzen lassen und ganz übel über mich herziehen. Es gab eine Zeit in meinem Leben, da hatte ich keine Albträume von Monstern und Drachen, sondern von persischen Männern, die hinter meiner Jungfräulichkeit her waren, um dann meinen Ruf für immer und ewig zu ruinieren.

Die Bemühungen meiner Mutter waren erfolgreich. Nicht nur die Perser, alle orientalischen Männer sind ausradiert von meiner Landkarte der Lust. Meine Trophäen waren keine Scheichs oder Ölprinzen, sondern Hans-Peter, Uwe, Franz, Stefan und Konsorten. Mit diesen Männern hatte ich Beziehungen auf basisdemokratischer Grundlage. Keiner von ihnen wäre auf die Idee gekommen, auf mich herabzuschauen, weil ich mit ihm schlief. Im Gegenteil, die freuten sich einfach nur.

»Machen Sie das hauptberuflich?«, beendet Djamshid das kurze Schweigen.

»Was?«

»Die Schauspielerei!«

»Seit 20 Jahren.«

»Komischer Beruf.«

»Aha?«

»Nichts gegen Sie, aber die meisten Schauspieler, die ich kennengelernt habe, hatten einen Knall. Mittelpunktsüchtige narzisstische Egozentriker und Mimosen.«

»Der Beruf verlangt höchste Sensibilität und Kreativität. Wir sind eben anders als ...«

Djamshid sieht mich mitleidig an. Ich könnte mir in die Zunge beißen.

»Und Sie?«, frage ich rasch.

»Was?«

»Sind Sie hauptberuflich Fahrer?«

»Nö!«

»Hab ich mir gedacht.«

»Ich habe Wirtschaft studiert und meinen Doktor gemacht. Ich helfe hier nur aus. Freundschaftsdienst sozusagen.«

Endlich. Wir sind da. Irgendwo in Marzahn, einem der berühmt-berüchtigten Problembezirke Berlins, steige ich vor einer Hochhauskolonie aus. Eine junge Frau, offensichtlich die Praktikantin, kommt auf mich zugelaufen und begrüßt mich freundlich:

»*Guten Tag, Frau Madani. Herzlich willkommen.*«*

Ich möchte etwas erwidern, doch Djamshid kommt mir zuvor. In meine Richtung nickend raunt er ihr zu: »*Die kann kein Farsi.*«

Während mich die Praktikantin unverhohlen anstarrt, sagt sie zu ihm: »*Ich dachte, die ist Perserin!*«

Djamshid zuckt die Schultern und flüstert: »*Aber Vorsicht! Sie versteht ein bisschen!*«

Bin ich blind? Bin ich taub? Ich stehe gerade mal einen halben Meter von ihnen entfernt. Glauben die wirklich, ich höre sie nicht?

---

* Kursiv gedruckte Passagen sind auf Farsi gesprochen, angegeben ist die deutsche Übersetzung.

Die Praktikantin schüttelt etwas irritiert den Kopf und sagt dann in akzentfreiem Deutsch: »Frau Madani, herzlich willkommen. Ich heiße Mehrnaz Brunner. Kostüm und Maske warten schon.«

Mit einem kurzen Seitenblick zu Djamshid antworte ich ihr: »Merci. Ghorbane Shoma«, was so viel heißt wie »Vielen Dank. Ich bin ihr Opfer«, und folge der Praktikantin.

Djamshid lacht und ruft mir hinterher: »Khodafez, Khoshgele!«*.

»Unverschämtheit«, murmele ich in mich hinein und lächle dabei Mehrnaz freundlich zu.

Die Kostümbildnerin hat ein einfaches, geblümtes Kleid, eine schwarze Strickjacke und Sandaletten für mich ausgesucht. Nichts Schickes, aber passend zu meiner Rolle. Ich ziehe mich um und begebe mich ins Maskenmobil. Da wartet schon die Maskenbildnerin.

»Hallo, ick bin die Brijitte. Komm rinn in die jute Stube!«

»Eine Berlinerin«, denke ich. Hier muss ich mich nicht rechtfertigen, nicht verteidigen, nicht entschuldigen. Hier wird deutsch gesprochen. Hier werden keine blöden Fragen gestellt. Hier kann ich sein, wie ich bin. Hier hab ich Heimvorteil.

»Proschat? Is dit der Vor- oda der Nachname?«, fragt Brigitte und massiert mir Feuchtigkeitscreme ins Gesicht.

»Der Vorname«, antworte ich.

»Und wat heißt der?«

»Wer?«

»Na, dein Name. Die ham doch bei euch alle so 'ne dufte Bedeutung. So wie Morjentau und Blumenkelch und so wat allet.«

Was für ein »euch« meint sie denn?

---

* Auf Wiedersehen, Schöne!

»Proschat ist eine Erfindung meiner Großmutter. Der Name hat keine Bedeutung.«

Brigitte unterbricht das Eincremen.

»Na, dit is ja schau. Hätt' ick ooch jerne, n'erfund'nen Nam!«

Angeblich gab es im altpersischen Reich eine Königin, nach der meine Großmutter mich benannt haben soll, die kennt aber keiner. Genauso wie meinen Namen. Weder im Iran noch sonst wo auf der Welt – soweit ich weiß. Kreative Abwandlungen des Namens sind da unvermeidlich: von Broschad über Proscat bis hin zu Prosciutto. Vor vielen Jahren erhielt ich einen Brief, adressiert an Herrn Popschi Madoni. Sie sehen, was meinen Namen anbelangt, kann mich wenig erschüttern.

»Mensch, hast du krasse Haare!«, ruft Brigitte aus, während sie meine Locken durch die Finger gleiten lässt. »Dit habt ihr alle, wa? Die schön' Haare und die schön' Oojen mit den lang'n Wimpan. Da könnt ick ja morden für – als Bleichjesicht mit Schnittlauchlocken.« Sie seufzt und zieht an den Federn auf ihrem Kopf. »Ick find' dit mit den Kopftuchtrajen ehrlich gesacht ja nich' so schlecht«, schiebt Brigitte lachend hinterher. Ich lache mit.

»Dit is janz schrecklich, wat da drüben passiert, wa?«, fährt Brigitte übergangslos fort und schüttelt den Kopf.

»Wo jetzt?«

»Na, bei euch. Die politische Situation und so.«

»Ach so. Ja. Sehr schrecklich.« Ich setze meinen traurigen Dackelblick auf. Da ich im Iran geboren bin, habe ich das Gefühl, ich muss betroffener sein über die Zustände dort als ein Nicht-Perser. Bei Brigitte habe ich offensichtlich doch keinen Heimvorteil, dafür einen Exotenbonus. Passiert mir öfter. Manchmal hat die Freundlichkeit mir gegenüber etwas von Tierliebe. Manchmal ist sie erotischer Natur, gespeist von

Fantasien à la »Tausendundeine Nacht«. Sehr oft schreit mir die Political Correctness entgegen. Das ist insbesondere dann sehr komisch, wenn ich mich selbst als Kanake bezeichne und mir von wohlmeinenden Deutschen anhören muss, dass sich das nicht gehört. Früher hielt man es für ein Lob, mir zu sagen, ich sei keine Ausländerin. Heute lobt man mich gerade dafür, dass ich eine bin. Wirklich klug werde ich nicht daraus, aber wie auch immer, bei den Deutschen kann ich punkten. Für die Perser bin ich dagegen ein Mängelexemplar: als Perserin zu wenig persisch. Um Brigittes Anteilnahme an dem Schicksal meiner Landsleute Futter zu geben, erzähle ich von Frauen, die verhaftet werden, sei es, weil sie ihr Kopftuch nicht richtig getragen haben, weil sie mit einem Mann auf der Straße spazieren waren oder weil sie denunziert worden sind. Hat mir alles die persische Kellnerin erzählt.

»Bei denen herrschen Zustände, die können und wollen wir uns hier nicht vorstellen«, beende ich meinen sensationslüsternen Exkurs und senke den Kopf. Mit »wir« meine ich natürlich die Deutschen und mich, mit »denen« die Perser.

Brigitte sieht mich mit zusammengekniffenen Augen an. Plötzlich hellt sich ihr Gesicht auf, als ob sie etwas Entscheidendes begriffen hätte: »Du kommst aus Östareich, wa?«

Die persischen Frauenverhaftungsgeschichten lasse ich jetzt wohl lieber stecken. Ich nicke kurz.

»Süßa Dialekt is dit.«

Was ist das immer mit meiner Sprache? In Deutschland bin ich Österreicherin, weil ich diesen »süßen« Dialekt habe. In Österreich bin ich Ausländerin, spreche aber wie die Einheimischen. Und im Iran sehe ich aus wie eine Perserin und entpuppe mich als Ausländerin, sobald ich den Mund aufmache.

»Mensch, kiek dich ma' an!« Brigitte hat mich fertig geschminkt und begutachtet ihr Werk. »Wat dit bisschen

Schminke und so'n ollet Kostüm bewirkt, wa? Siehst aus wie'n andra Mensch!«

Ich schaue in den Spiegel und erschrecke. Eine Fremde blickt mir entgegen. Dabei bin ich es doch. Ich, Proschat. Ist die Frau auf der anderen Seite eine meiner vielen Variationen, eine, die ich nicht gelebt habe? Wie zwei Bekannte aus alten Tagen, deren beider Leben unterschiedliche Bahnen genommen haben, nicken wir einander zu. Etwas unsicher und zugleich vertraut.

Doch bevor ich noch weiter in der Betrachtung meines Spiegelbildes versinken kann, reißt mich Kommandantin Mehrnaz aus meinen Gedanken: »Frau Madani, ich will nicht drängen, aber die warten schon am Set!«

Wir drehen in einer kleinen muffigen Wohnung im 12. Stock eines Hochhauses, die mit orientalischen Versatzstücken vollgestopft ist: An den Wänden hängen Wandteppiche, in der Ecke steht ein Samowar. Sieht man aus dem Fenster, blickt man auf andere Hochhäuser. Tristesse pur. Um mich herum wieseln Menschen herum, bauen ab, bauen auf, sind schwer beschäftigt. Typische Set-Stimmung. Ich stehe verloren herum, bis Babak, der Regisseur, mich entdeckt.

»Puruschat«, ruft er, »Puruschat!«, kommt auf mich zu und drückt mich an sich. »*Herzlich willkommen. Geht's dir gut?*«

»*Mir geht's gut. Danke. Ich bin dein Opfer*«, sage ich mit erstickter Stimme, an seine Brust gepresst. Ich habe den Mann nur einmal gesehen, beim Casting. Seine herzliche Art überrascht mich. Er ist groß und hat sein schulterlanges, grau meliertes Haar zu einem losen Pferdeschwanz gebunden. Er trägt eine Hornbrille und strahlt die Gutmütigkeit eines überdimensionalen Teddybären aus. Das wird ein großer Film, erzählt er mir auf Farsi, während er mich durch die Spielwohnung führt. Meine Rolle sei nicht groß, aber sehr wichtig und die Szene, die wir heute drehen, eine Schlüsselszene des Films. In dieser Szene muss ich der Hauptfigur Farsaneh, gespielt von der 23-jährigen Golbanu Taheri, sagen, dass ihr Asylantrag abgelehnt worden ist. Am Ende verlässt sie weinend die Wohnung. Gott sei Dank muss ich nicht weinen. Emotionale Ausbrüche sind nicht mein Ding. Weder beruflich noch privat. Wie die meisten Österreicher und Deutschen habe ich meine Gefühle gern unter Kontrolle.

»*Golbanu*«, schwärmt Babak weiter, »*ist ein Geschenk.*«

Sie verleihe seinem Film Wahrhaftigkeit und Tiefe. Sie sei die perfekte Besetzung für seine Hauptrolle. Rasch fügt er hinzu: »*Und du bist meine perfekte Fariba.*«

Ich erröte und senke verlegen den Blick. Ich kann mich nicht entscheiden, bin ich gerade elf oder schon zwölf Jahre alt?

Plötzlich wird die Aufmerksamkeit aller Menschen in diesem Raum wie von einem Magneten in eine Richtung gezogen: Eine kleine, zerbrechliche Person mit einem Augenaufschlag, der Bambi alt aussehen ließe, betritt das Set. Jeder lässt stehen und liegen, was er gerade tut, und blickt auf. Der Engel kommt in Zeitlupe auf mich zu. Oder bilde ich mir das nur ein?

»*Golbanu – Puruschat. Puruschat – Golbanu*«, stellt Babak uns einander vor. Autsch! Für einen Engel hat sie einen verdammt harten Händedruck. Wir tauschen die üblichen Begrüßungsformeln aus. Von Djamshid eingeschüchtert, traue ich mich nicht, persischen Small Talk zu führen. Dafür nicke ich ungefähr siebentausendmal und lächle sie sinnlos begeistert an. Ich übertreibe selbstverständlich. Auch so etwas Persisches an mir, neben meiner Höflichkeit.

»*Wollt ihr beide mal den Text machen?*«, fragt Babak uns auffordernd.

Mein Herz fängt wie wild an zu klopfen. Golbanus Augen füllen sich mit Tränen.

»*Die wollen mich nicht. Die schicken mich zurück, nicht wahr? Die schicken mich zurück*«, flüstert sie mir mit herzzerreißender Stimme zu.

Was ist denn passiert, um Gottes willen? Wer schickt sie zurück? Was hat das Mädchen bloß? Ich blicke in die Runde. Keine Reaktion. Ich brauche eine Weile, bis ich kapiere, dass das natürlich ihr Text war. So echt – bei einer Textprobe? Das legt die Latte hoch.

»*Mein Schatz, bitte weine nicht. Wir gehen in Berufung. Ich kenne einen Anwalt, der wird uns helfen. Du wirst sehen, wir schaffen das*«, spreche ich meine Sätze im schönsten, akzentfreien Farsi. Ich blicke erwartungsvoll zu Babak.

Babak sieht mich fragend an. Dann kapiert er: »*Hab ich es nicht gesagt? Perfekt! Perfekte Besetzung!*«

Yeah! Ich mache eine Michael-Jackson-Drehung, fasse mir in den Schritt und ende mit dem Moonwalk. In meiner Fantasie zumindest. In Wirklichkeit gluckse ich unkontrolliert vor mich hin und stoße mit dem Oberbeleuchter zusammen, was mich nicht daran hindert, weiter zu glucksen. Ich sehe mein Bild schon auf großen Filmplakaten in Teheran hängen. In Zukunft werde ich mich vor persischen Rollenangeboten nicht retten können, wächst in mir die Gewissheit. Aber so wandlungsfähig, wie ich bin, kann ich natürlich auch alles andere spielen. Chinesinnen, Maoris, Schwedinnen ... mit meiner Vorbereitung – »bis aufs Äußerste« – und der richtigen Maske: kein Problem.

Aus dem Augenwinkel beobachte ich, wie Babak und Golbanu etwas abseits von den anderen miteinander sprechen.

Das heißt, Golbanu redet und Babak hängt an ihren Lippen. Das ist normal. Hauptdarsteller und ihre Regisseure haben eine enge Beziehung. Sie sind ja auf Gedeih und Verderb aufeinander angewiesen. Sie stecken tagtäglich zusammen, stundenlang, in hochemotionalen Situationen. Die müssen einen Draht zueinander haben, miteinander können, aufeinander hören.

Die beiden kommen auf mich zu.

»*Puruschat, wir müssen deinen Text ändern*«, holt Babak aus, »*Golbanu hat es vorgeschlagen und sie hat recht: Es ist dramatischer für ihre Figur, wenn du sie in der Szene anlügst.*«

In meinem Kopf läuten die Alarmglocken.

»*Du sagst, dass ihr Asylantrag angenommen wurde. Aber sie spürt, dass du lügst*«, fährt er fort, »*Das macht sie noch verzweifelter.*«

Er sieht Golbanu an. Die nickt zustimmend. Auftrag vorbildlich ausgeführt.

»*Du improvisierst einfach*«, sagt Babak zu mir, als ob er gerade die Lösung für den Hunger in der Welt gefunden hätte.

»Improvisieren?«, frage ich mit einer augenblicklich ausgetrockneten Zunge, was sich deshalb anhört wie »Ipovisin?«

»*Lass einfach raus, was kommt*«, mischt sich Golbanu ein, um dann mit einem schelmischen Blick zu Babak zu ergänzen: »*Ist sicher besser als das, was er sich am Schreibtisch ausdenkt.*«

Babak knufft sie in die Seite. »*Freches Mädchen, freches Mädchen*«, kommentiert er lachend, »*aber wo sie recht hat, hat sie Recht.*«

Na, hier scheinen sich die kleine Lady »Ich bin der Star hier« und der große »Ich kann meine Augen nicht von dir lassen«-Regisseur ja bestens zu verstehen. Gegen das Bündnis aus Hauptdarstellerin und Regisseur bin ich machtlos. Außerdem müssen wir weitermachen, Zeit ist Geld ... und schon wird gedreht. Golbanus Augen haben sich wieder mit Tränen gefüllt. Ich frage mich, ob sie irgendwo ein Wasserreservoir eingebaut hat.

Ton läuft – Kamera läuft – Action.

»*Die wollen mich nicht. Die schicken mich zurück, nicht wahr? Die schicken mich zurück.*«

Ich blicke vom Ablehnungsbescheid auf. Ich sehe sie an. Dann sage ich: »*Dieser Brief gut ... nicht Ablehnung ... alles gut ... du nicht ... ähm ... ähm ... Sorge ... alles, du, gut ... nicht wein ... ich bin dein Opfer.*«

Stille. Golbanus Gesicht hat sich in ein Fragezeichen verwandelt. Babaks Gedanken ziehen als Leuchtschrift über seine Stirn: »Was habe ich mir da eingebrockt? ... Was habe ich mir da eingebrockt? ... Was habe ich ...« Der Rest der Truppe teilt sich in zwei Fraktionen: Einerseits die Deutschen, die ratlos in die Runde gucken und nicht wissen, warum betretenes Schweigen herrscht. Andererseits die Perser, die einander Blicke zuwerfen und mit den Augen rollen.

Babak nimmt mich beiseite. Ich weiß, dass es nett gemeint ist. Der Beiseitenehmer will das, was er dem Beiseitegenommenen zu sagen hat, nicht vor den anderen sagen, um ihn nicht bloßzustellen. Aber allein das Beiseitegenommenwerden suggeriert ja schon, dass dem Beiseitegenommenen gleich etwas gesagt wird, das so unangenehm und peinlich ist, das ein Beiseitegenommenwerden notwendig ist. Und damit ist es praktisch schlimmer, wenn man vor allen anderen beiseite genommen wird, als wenn einem das, was gesagt werden muss, gleich vor allen anderen gesagt werden würde. Drücke ich mich verständlich aus?

Nein? O.k., dann sage ich es so: HILFE!

Wie immer, wenn ich mich in die Enge getrieben fühle, werde ich arrogant. Ich gerate automatisch in einen »Geht mir doch alles am Arsch vorbei«-Modus. Reine Überlebenstaktik.

»Das mit dem Improvisieren … das war eine dumme Idee von mir«, Babak blickt verlegen drein.

Ich schweige und sehe Babak mit derselben Überheblichkeit an, mit der Falco »Rock me Amadeus« singt. Könnte mein Blick laut sprechen, würde er sagen: »Mach dir mal nicht in die Hosen, Kleiner. Wir machen alle mal Fehler. Nichts für ungut.«

»Was hältst du davon, wenn ich dir jetzt ein paar Sätze sage, die du dann nachsprechen kannst?«, schlägt Babak nun kleinlaut vor.

Ich verziehe meine Lippen zu einem schiefen Lächeln und hoffe, dass Babak versteht, was ich meine: »Kein Problem. Wenn es dir hilft, ich bin dabei. Ich lass dich nicht im Stich, Junge.«

Es sind vier Sätze, die er mir jetzt in Farsi beibringt:

1. Das ist kein Ablehnungsbescheid.
2. Du kannst bleiben.
3. Wir müssen nur ein paar Formalitäten erledigen.
4. Das ist alles.

»*Nimm dir die Zeit, die du brauchst. Wenn du so weit bist, machen wir weiter, ok?*«

Babak drückt freundschaftlich meinen Arm. Ich glaube, er ist kurz davor, sich bei mir zu entschuldigen, weil ich kein Farsi kann.

Eine Viertelstunde lang bläue ich mir diese vier Sätze ein. Eine Viertelstunde, in der das gesamte Team wartet – auf mich. Normalerweise werde ich engagiert, weil ich unkompliziert bin, weil ich umsetzen kann, was man von mir verlangt, weil ich verdammt nochmal gut bin. Oh mein Gott, was ist bloß aus mir geworden?

Ich kehre an das Set zurück. Sofort begeben sich alle an ihre Positionen. Auch Babak ist aufgesprungen und nimmt meine Hand: »*Alles gut, Puruschat?*«

Ich nicke und stelle mich an meine Marke. Golbanu hat bereits – muss ich es noch erwähnen? – in der Tränenzentrale Bescheid gegeben.

Ton läuft – Kamera läuft – Action.

»*Die wollen mich nicht. Die schicken mich zurück, nicht wahr? Die schicken mich zurück…*«

Ich sage meinen ersten Satz, gleite zum zweiten und bleibe im dritten stecken. Beim zweiten Versuch versage ich gleich beim ersten Satz. Beim nächsten schaffe ich es bis zum dritten Satz, verwechsle aber zwei entscheidende Worte im letzten Satz. Daraufhin hänge ich bereits nach den ersten zwei Worten, um beim nächsten Versuch den dritten Satz ganz auszulassen… Um es abzukürzen: Es braucht elf Takes, in denen ich es nicht ein einziges Mal schaffe, alle vier Sätze richtig auszusprechen. Babak entscheidet daraufhin, dass ich die Szene stumm spielen soll.

»Du legst den Inhalt deiner Worte in deinen Gesichtsausdruck. Das geht auch.«

Wenn es einen Nobelpreis für unerschütterliche Freundlichkeit gäbe, er würde zweifellos ihm gebühren. Ändert natürlich nichts daran, dass ich mich als Schauspielerin bis aufs Äußerste gedemütigt fühle.

Wie ferngesteuert begebe ich mich auf meine Position. Ich starre auf den Ablehnungsbescheid in meiner Hand. Ich bete, dass es sich dabei um mutiertes Papier handelt. Papier, das mich anfällt und auffrisst – bis nichts mehr von mir übrig bleibt.

Ton läuft – Kamera läuft – Action.

Aus der Ferne höre ich Golbanus Sätze. Mittlerweile ihres Glanzes enthoben. Dahingerotzt, tränenlos, und sehr, sehr wütend. Jetzt sollte ich aufblicken und meinen gestrichenen Text mimen. Ich starre aber weiterhin auf das Papier. Ich bitte es inständig, mich aufzufressen. Bis etwas reißt. Ganz leise.

Was war das? Ich versuche das Geräusch zu orten, da werde ich von einem anderen Geräusch unterbrochen, einem lauteren. Es hört sich an wie – Schluchzen? Ich sehe an mir runter und stelle erstaunt fest: das kommt ja aus mir. Und wirklich, Bäche von Tränen und Schleim rinnen mir das Gesicht herunter, tropfen auf den Ablehnungsbescheid, der in meinen Händen aufweicht. Mein Kontrollsystem ist defekt. Ich habe mich nicht mehr im Griff. Es schluchzt aus mir heraus und ich kann gar nichts dagegen machen. Vor 50 fremden Menschen. Ohne dass es im Drehbuch steht. Selbst die Zeit scheint stehen geblieben zu sein und wartet geduldig ab, bis ich mein Elend aus mir herausgeweint habe. Dann höre ich ein leises »Cut« und verlasse das Set.

Im Maskenmobil reicht mir Brigitte die Abschminkpads, verzieht sich in den Hintergrund und sieht schweigend zu Boden. Klar, mit einer Versagerin wie mir will keiner mehr sprechen.

Mein Spiegelbild verwandelt sich sukzessive von Fariba Pahani zurück in Proschat Madani – oder wer auch immer diese Fremde sein mag, deren Text heute gestrichen wurde, derentwegen das Team zwei Stunden später Feierabend hat und die nie wieder einen Job als Schauspielerin bekommen wird.

Abgeschminkt.

Ich nehme meinen Mantel und will gehen. Da betritt Babak das Mobil.

Wir sehen uns einen Moment unbeholfen an.

»Tut mir leid. Ich hoffe, dass du bei meiner Nachfolgerin ein glücklicheres Händchen haben wirst«, sage ich knapp und dränge mich an ihm vorbei.

»Deine Nachfolgerin?«, ruft er mir nach.
Ich drehe mich um und sehe ihn müde an.
»Es war«, er stockt, »es war ... unglaublich.«
Babak sieht mich mit großen Augen an.
Manchmal werden Albträume wahr. Stimmt.
»Ich habe selten so etwas erlebt vor der Kamera«, sagt Babak. Er kommt langsam auf mich zu. Ob er mich jetzt schlägt?
»Danke«, flüstert er und nimmt mich in den Arm.
Bin ich im falschen Film?
»Wofür?«, frage ich wieder mit erstickter Stimme, an seine Brust gepresst. Babak schiebt mich von sich und hält meine Hände fest: »Du hast alle meine Erwartungen übertroffen, Puruschat. Du warst großartig.«
»Ich ... war ... was?«, frage ich ungläubig. »Ich habe die Szene geschmissen! Ich hatte einen Nervenzusammenbruch! Ich bin eine unfähige Schauspielerin!«, schreie ich ihn an.
Babak bleibt unbeeindruckt von meinem hysterischen Ausbruch.
»Was sich vorhin in deinem Gesicht abgespielt hat – das hätte kein Text dieser Welt ausdrücken können. Der ganze Schmerz des Fremdseins lag darin. Du hast nicht Fariba Pahani gespielt, du warst sie«, sagt er ganz ernst. In seinen Augen kann ich sehen, dass er den Schmerz, von dem er spricht, selbst sehr gut zu kennen scheint.
Ich versuche mich zu sortieren und rutsche mir selbst aus der Hand wie ein Stück Seife.
»Das heißt, ... du besetzt mich ... nicht um?«, bringe ich stammelnd hervor. Babak lacht und sagt: »Solange wir drehen, hast du Asyl bei mir. Danach musst du einen neuen Antrag stellen.« Er sieht aus wie ein kleiner Lausbub, der gerade einen Streich ausgeheckt hat.

Ich hingegen fühle mich wie nach einem Erdbeben. In mir ist nichts mehr an seinem gewohnten Platz. Da, wo ich immer penibelste Ordnung gehalten habe, herrscht das totale Chaos. Ich kapiere nicht, was passiert ist. Ist meine persönliche Verzweiflung zu Fariba Pahanis Verzweiflung geworden und hat meinem Spiel genau die Wahrhaftigkeit und Tiefe gegeben, die es brauchte?

Vielleicht.

Oder so ähnlich.

Ach, keine Ahnung!

Verloren stehe ich herum und weiß nicht, was ich tun soll. Dann nehme ich Babak in den Arm, presse mein Gesicht an seine Brust, lasse ihn wieder los und gehe.

Djamshid fährt mich nach Hause. Wir schweigen. Ich frage mich, ob er meine heutige Geschichte einem meiner Kollegen während einer Fahrt zum Besten geben wird. Eigenartig, der Gedanke berührt mich kaum. Alles, was ich als Schauspielerin jemals befürchtet habe, ist eingetroffen. Und noch mehr. Was habe ich nach so einem Tag noch zu verlieren?

Aus dem CD-Player trällern wieder persische Lieder.

»Lass mich weinen, bis mein Herz ein See von Tränen ist. Lass mich ertrinken darin für dich. Für einen Blick von dir. Für einen Blick nur von dir.«

Djamshid sieht mich von der Seite an.

»Persische Poesie!«, sagt er. »Irre, ich weiß.«

»So irre finde ich sie gar nicht«, denke ich, drehe die Musik lauter, schließe die Augen und sinke in den Sitz. So ähnlich habe ich mich auch gefühlt. Vor Kurzem erst. »Ertrunken in einem See von Tränen...«

Von Krawattenlängen und anderen Symbolen

Heute Morgen habe ich zwei neue Falten in meinem Gesicht entdeckt. Meine Augenlider sind geschwollen, der Rücken tut weh, der Hals kratzt. Kurz: der gestrige Drehtag steckt mir noch tief in den Knochen. Deshalb habe ich mich entschieden, meine nun folgenden drehfreien Tage in Wien zu verbringen. Ich habe Heimweh. Nach Wien? Hatte ich ja noch nie!

»Wir solidarisieren uns umso mehr mit der eigenen Gruppe, je mehr wir uns gegen eine Fremdgruppe abgrenzen müssen«, sagt der Philosoph Thomas Metzinger.[3] Gestern war das noch reine Theorie für mich. Und heute? Spüre ich es in jeder Faser meines Körpers: Kaum fühle ich mich fremd unter den Persern, schon besinne ich mich auf meine Wiener Wurzeln. Dabei verbinden mich mit den Wienern nur sehr feine Wurzeln, dünne Fäden sozusagen. Aber immerhin doch stärkere als mit den Berlinern. Und viel stärkere als mit den Persern. Deshalb kralle ich mich an ihnen fest – an den fragilen Wurzeln, an Wien. Wo sonst soll ich mein ramponiertes Ego wieder zusammensetzen? Im Moment fühle ich mich wie von Picasso gezeichnet: Nichts ist an seinem Platz. Seelisch, meine ich.

Ich brauche jetzt dringend die Ruhe und Gemütlichkeit eines Wiener Kaffeehauses. Davon trennen mich aber noch eineinhalb Flugstunden – und die Menschenschlange am Gepäckschalter vor mir. Die hat sich leider nicht um einen einzigen Zentimeter bewegt, seitdem ich hier stehe und warte. Das macht mich ungeduldig. Nebenan wird fröhlich und zügig nach New York eingecheckt. Vielleicht sollte ich lieber nach New York fliegen statt nach Wien, denke ich kurz. Meinen Frust könnte ich genauso gut auch dort ausheulen. New York lässt dich ohnehin nicht lange heulen. Viel zu hartes Pflaster dafür.

Ich kann mich noch sehr gut an meinen ersten Besuch im Big Apple erinnern. Das war kurz nach 9/11. Meine Freundin Eva wollte mich davon abhalten.

»Proschat Madani. Geburtsort: Tabriz, Geburtsdatum: 11. September«, Eva wedelte mit meinem Pass herum.

Ich sah sie fragend an.

»11. September – 11.09. – nine/eleven! Und du glaubst an eine Ankunft in New York? Die lynchen dich, bevor du noch in der Empfangshalle des Flughafens angekommen bist.«

»Hast du sie noch alle? Ich kann doch nichts dafür, dass der Terroranschlag ausgerechnet an meinem Geburtstag passiert ist«, versuchte ich Eva auf die Absurdität ihrer Argumentation aufmerksam zu machen. Eva war nicht zu überzeugen.

Mag ja sein, dass die Amerikaner damals bei Kleinigkeiten überreagierten und dadurch unberechenbar schienen. Wer konnte ihnen das vorwerfen? Sie standen unter Schock. Sie waren als ganze Nation angegriffen worden und antworteten auch als solche darauf. Reich und Arm, Schwarz und Weiß, Hetero und Homo stellten ihre Ressentiments gegeneinander hintan und wirkten wie eine Einheit.

Paradoxerweise ähnelten sie gerade dadurch der Vorstellung, die der Feind von ihnen hatte: keine Individuen mehr, sondern nur noch eine gesichtslose Gruppe. Und diese gesichtslose Gruppe hatte nur ein Ziel: die Verteidigung gegen und den Angriff auf eine andere gesichtslose Gruppe.

Auf beiden Seiten war der Feind vielfältig, die Vorstellung von ihm sehr einfältig: alles Islamische – alles Amerikanische.

Wird der Mensch aber ausschließlich als Teil einer Gruppe wahrgenommen, wird er entmenschlicht, zu einem theoretischen Konzept gemacht. Sehr vorteilhaft. Im Krieg beispielsweise: Mitgefühl mit einem Konzept? Gibt's nicht. So kann man problemlos drauf einschlagen.

Thomas Metzinger meint, das Beste, was der Welt passieren könne, wäre eine Bedrohung durch Außerirdische. Dann würde sich die ganze Menschheit solidarisieren und zu einer Gruppe werden.[4] Und auf die Außerirdischen einschlagen? Geht es denn wirklich nicht ohne Gewalt, ohne Feindbild, ohne ein »Gemeinsam gegen etwas«?

Da gefällt mir der Vorschlag eines Politik-Kommentators der 1960er-Jahre besser, den der Neurowissenschaftler David Eagleman in seinem Buch »Inkognito«[5] zitiert. Der Auslöse-Knopf der Atomraketen solle in den Körper des besten Freundes des Präsidenten implantiert werden. Wolle der Präsident den Knopf betätigen, müsste er vorher seinem Freund die Brust aufreißen und ihm Leid zufügen. Die Entscheidung des Präsidenten sei dann kein »unpersönlicher Akt« mehr, sondern zutiefst emotional. Nicht die Abgrenzung fiele hier ins Gewicht, sondern die Verbundenheit.

»Nur weil ich wie eine Araberin aussehe, im Iran geboren bin und am 11. September Geburtstag habe, heißt das noch lange nicht, dass die Amis mich für eine Terroristin halten werden«, versuchte ich jedenfalls meine Freundin Eva damals zu beruhigen.

»Du kennst die nicht«, sprach die Amerikaexpertin, die noch nie über den großen Teich geflogen war.

»Ach, du immer mit deinen Vorurteilen. Keine gesellschaftliche Hysterie, in die du nicht sofort mit einsteigst!«, beendete ich den Diskurs. Zu dem Zeitpunkt wusste ich noch nicht, in welcher Hysterie ich selbst mich kurz darauf befinden würde.

Bereits im Flieger nach New York bekam ich einen Vorgeschmack auf diese Stadt. Um mich herum wuselten Menschen aller Hautfarben, sprachen englisch, deutsch, japanisch, spanisch ... Multikulti, dieser Ausdruck bekam hier eine neue Dimension. Weltenbürger waren wir. Allesamt. Wer brauchte da noch eine Staatsbürgerschaft?

Ich sah auf die Rollbahn, schlug meine Klatschzeitschrift auf und wollte mich gerade den Promi-Problemen widmen, als ich einen großen, dunkelhaarigen, korpulenten Mann auf mich zusteuern sah. Er kam immer näher und ließ sich schließlich auf den Platz neben mir fallen. Eine Erschütterung schien durch die gesamte Maschine zu gehen. Dann verstaute er schwer atmend das Handgepäck unter den Vordersitz, schloss seinen Sitzgurt und lehnte sich zurück, wobei der Sitz ächzend nachgab. Bei alledem würdigte er mich keines Blickes. Die Anzeige auf meinem Stimmungsbarometer stürzte jäh nach unten und blieb bei »gerade noch unterdurchschnittlich« hängen: Dass ausgerechnet so einer mein Sitzkumpel sein musste!

Der Mann war etwa Mitte dreißig. Die obersten Knöpfe seines Hemdes standen offen und gewährten einen Blick auf seine schwarze Brustbehaarung, die beinahe übergangslos über die Halsbehaarung in die Gesichtsbehaarung überging. Auf seiner breiten Stirn sammelten sich Schweißperlen, die er sich mit dem Handrücken abwischte. Sein Haupthaar war verwildert und erinnerte an Tingeltangel-Bob von den Simpsons, sein Gesichtsausdruck war angespannt, beinahe feindselig und ließ einen gewalttätigen Charakter vermuten. Unvermittelt schloss er die Augen, verankerte seine riesigen Hände in den Armlehnen, richtete seinen Kopf gegen die Flugzeugdecke und begann etwas zu murmeln. Nur ein paar Brocken konnte ich aufschnappen, so was wie »Bismil... Allah... rahim.« Warum um alles in der Welt war der Araber so in Panik?

Plötzlich durchfuhr mich ein schrecklicher Gedanke. Hatte ich nicht gelesen, dass die Terroristen von 9/11 eine Viertelstunde nach dem Start das Flugzeug in ihre Gewalt gebracht hatten? Araber – Schweißausbrüche – Stoßgebet gen Himmel – Flug nach New York. Was, wenn der Typ so nervös war, weil er uns in 15 Minuten in die Luft sprengen wollte? Eva hatte recht. Ich hätte nicht nach New York reisen sollen. Wegen der Araber, nicht wegen der Amerikaner.

Und dann passierte etwas Eigenartiges. Ich fragte mich plötzlich, ob Gott vielleicht doch existiert. Ich hatte nie wirklich an ihn geglaubt. Was, wenn sich das jetzt rächte? Höchste Zeit, meine intellektuellen Einwände gegen ihn über Bord zu werfen und gläubig zu werden. Und so machte ich es wie Tingeltangel-Bob neben mir, schloss die Augen, wandte mein Gesicht der Flugzeugdecke zu und krallte die Hände in die Armlehnen: »Hallo Gott. Sorry, dass ich mich noch nie bei dir gemeldet habe. Ich weiß nicht, ob du es weißt, aber der Typ neben mir ist nicht koscher. Koscher sowieso nicht, weil er ja Araber... Jedenfalls, kannst du ihn bitte daran hindern, uns in die Luft zu sprengen? Bitte.« Ich begann mit meinem islamistischen Sitzkumpel um die Wette zu beten. Zu meinem Gott, den Gott der kurz vor dem Exitus Bekehrten.

Und was soll ich Ihnen sagen! Als ich meine Augen wieder öffnete, blickte ich in das fröhlich lächelnde, haarige Vollmondgesicht meines Nachbarn, der mich offensichtlich schon eine Weile beobachtet hatte.

»Die sind scheißschnell, was?«, sprach mich mein Nachbar grinsend an.

Als er meinen verdutzten Gesichtsausdruck sah, fügte er hinzu: »Auch Flugangst? Ha?«

Das also war der Grund für sein auffälliges Verhalten gewesen. Flugangst, auch Aviophobie genannt, wie er mich aufklärte. In seinem Fall nur beim Starten und Landen, aber dafür heftig.

Ich verkroch mich in meinen Sitz und begann mich zu schämen.

Vor dem Vorfall im Flugzeug hätte ich sogar behauptet, dass ich »farbenblind« bin, dass ich nicht einmal bemerke, ob jemand schwarz, gelb oder grün ist.

»Wie kommt es, dass jemand wie ich, der bunte Menschen nicht einmal als andersartig registriert, sich als Trägerfläche der primitivsten Vorurteile entpuppt?«, fragte ich mich damals entsetzt.

Weil es »Hautfarbenblindheit« eben nicht gibt. Wir beurteilen fremde Menschen zuerst einmal nach ihrem für uns auffälligsten Merkmal. Unser Gehirn funktioniert nun mal so. Sitzt einer in einem pinken Paillettenanzug in einer Diskussion, überstrahlt sein Outfit eben jedes Wort, das er spricht. Andere Merkmale dieser Person werden kaum mehr wahrgenommen. Eine differenzierte Einschätzung ist schwer möglich. Unsere Hautfarbe, Nationalität, Andersartigkeit…, das alles tragen wir auf unserem Leib wie ein Paillettenkostüm.[6]

Es braucht nur wenige Signale, damit wir einen Menschen einer Gruppe zuordnen. Wir brauchen das, um zu überleben. Und wenn es gerade nicht ums Überleben geht, dann eben für unseren Alltag. Diese Signale sind nämlich Hinweise darauf, was wir zu erwarten und wie wir uns zu verhalten haben. Dabei sind unsere stereotypischen Gedanken nicht sehr subtil, nicht sehr nuancenreich, auch nicht sehr intelligent. Sie können nicht genau differenzieren, dafür aber sind sie schnell. Schneller als wir. Es ist aussichtslos, uns auf einen Wettkampf mit ihnen einzulassen. Was hilft: wahrnehmen, aber nicht zu ernst nehmen – die Stereotypen und Vorurteile. Ich nehme sie zur Kenntnis und schicke sie dann weg. Wie Kinder, zum Spielen, nach draußen. Das funktioniert nicht immer. Aber wenn, dann fühlt es sich sehr gut an. Viel besser als dieses verkrampfte Politischkorrektsein.

Vor vielen Jahren habe ich in einem Kaffeehaus ein Gespräch belauscht. Zwischen einem Juden und einem Nicht-Juden. Der Nicht-Jude weigerte sich, das Wort Jude auszusprechen. Er sei ja kein Antisemit, meinte er.

»Damit haben Sie es bewiesen«, sagte der Jude. »Was?«, fragte der andere irritiert. »Dass Sie einer sind. Ein Antisemit. ›Jude‹ ist keine Beleidigung«, entgegnete der Jude dem Nicht-Juden und ging.

Solche Blüten treibt die politische Korrektheit. Vor lauter Korrektseinwollen schaltet man seinen gesunden Menschenverstand ab. Kein Wunder, der Korrekte denkt ja ununterbrochen darüber nach, was er denn nun sagen darf und was nicht. »Wäre das in Ordnung? Wem würde man zu nahe treten? Dürfte man das?«

Ein Leben im Konjunktiv. Das macht einen doch kirre, diese Selbstzensur. Aber jetzt frage ich Sie: Kann etwas, das korrekt ist, wirklich von Herzen kommen? Ich glaube, das Herz ist nie korrekt. Es ist lebendig, widersprüchlich, leidenschaftlich und wahrhaftig. Und zum Wahrhaftigen gehört eben, dass wir Vorurteile haben. Alle. Ohne Ausnahme. Die einen mehr, die anderen weniger. Erst wenn wir das akzeptieren, können wir überhaupt damit beginnen, uns mit ihnen auseinanderzusetzen.

Omar, so hieß Tingeltangel-Bob in Wirklichkeit, lebte in Kairo und war Architekt. Seine Familie war über die ganze Welt verstreut, weswegen er nicht umhinkam, immer wieder mal ein Flugzeug zu besteigen.

»Weißt du, Borschat, wenn man Menschen liebt, manchmal man muss leiden. Das ist Leben.« Er zeigte mir Fotos von seinen Neffen und Nichten, die er in New York besuchen wollte.

»Sind schön, nicht?«, fragte er mit einem liebevollen Lächeln. Sie sahen aus wie die Tingeltangel-Bobs der nächsten Generation. Aber das sagte ich nicht, um ihn nicht zu kränken. Er hatte einen Teil seiner Studienzeit in Wien verbracht und sich in die Stadt und in die Süßspeisen verliebt. Beim Anflug auf den JFK Airport unterhielten wir uns so angeregt über Zwetschgen- und Marillenknödel, dass Omar seine Flugangst vergessen hatte.

Wir wollten Telefonnummern austauschen, aber dazu kam es nicht mehr. Omar wurde bei der Passkontrolle in einen separaten Raum geführt, den Raum für Menschen von der Achse des Bösen. Ich sehe noch, wie er mit den Schultern zuckt, als ob er mir sagen will: »Keine Ahnung, was die von mir wollen«, mir zuwinkt und hinter einer Tür ohne Beschriftung verschwindet. Trotz meines Geburtsortes und meines Geburtsdatums blieb ich davon verschont. Ich hatte einen Pass von der Achse der Harmlosigkeit, den österreichischen. Ich wartete auf ihn. Eine Stunde. Zwei Stunden. Omar kam nicht.

Der österreichische Pass ist der Rolls Royce unter den Pässen. Denn die Österreicher gelten als ungefährlich. Als Österreicherin muss ich mich nicht einmal wegen der Nazis rechtfertigen. Dafür sind die Deutschen zuständig. Das mit der Opferrolle haben sie drauf, die Ösis. Und dazu kommen natürlich noch Kaiserin Sisi, Lipizzaner und die Wiener Sängerknaben: das ist Österreich. Ein goldiges Volk. Herrlich! Ich liebe es, goldig zu sein. Immerhin habe ich 23 Jahre lang erlebt, wie ungoldig man mit einem persischen Pass ist – und das, bevor man den Iran verdächtigte, an der Atombombe zu basteln.

Der Pass hat keinen Akzent, er riecht nicht, er ist weder gut noch schlecht angezogen, weder arm noch reich, höchstens ist er abgestempelt... Vor allem aber stempelt er den Menschen ab, zu dem er gehört: Der Pass kategorisiert – unwichtig, welche Musik du gern hörst, wovor du dich als Kind gefürchtet hast, ob du dein Frühstücksei hart oder weich magst, wer dein Herz gebrochen hat und welche deiner Träume du aufgegeben hast zu träumen... Er entscheidet darüber, ob du Feind oder Freund bist, ob du bleiben darfst, ob du arbeiten darfst. Manchmal sogar, ob du leben darfst oder nicht.

Der Pass ist eines der gängigsten Kriterien, um einen Menschen einer Gruppe zuzuordnen. Und das mit der Gruppenzugehörigkeit ist ohnehin eine verrückte Angelegenheit. Hat der Sozialpsychologe Henri Tajfel bewiesen: Selbst wenn man bei Experimenten Probanden aufgrund absolut trivialer Eigenschaften zu einer Gruppe erklärte, identifizierten sie sich mit »ihrer« Gruppe mehr als mit der Fremdgruppe.[7] Ein völlig sinnloses Detail wie beispielsweise die Krawattenlänge würde also ausreichen, um ein Solidaritätsgefühl zwischen Menschen hervorzurufen.

Aber wenn schon die Krawattenlänge ausreichen kann – wie sehr muss dann erst die gemeinsame Hautfarbe, Geschichte, Musik, Tradition, Religion ... zu einem Gruppengefühl beitragen?

Ich will das auch manchmal. Irgendwo dazugehören. Die Last meiner Individualität ablegen und eintauchen in eine Gruppenidentität, die mich trägt. Manchmal ist die Sehnsucht danach so stark, dass ich sogar ein Feindbild in Kauf nehmen würde.

Omar war so ein Feindbild. Für die Amerikaner. Ich habe mich oft gefragt, was mit ihm passiert ist. Wie muss es sich anfühlen, automatisch in die Gruppe der »Bösen« gesteckt zu werden, ohne irgendetwas Böses getan zu haben? Nur weil man den »falschen« Pass besitzt. Wenn einem das immer wieder geschieht, wird man dann am Ende vielleicht wirklich böse? Aus Wut und Trotz?

Omar – der Selbstmordattentäter. Omar – der Knödelliebhaber. Der eine hatte mir Angst gemacht. Der andere hätte mein Freund werden können. Ein und derselbe Mensch. Hätte er mich nicht angesprochen, für mich wäre er ein potenzieller Selbstmordattentäter geblieben. Damals habe ich begriffen, wie wichtig es ist, in Kontakt miteinander zu treten: weil wir dann den Menschen im anderen sehen können, statt ein Bild vom anderen im eigenen Kopf.

Wie viele potenzielle Omars habe ich nicht kennen gelernt, weil ich sie vorschnell beurteilt habe? Menschen, mit denen ich hätte lachen können, von denen ich mich berühren lassen, an die ich mich in schweren Stunden wenden und denen ich helfen hätte können? Wie viel reicher wäre mein Leben, wenn meine inneren Grenzpolizisten nicht darauf trainiert wären, gleich scharf zu schießen, sobald sich ein verdächtiges, ein fremdes Objekt nähert? Und warum fällt es mir so viel leichter, eher die Menschen in Frage zu stellen als meinen Blick auf sie?

»Mütter drücken gerne ein Auge zu und sehen dadurch mehr: die gute Möglichkeit, die in ihrem Kind angelegt ist. Wer so angeschaut wird, der wächst in die Möglichkeit hinein.« Diese Worte hatte mir mal David Steindl-Rast, ein Benediktinermönch, mit auf den Weg gegeben. Ich erinnerte mich wieder an sie und von ihnen inspiriert wollte ich fortan auch mit den Augen einer Mutter in die Welt blicken.

So nahm ich mir damals vor, in jedem Araber den Knödelliebhaber zu sehen. Ich ging sogar so weit, aus potenziellen Selbstmordattentätern Knödelliebhaber machen zu wollen. Ich konnte keinen bekehren, weil ich keinen mehr traf. Selbstmordattentäter, meine ich. Nicht die Araber hatten sich geändert, sondern ich. Ich hatte meine Ängste im Griff, nicht die Ängste mich. Schade, dass ich es dennoch so oft vergesse: durch die Mutteraugen zu blicken.

※

Ich stehe noch immer am Flughafen. Am Gepäckschalter. Die Schlange vor mir? Nach wie vor um keinen Zentimeter geschrumpft. Jetzt begreife ich auch, was bremst. Ein Fluggast hat Übergepäck und weigert sich, dafür zu zahlen. Was in diesem Fall geradezu notwendig ist zu erwähnen – und Sie werden gleich verstehen warum –, der Fluggast ist ... wie sage ich jetzt am besten dazu?

Schwarz? Eigentlich eher braun.

Braun? Gibt's den Ausdruck für ...?

Habe ich jetzt gerade ... gedacht? Sorry!

Farbig? Klingt, als ob er bunt wäre.

Ein Murli? Was ist das eigentlich?

Dunkelhäutig? Zu unspezifisch.

Ein Afrikaner? Unverfänglich.

Also: Der Fluggast ist Afrikaner. Der Mann hinter dem Schalter auch. Dem Aussehen nach. Er spricht aber perfekt deutsch. Er könnte also auch Deutscher sein. Mit Migrationshintergrund. Offensichtlich.

Der Schalterafrikaner, ich nenne ihn der Einfachheit halber Afrikaner 1, ist ungefähr 40 Jahre alt. Ein athletischer Mann. Sein weißes Hemd ist faltenfrei und strahlt im Kontrast zur dunklen Haut besonders hell. Er trägt eine schmale rechteckige Brille. Seine Nägel sind professionell maniküRT, seine Körperbewegungen ein wenig steif, sein Gesichtsausdruck gibt zu verstehen, dass er selbst nicht weiß, warum zum Teufel er hier am Schalter sitzt. Ich finde auch, er ist zu etwas Höherem berufen.

Der Mann vor dem Schalter hingegen, nennen wir ihn Afrikaner 2, ist eher klein und breit. Selbst bei wohlwollender Betrachtung kann man ihn nicht als ansehnlich bezeichnen. Nicht nur seine abgetragene Kleidung ist zerknittert, selbst seine Körperbewegungen entfalten sich nicht. Ich schätze ihn auf 65 Jahre. Nicht unwahrscheinlich, dass er erst 50 ist. Er scheint fassungslos darüber, dass sein Landsmann sich so preußisch an die Regeln hält.

»3,5 Kilo overweight – that's nothing«, versucht er wiederholt, Afrikaner 1 zu überzeugen, seinen Koffer einzuchecken. Doch der bleibt stur.

»Don't be like them«, fährt Afrikaner 2 beinahe väterlich fort und deutet in der Gegend herum. Mit »them« sind anscheinend die Umstehenden gemeint. Eine junge Frau mit Rastazöpfen, die Angestellte am New-York-Schalter, ich, die türkische Bedienung an der Cafébar, eine alte Dame mit Steirerhut... »So german«, fügt er noch hinzu und schüttelt etwas angeekelt den Kopf. Dann spricht er Afrikaner 1 mit »brother« an und lächelt brüderlich.

Nun sieht Afrikaner 1 ihn fassungslos an. Hier gilt es sich schnell abzugrenzen. Mit so einem will er nicht in einen Topf geworfen werden. Demonstrativ fordert er den Mann mit dem Koffer auf, aus der Schlange zu treten, und macht ihm klar: Entweder er zahlt für das Übergewicht oder er erleichtert seinen Koffer um 3,5 Kilogramm. Es hat sich ausgebrothert. Dann blickt er zu uns, als erwarte er Beifall.

Afrikaner 2 hat endlich kapiert: Solidarisierungsversuch fehlgeschlagen. Der hinter dem Schalter gehört nicht in seine Gruppe. Er sieht nur so aus. Polternd hievt er seinen mit Gummibändern zusammengehaltenen Koffer von der Wiegefläche des Schalters, entsorgt einen Schnellkochtopf und eine Schachtel Schrauben.

»It's a shame you treat your brother like this«, raunt er Afrikaner 1 zu, während er seinen Koffer wieder schließt.

»I am not your brother«, hält Afrikaner 1 unmissverständlich fest und lächelt die junge Frau mit Rastazöpfen an. Die sieht ihn irritiert an, kapiert, dass nicht sie gemeint ist, und zuckt mit den Achseln.

»You want to be one of them, don't you?«, sagt Afrikaner 2 verächtlich und zeigt wieder auf uns. »Traitor«, zischt er noch hinterher.

Ich trete an den Schalter.

Neben mir verknotet Afrikaner 2 die Gummibänder an seinem Koffer, was ihm nur unter Stöhnen und Fluchen gelingt.

Ich bekomme meine Boardingkarte ausgehändigt. Schnell entferne ich mich ein Stück, um nicht zwischen die Fronten zu geraten.

Afrikaner 2 stellt sich an den Schalter. Mit einem Mal wird es ganz still. Er fixiert Afrikaner 1. Dann stellt er seinen Koffer auf die Waage.

Langsam.

Wie in Zeitlupe.

Die Luft um die beiden Männer ist so energiegeladen, dass man sie in Stücke schneiden könnte.

»In the end, brother, you can do what you want, you are black. You stay black«, unterbricht Afrikaner 2 nun die Stille.

Die Frau mit dem Steirerhut fasst sich mit der Hand an den Mund, die Rastafari hebt den Kopf schüttelnd gen Himmel, die Augen der Angestellten am New-York-Schalter werden groß wie Tischtennisbälle.

»Black.« Er hat das Wort ausgesprochen, um das es hier die ganze Zeit geht. Das böse Wort.

Zwei afrikanische Urgewalten kurz vor dem Zusammenstoß. In Berlin Tegel. Ich spüre den Savannenwind durch meine Haare wehen.

Afrikaner 1 ist ganz steif geworden. Dass seine Hautfarbe ins Spiel gebracht wird, macht ihn nervös. »It's not a question of black or white. It's about rules«, sagt er und schafft es, Fassung zu wahren. Dann wiederholt er das Wort »rules« und lässt es wie eine Praline auf der Zunge zergehen.

Die beiden Männer blicken sich in die Augen. Lange und stumm. Das Publikum hält den Atem an.

»Your passport, please«, erlöst uns Afrikaner 1 nach einer gefühlten Ewigkeit.

Das Gewicht des Koffers entspricht den »rules«. Halleluja! Ich bin kurz davor, die Frau mit dem Steirerhut zu umarmen, bremse mich aber im letzten Moment.

Afrikaner 1 händigt Afrikaner 2 die Boardingcard aus, schenkt ihm einen herablassenden Blick und wendet sich dem nächsten in der Schlange zu.

Afrikaner 2 zögert einen Moment und – geht. Wir atmen erleichtert auf. Das ist ja nochmal glimpflich ausgegangen. Wir sind gerade dabei, uns wieder unseren eigenen Angelegenheiten zuzuwenden, da dreht sich Afrikaner 2 um und kommt zurück. Er beugt sich über den Schalter zu Afrikaner 1 und flüstert ihm etwas zu. Wir verstehen es nicht.

Die beiden Männer haben beinahe etwas Zärtliches. Bis Afrikaner 1 blitzartig seinen Kopf hebt. Seine Wangenknochen bewegen sich mitsamt seiner Brille nach oben, die Mundwinkel ziehen sich nach unten, seine Augen weiten sich und funkeln. Ich glaube, sogar Rauch aus seinen Nasenlöchern aufsteigen zu sehen. Aber ich kann mich auch irren. Seine Hauptschlagader aber sehe ich pulsieren. Das lasse ich mir nicht nehmen.

Plötzlich hören wir ein paar gutturale Laute. Sie kommen aus Afrikaner 1.

Seine Körperhaltung ist nicht mehr steif, dafür lebendig. Er wirkt – wie soll ich sagen? Wie ein Mensch? Kurz davor, in Tränen auszubrechen, brüllt er etwas in einer Sprache, die hier nur er und der andere Afrikaner verstehen.

»You know your mother tongue, right? Then speak it, white man's asskisser«, spuckt Afrikaner 2 ihm förmlich ins Gesicht und verschwindet. Die Fassade seines Gegners ist zerbröckelt. Und man kann dahinter einen kleinen, verletzten Jungen sehen, der sich schämt. Weil er sich geweigert hatte, seine Muttersprache zu sprechen? Weil er kein »brother« war? Wir werden es nie erfahren.

Am Gate treffe ich Afrikaner 2 wieder. Er sitzt in einer Ecke. Abseits der Menge. Wie ein verletztes Tier leckt er seine Wunden. Lange hat der Triumph nicht angehalten. Ich setze mich neben ihn, packe mein Croissant aus und biete ihm die Hälfte an. Er blickt mich an, als ob ich ihm ein unanständiges Angebot gemacht hätte, wendet sich dann brüsk von mir ab und starrt vor sich hin.

Warum ist denn der so abweisend zu mir? Ich wollte doch nur freundlich sein. Wahrscheinlich weil ich weiß bin. »Rassist«, entfährt es mir. Ich erschrecke. Habe ich das etwa laut gesagt? Nein, nur in meinem Kopf. Gott sei Dank. Trotzdem. Dass meine Freundlichkeit so schnell umschlagen kann! Der Mann will meine Unterstützung nicht. Das macht mich wütend. Über mich.

Warum habe ich eigentlich permanent ein schlechtes Gewissen? Wegen der Juden, der Schwarzen, der Indianer, der Aborigines... Dabei habe ich weder Juden verfolgt, noch war ich Mitglied der Apartheidbewegung. Ich habe den Indianern nicht ihr Land und den Aborigines nicht ihre Kinder genommen. Ich habe nichts verbrochen. Ich hatte gar keine Gelegenheit dazu.

Und genau das ist es! Wie kann ich denn sicher sein, dass ich kein Monster bin? Ich bin ja nie auf die Probe gestellt worden. Vielleicht schlage ich mich deshalb immer auf die Seite der Verfolgten und Ausgegrenzten und habe Mitleid mit ihnen. Denn damit bestätige ich mir selbst: Proschat, du bist ein guter Mensch.

Aber vielleicht bin ich einfach nur ein »Gutmensch«? Politisch korrekt?

Wäre Afrikaner 2 nicht schwarz, hätte ich ihm mein Croissant nicht angeboten. Immerhin wollte er sich mit Afrikaner 1 wegen seiner Hautfarbe solidarisieren und sich einen Vorteil daraus verschaffen. Ein Weißer wäre für mich unter denselben Umständen automatisch in die Rubrik »Rassist« gefallen. Beim Afrikaner drücke ich ein Auge zu. Positive Diskriminierung nennt man das. Umgekehrte Vorzeichen. Gleiches Resultat. Vielleicht spürt Afrikaner 2 das und ist deshalb so abweisend zu mir.

Mitleid ist nicht gut. Es nimmt dem anderen die Würde.

Und das schlechte Gewissen? Versetzt mich in Geiselhaft. Ich will mich den Menschen aus freien Stücken zuwenden, nicht weil ich Schuldgefühle habe.

Mitfühlen? Das klingt irgendwie gut. Mit dem anderen, aber auch mit mir. Wenn ich etwas falsch finde, muss ich es nicht entschuldigen, egal ob jemand weiß, gelb, behindert oder der Papst ist. Und ich will weiterhin lernen. Aus der Geschichte und den Geschichten. Über den Menschen und wozu er fähig ist. Und mich fragen, wozu ich wohl fähig bin. Es ist gut, wenn ich mich nicht auf der sicheren Seite wähne. Immer ein wenig auf der Hut vor mir selbst bin. Und vor den schlafenden Monstern in mir. Dann habe ich sie hoffentlich unter Kontrolle, wenn sie eines Tages aufwachen sollten. Das reicht schon. Fürs Erste zumindest. Mutter Teresa kann ich ja immer noch werden. Gutmensch? Aus der Gruppe trete ich wieder aus.

Eins habe ich aber nie verstanden: Je fremder einem jemand ist, desto größer das Vorurteil. Das leuchtet mir ja noch ein. Aber warum bekriegen sich eigentlich auch die, die sich besonders ähnlich sind? Die Serben die »Tschuschen«. Die früheren Asylanten die Neu-Asylanten. Afrikaner 1 Afrikaner 2. Ein Ausländer den anderen.

Die sind sich manchmal die größten Feinde. Besonders wenn es um die Gunst der Inländer geht. Dabei müsste doch gerade zwischen Leidgenossen Empathie herrschen, würde man meinen.

Vielleicht aber ist es so: Der Ausländer will da bleiben, wo er eigentlich nicht hingehört, nämlich im Inland. Über einen schmerzhaften Prozess von Versuch und Irrtum lernt er, was hierzulande richtig und falsch ist, und integriert sich – im besten Fall. Jetzt taucht einer aus der abgelegten Heimat auf, der sieht ihm verdammt ähnlich. Der Inländer könnte die beiden glatt verwechseln. Das will der Integrierte partout nicht. Immerhin hat er hart gearbeitet, um es letztendlich in die Fremdgruppe zu schaffen. So behandelt er den Ausländer, wie auch er einst vom Einheimischen behandelt wurde, am besten noch schlechter, und bringt damit den ultimativen Beweis: Er mag zwar aussehen wie der aus der abgelegten Heimat, aber er gehört definitiv zu denen aus der neuen Heimat.

Und: Gehört Afrikaner 1 jetzt wirklich dazu? Zu den Einheimischen? Was, frage ich Sie, nutzen ihm seine »rules«, wenn er nachts einem Skinhead begegnet? Der wird ihn nicht nach seinem Bildungsgrad, seinem Kontostand, seinem faltenfreien Hemd und seinem akzentfreien Deutsch beurteilen. Er wird Afrikaner 1 genauso eine überziehen wie Afrikaner 2. Für ihn gehören beide in eine Gruppe, Integration hin oder her. Wie sagte Afrikaner 2 nochmal:

»In the end, you can do what you want. You are black. You stay black.«

Wie sehr sind wir bereit, uns zu verlieren, um einer Gruppe anzugehören, die uns nicht will? Und wie vielen, die uns wollen, treten wir um keinen Preis bei? Wir werden von anderen in Gruppen gesteckt, in denen wir nichts verloren haben, siehe Omar. Wir solidarisieren uns mit Menschen, mit denen uns nichts verbindet als die Krawattenlänge. Eindeutige Zusammengehörigkeitssignale wie die Hautfarbe werden ignoriert. Wie soll sich da einer auskennen?

Mein Kopf brennt, als ob ihn jemand angezündet hätte. Ich würde ihn gerne ablegen. Die einzige Schulter weit und breit ist die von Afrikaner 2. Einen Moment lang überlege ich tatsächlich...

Im Flieger nach Wien lasse ich mich in meinen Sitz fallen, drücke meine Nase am Fenster platt und gucke auf die Rollbahn. In bin noch in derselben Stellung, als wir unsere Reiseflughöhe erreicht haben.

Genau in einer Woche muss ich wieder zurück nach Berlin. Dann ist mein nächster Drehtag. Eine Woche – zu kurz, um meine Muttersprache zu lernen. »Muttersprache erlernen« – in sich schon ein Paradox. Das Versagen ist vorprogrammiert.
»Ich will nicht wieder zum Dreh. Ich will nicht wieder zum Dreh. Ich will nicht ...« pocht es unaufhörlich in meinem Kopf. Meine Unterlippe stülpt sich wie von allein über meine Oberlippe, mein Kinn fängt an zu zittern und im nächsten Moment höre ich mich schon wieder flennen. Was passiert mit mir? Ich war im Gleichgewicht, verdammt noch mal. Ich bin doch ganz sicher keine Heulsuse!

Gestern habe ich mich sogar gefreut, nicht umbesetzt worden zu sein. Aber heute? Mag sein, dass ich gar nicht mal so schlecht war als Fariba Pahani, und dennoch, sie macht mir Angst. Nicht ich habe Fariba gespielt, sie spielte aus mir heraus. Gruselig, dieser Kontrollverlust. Das will ich nicht mehr!

Ich will wieder deutsche Konzernchefinnen und Richterinnen spielen. Die habe ich im Griff, da fühl ich mich sicher. Keine Perserinnen. Ich schäme mich so. Ich schäme mich? Ja, weil ich gestern ... was? ... weil ich ... was? Weil ich mich so »falsch« gefühlt habe unter den Persern.

Dabei dachten die, ich bin eine von ihnen. Anfänglich. Bevor sie mich als Mogelpackung entlarvten. Sie bissen sozusagen in ein persisches Baklava und es schmeckte nach Kaiserschmarrn. Genauso haben die mich gestern angesehen: Als ob ich sie getäuscht und damit enttäuscht hätte. Mit Skepsis, Misstrauen und Unverständnis.

Die Österreicher haben mich früher auch so angesehen. Bevor ich zur Vorzeige-Integrierten wurde.

Vorzeige-Integrierte. Damit bin ich in Österreich schon am Ende der Karriereleiter. Mehr kann ich als Ausländerin nicht erreichen. Den Stempel »Migrationshintergrund« trage ich für immer. Die Perser waren die einzigen, zu denen ich wirklich hätte gehören können. Meine Ursprungsgruppe sozusagen. Als Kind wusste ich das nicht. Da wollte ich österreichisch sein. Nicht auffallen. Damit die Österreicher endlich aufhörten mich skeptisch, misstrauisch und verständnislos anzusehen. Daher habe ich mich entpersert. Schnell und erfolgreich. Und jetzt kann ich mich nicht zurückpersern. Die Chance habe ich verwirkt. Ein für alle Mal. Egal, wie viel ich über das Land recherchiere, persische Filme ansehe und Sprachkurse belege.

Ich habe nicht als Schauspielerin, ich habe als Perserin versagt, geht mir langsam ein Licht auf. Ich habe mich für Fariba Pahani genauso vorbereitet, wie ich mich für die Rolle einer Chinesin, Maori oder Schwedin vorbereitet hätte. Professionell, gewissenhaft und sehr diszipliniert. Nicht einen Augenblick hatte ich daran gedacht, dass ich ja eigentlich eine Perserin bin. Zumindest für die anderen. Hätte ich eine Chinesin gespielt, hätte niemand erwartet, dass ich auf Chinesisch improvisiere. Als Perserin schon. Auf Persisch natürlich, nicht auf Chinesisch.

Wie auch immer, das gestrige Set-Erlebnis hat meinem Selbstbewusstsein einen ziemlichen Kinnhaken versetzt. Aber bin ich mir denn meiner selbst überhaupt bewusst?

Ich?

Wer bin ich?

Bin ich überhaupt, wenn ich keiner Gruppe angehöre? Kann ich überhaupt... keiner Gruppe angehören, oder gehöre ich dann automatisch... der ... Gruppe ... der Gruppenlosen ... und ... falls mich doch eine ... muss ich ... dann ... anders ...

»Hallo? ... Hallo? Hören Sie mich?«, vernehme ich von weit her eine Stimme. Irgendjemand rüttelt an meiner Schulter und schreit auf mich ein. Ich öffne die Augen und schaue in das besorgte Gesicht der Stewardess. Ich sehe mich verwirrt um. Wo bin ich? In einem leeren Flieger. Ich muss in einen komatösen Schlaf gefallen sein. Schnell richte ich mich auf, stammle ein paar Entschuldigungen wie »zu wenig geschlafen ... weiß auch nicht, wie mir das ... 'tschuldigung ...«

»Brauchen Sie Hilfe?«, höre ich die Stewardess mir nachrufen. »Nein, nein, ich habe nur eine Identitätskrise, nichts weiter«, beruhige ich sie und stolpere aus dem Flieger.

Am Wiener Flughafen durchquere ich die Gepäckhalle und bewege mich auf den Ausgang zu, als ich aus den Augenwinkeln Afrikaner 2 sehe. Er läuft an einem der Laufbänder wild gestikulierend hin und her. Dass der Mann aber auch immer für Aufruhr sorgen muss, denke ich mir. Dann bemerke ich, was sein Problem ist: Die Gummibänder seines Koffers sind gerissen. Dessen Inhalt liegt verstreut auf dem Gepäckband.

Vorsichtig verstaut er seine Habseligkeiten in dem lädierten Koffer, als handle es sich dabei um Meißner Porzellan. Dann läuft er in kurzen, plumpen Schritten zum Laufband, ergattert den nächsten Gegenstand und wiederholt die Prozedur. Immer und immer wieder. Ich sehe noch etwas. Afrikaner 2 hat sich heute zweimal verschätzt. Einmal, als er Afrikaner 1 für seinen »brother« hielt, das andere Mal, als er ihm vorwarf »you have become like them«. »Them« nämlich sind gerade dabei, ein Bügeleisen, Unterwäsche, Schuhcreme, einen Radiowecker und vieles andere vom Gepäckband zum Koffer zu transportieren. Die Frau mit dem Steirerhut und die Rastafari stehen Afrikaner 2 zur Seite und wirken wie bei einem Rettungseinsatz im Krisengebiet.

Die Krawattenlänge kann es nicht sein, die die drei verbindet. Keiner trägt eine. Auch sonst sehe ich keine Ähnlichkeit zwischen ihnen. Offensichtlich braucht man keine Gruppe, um menschlich zu sein.

Unterwegs auf meiner göttlichen Wurzelmission

*I*ch verlasse das Flughafengebäude, begebe mich zum Taxistand und bleibe abrupt stehen. Warum bin ich nochmal hierher gekommen? Nach Wien? Ach ja: Ich wollte zurück zu den Wurzeln. Ich erinnere mich. Ein bisschen Zuckerguss, Walzerromantik und Kaffeehausgemütlichkeit. Balsam für mein zersplittertes Ego. Ob das wirklich hilft?

»Wosis? Foa ma oda ned?«*, raunzt mich der Taxifahrer durch das offene Fenster an. Ich steige ein, knalle die Tür zu und bereue es im selben Augenblick. Der Wagen riecht – nach Zigaretten, Schweiß und Stinkefüßen. So wie der Taxifahrer aussieht, ist er die Quelle dieser Gerüche.

Seine blonden Haare stehen ihm im Nacken ab wie das Fell eines panischen Tieres. Nur dass der Mann nicht in Panik, sondern in übelster Laune zu sein scheint. Oberhalb der Panikhaare breitet sich eine riesige Glatze aus. Da wachsen vereinzelte Haare heraus und hängen runter wie die Zweige einer Trauerweide. Seine rechte Wange ziert ein erhabenes Muttermal. Braun und groß. Da hängt kein Haar. Würde aber zum Gesamtbild passen. Als Zuhälter würde man ihn nicht besetzen. Zu sehr Klischee.

---

* Was ist? Fahren wir oder nicht?

Ich gebe an, wohin er mich fahren soll, und hoffe noch inniger als sonst, in keinen Stau zu geraten. Ohne Gasmaske überlebt man in dieser Luft nicht länger als eine halbe Stunde.

Dann lehne ich mich erschöpft zurück.

Ein schneller Trost. Das soll mein Besuch in Wien sein. Eine Symptombehandlung. Mehr nicht. Weil ich es nicht aushalte, wenn es mir mal schlecht geht. Ich muss immer gleich etwas dagegen unternehmen. Da haben ja bereits Kinder ein besseres Durchhaltevermögen als ich. Das bewiesen einige von ihnen zumindest in einem »Marshmallow-Test«: »Du kannst deinen Marshmallow jetzt essen. Oder du wartest, bis ich zurückkomme und bekommst dann zwei Marshmallows«, mit ungefähr diesen Worten wurden Vierjährige bei einer Studie einige Minuten allein gelassen. Mit einem Marshmallow. Direkt vor ihrer Nase.

Was hätten Sie getan? Hätten Sie widerstanden oder hätten Sie reingebissen? Die Antwort auf diese Frage kann nämlich erklären, warum Sie heute erfolgreich sind oder nicht. Denn die Vierjährigen, die gewartet hatten, konnten später »als Teenager Versuchungen besser widerstehen, ... sich besser auf ihr Studium konzentrieren und hatten sich besser im Griff« als ihre naschsüchtigen Altersgenossen, »wenn die Dinge mal nicht nach ihrem Wunsch liefen«[8].

Was soll ich sagen: Ich hätte reingebissen. Meine Schmerzgrenze ist immer schnell erreicht. Ich lasse mir beim Zahnarzt eine Spritze geben. Wenn ein Film mich nach 20 Minuten langweilt, geh ich aus dem Kino. Wenn ich traurig bin, esse ich Schokolade. Ich brauche Instantlösungen, auch wenn es nur kurzfristige oder scheinbare sind, das ist mir egal. Hauptsache, ich leide nicht. Zumindest nicht in diesem Moment.

»Proschat, wenn du einen Tunnel durch einen Berg bauen möchtest, musst du an einer Stelle beginnen – und dann auch dranbleiben«, hat mal eine Freundin zu mir gesagt. »Du aber hörst immer auf, wenn es schwierig wird, und bohrst woanders weiter. Dein Berg sieht aus wie ein Emmentaler. Viele Löcher. Aber kein Tunnel. So kommst du nie auf die andere Seite.«

»Heast, du Wachglopfter, hoast kane Augn in Kopf? Foa weida! Ausländersgsindel, gschissenes!«*, ertönt es plötzlich. Ich zucke zusammen. Das war der Taxifahrer. Ich sehe ihn entgeistert an. Über den Rückspiegel wirft er mir einen finsteren Blick zu. Ich blicke finster zurück. Wir verstehen uns. Beide schauen wir schnell wieder weg.

»Wer baut denn heute noch Tunnel, bitteschön?«, setze ich meinen inneren Monolog fort. Man steigt in den Billigflieger und überfliegt den Berg. Oder lässt sich einen Tunnel bohren, wie man sich eine Doktorarbeit schreiben lässt. Wird man alt, lässt man sich Botox spritzen. Will man Erleuchtung, holt man sie sich an der nächsten Ecke »to go«. Ist doch alles ganz einfach, flexibel und schnell heutzutage. Der Weg ist das Ziel? Heute ist das Ziel schneller zu erreichen, als man den Weg suchen muss.

Was ging in den Vierjährigen wohl vor sich, die an diesem Test teilnahmen? Was empfanden und dachten sie während der endlosen Minuten, die sie wartend vor dem Marshmallow saßen? Mit Verlangen und Gier mussten sie sich auseinandersetzen. Keine schönen Gefühle. Aber die, die nicht reinbissen, haben sie ausgehalten. Sie wussten, ihr vorübergehendes Leiden hat einen Sinn. Am Ende des Tunnels warteten zwei Marshmallows auf sie. Keine Instantlösung. Sondern ein Ziel mit Langzeitwirkung.

---

* Hörst du, du Weichgeklopfter, hast du keine Augen im Kopf? Fahr weiter! Ausländergesindel, beschissenes.

Immer, wenn wir nicht gleich zubeißen, sondern etwas aushalten, sind wir am Ende des Tunnels ein Stück weit reicher geworden. An Selbstbewusstsein. Denn es sind vor allem die Erfahrungen auf dem Weg, die uns prägen, nicht nur das Ziel. Gehen wir den Weg Schritt für Schritt, anstatt ihn zu überspringen, dann sehen wir – am Ziel angelangt – auf eine lebendige innere Landschaft zurück. Blicken wir jedoch von einer Instantlösung zurück, sehen wir nichts als eine Kraterwüste. Tiefe Löcher klaffen im Boden. Sie markieren die Stellen, an denen wir vor uns selbst davon gelaufen sind, weil wir dachten, die Instantlösung sei wichtiger als der Weg, als wir selbst.

Theoretisch weiß ich es: Probleme, die ich aufschiebe, kommen wieder. Manchmal verkleidet – und meist massiv. Das Leid, das ich nicht durchleide, türmt sich auf und bricht eines Tages über mich herein. Die Auseinandersetzung mit mir selbst, wenn ich sie verweigere, holt sie mich ein. Warum fällt es mir so schwer freiwillig innezuhalten? Mich zu betrachten wie ich bin? Ohne einzugreifen? »Ach, interessant, so geht es dir. Da zieht es in der Herzgegend. Du bist verletzt. Das tut dir also weh.« Wenn unangenehme Gefühle im Anmarsch sind, lenke ich mich ab. Sofort.

Mir wird es plötzlich eng um die Brust. Lauthals seufze ich und halte sofort inne. Der Taxifahrer beobachtet mich schon wieder.

»Wachsen mir zwei Nasen aus den Ohren oder warum gucken Sie so?«, versuche ich einen Witz zu machen. Er schweigt. Mein aufgesetztes Lächeln bleibt mir im Hals stecken. Endlich wendet er sich wieder dem Verkehr zu. Höchste Zeit. Beinahe wären wir unserem Vordermann – einem Inder mit Turban – ins Auto gefahren.

Mein persönlicher Marshmallow-Test während der Kindheit war das Fremdsein. Es machte mir Angst. Das konnte ich nicht ertragen und habe mich angepasst. Niemand sollte wissen, wie ich wirklich war. Deshalb habe ich schon früh meine Sensoren von mir weg und nach außen gerichtet. Mein Eigenes habe ich durch das Fremde ersetzt. Ich habe mir keinen besonderen Vorteil dadurch verschafft. Ich bin einfach nicht aufgefallen. Das hat gereicht. Die Angst hat aufgehört.

Wie ein Chamäleon konnte ich meine Farben wechseln. Mich anpassen an Erwartungen anderer. Und war beliebt. Ich hatte mich gut arrangiert. Dachte ich. Jetzt ist die Angst wieder da. Unerwartet. Ich entkomme meinem Lebensthema nicht. Dem Fremdsein.

»Zar an, du Beidl, sonst foari da mim Oasch ins Gesicht, das da da Turban aus de Uhrn staubt«*, unterbricht der Taxifahrer meine hehren Gedanken und hupt wie verrückt.

Nimmt diese Fahrt denn nie ein Ende? Wiener Wurzeln! Balsam für meine Seele! Haben dieser Typ und ich vielleicht gemeinsame Wurzeln?

Dann habe ich doch lieber persische Wurzeln. Egal wie weit ich mich von ihnen entfernt habe. Ich bin dort geboren. Beide Eltern sind Perser. Mein Vater ist tot. Meine Mutter lebt. In Wien. Sie werde ich gleich sehen.

Plötzlich durchfährt mich ein Gedankenblitz: Meine persische Mutter. Sie ist meine Wurzel. Und eine ganz spezielle noch dazu. Stark und dominant. Was, wenn ich ihretwegen nach Wien gekommen bin, ohne es selbst zu wissen? Unbewusst meine ich. Um mich mit meiner Mutter auseinanderzusetzen, mit ihrer Heimat, mit ihrer Vergangenheit. Und damit mit mir selbst. Mit meinen persischen Wurzeln. Und plötzlich erscheint mir der gestrige Drehtag in einem anderen Licht. Die

---

* Beeil dich, du Sack, sonst fahre ich dir mit dem Arsch ins Gesicht, dass dir der Turban aus den Ohren staubt!

Ereignisse haben mich auf eine Reise geschickt. Eine Reise zu mir selbst. Freiwillig hätte ich die nicht angetreten. Ich hätte weitergemacht wie bisher: mich angepasst, funktioniert und meine Sternchen fürs Klassenbuch geholt: »Proschat war ein braves Mädchen, stets freundlich und zuvorkommend. Sie war immer bestens vorbereitet und gab nie Anlass für Ärgernis.«

Würde ich heute sterben, stünden diese Sätze auf meinem Grabstein. Ist es das, was ich vom Leben will? Brav und lieb sein? Jetzt habe ich die Gelegenheit, Farbe zu bekennen. Nein, überhaupt erst einmal meine Farbe zu erkennen. In meinem inneren Chaos fügt sich alles wie von allein zusammen. Ich fühle mich plötzlich heilig erregt. Fast glaube ich, ich habe eine Mission: die göttliche Wurzel-Mission.

Ich sehe aus dem Fenster und mir fällt auf: Der Fahrer fährt im Kreis. Abgesehen vom Geld, das ich damit zu viel bezahle: hier drin wird inzwischen der Sauerstoff wirklich sehr knapp.

»Herr Taxifahrer«, spreche ich ihn an und räuspere mich, »ich glaube, Sie fahren einen Umweg.«

Jetzt zieht er gleich das Messer aus seiner Tasche und schneidet mir die Kehle durch.

»Se erglärn ma ned wiari foan soi, hams mi vastandn?«*, sagt er stattdessen.

»Warum?«, höre ich mich antworten. Ob ich wohl eine unbewusste Todessehnsucht hege oder einfach nur krank im Hirn bin?

Der Taxifahrer fixiert mich. Ich halte stand.

»Weu a Piefge an Weaner ned erglärt, wie er foan soi!«**, antwortet er ganz langsam und betont dabei jedes Wort.

---

* Sie erklären mir nicht, wie ich fahren soll, haben Sie mich verstanden?
** Weil ein Piefke (Schimpfwort der Österreicher für die Deutschen) einem Wiener nicht erklärt, wie er fahren soll.

»Ein ... was ... bitteschön?«

»Als wann ma des ned hean täd!«*, murmelt der Taxifahrer verächtlich in sich hinein. Dann schießt er noch einmal ein leises, aber verächtliches »Piefge!« hinaus.

Ich öffne den Mund und will etwas sagen, aber meine Fassungslosigkeit hat alle Worte in mir ausgelöscht. Jetzt bin ich also nicht nur eine Ausländerin, ich bin auch noch ein deutscher Piefke – ein beliebtes Feindbild der Österreicher. Heißt das, ich habe mich schon wieder angepasst? Diesmal an die Deutschen, ohne es zu merken?

»Papperlapapp«, denke ich und gewinne langsam meine Fassung zurück. Ich ein Piefke! Dass ich nicht lache. Wahrscheinlich weil ich im Gegensatz zu diesem Wiener Ungetüm drei gerade Sätze auf Hochdeutsch sprechen kann. Das reicht für den schon, um mich als Piefke abzustempeln. Soll ich das etwa auf mir sitzen lassen?

»Mmmh...«, einen kurzen Moment überlege ich und dann:

»Wann Se net sufuad machn, was i Ihnen soag, spielt's Granada. Se foan jetzt grad aus, bei der dritten Ampel nach links, dann halbrechts bis nimmer weiterkumma und dann samma da, hams mi? Sie ausgspuckter Dreckspatz, schiacher!«**

Kurze Pause.

»Und no was, solang i in Ihrn vastunkenen Wagn sitz, will i ka ›Piefke‹ und überhaupt nix Ausländerfeindliches mehr

---

* Als ob man das nicht hören würde!
** Wenn Sie nicht sofort machen, was ich Ihnen sage, passiert was. Sie fahren jetzt gerade aus, bei der dritten Ampel nach links, dann halbrechts, bis Sie nicht mehr weiterkommen und dann sind wir da, haben Sie mich verstanden? Sie ausgespuckter Dreckspatz, hässlicher!

hean. I bin nämlich Perserin und stoitz drauf«,* brülle ich, was das Zeug hält.

Stille.

Er starrt mich an und rührt sich nicht. Habe ich ihn mit meinen Worten getötet? Er merkt nicht einmal, dass er als Einziger noch fährt. Alle anderen stehen.

»Stopp«, schreie ich, er steigt auf die Bremse, mich schleudert es gegen den Vordersitz und dann wieder in den Rücksitz. Dann höre ich ein lautes Pumpern. Jetzt ist es passiert. Er ist seinem Vordermann reingefahren. Der Mann mit dem Turban steigt aus. Er scheint zwei Meter hoch zu sein und so was wie ein Kickboxer. Das sah man vorhin gar nicht so. Er kommt auf unseren Wagen zu, öffnet die Tür – Gott sei Dank! Luft! – und zerrt meinen Taxifahrer raus. Was da für Beschimpfungen folgen … ich nutze derweil die Gelegenheit, nehme mein Köfferchen, schleiche mich aus dem Auto und mache mich zu Fuß auf den Weg. Ist ohnehin nicht mehr weit. Nein, ein schlechtes Gewissen wegen der Taxirechnung habe ich nicht.**

Vorbei an gepflegten Parkanlagen und an den Prachtbauten der Ringstraße steuere ich auf ein großes Ziel zu: meine Mutter. Die Frau, die mir das Leben geschenkt, mich aufgezogen und genährt, die mir Liebe und Wärme gegeben hat, wie sie nur eine persische Mutter geben kann. Wenn ich die

---

* Und noch was, solange ich in Ihrem verstunkenen Wagen sitze, will ich kein »Piefke« und überhaupt nichts Ausländerfeindliches mehr hören. Ich bin nämlich Perserin und stolz darauf.

** Zur Ehrenrettung aller österreichischen Taxifahrer möchte ich hier festhalten: Er war eine Ausnahme.

Hymne draufhätte, ich würde sie jetzt singen. Die persische natürlich.

Passanten beginnen zu strahlen, wenn sie an mir vorübergehen. Habe ich plötzlich übersinnliche Kräfte? Ich lächle sanftmütig zurück. Fast möchte ich ihnen die Hand auflegen. Während ich so dahinschreite, frage ich mich, wie ich sie angehen soll, meine göttliche Mission. Ganz praktisch gesehen. Im Mehrstufenplan. Ich verlangsame meinen eben noch so leichtfüßigen Schritt. Meine Mutter weiß ja nicht einmal, dass ich komme, fällt mir ein. Von meinem gestrigen Horrortag kann ich ihr nichts erzählen, das würde sie zu sehr belasten. Das heißt: Ich muss etwas erfinden. Ich spüre einen kleinen Riss in meinem Heiligenschein. Nennen wir es beim Namen: Ich werde nicht nur etwas erfinden müssen, ich werde richtig lügen müssen. So fängt keine verheißungsvolle Mission an. Und dann gibt es noch ein anderes Problem. Ein gravierendes. Das »Du bist soooo österreichisch«-Problem. Mein Schritt wird noch langsamer. Von Leichtfüßigkeit ist nicht mehr die Rede. Ich sehe nach oben. In dem Moment fällt mein Heiligenschein in sich zusammen, mir auf dem Kopf und rinnt an mir herunter wie ein missglücktes Soufflé.

»Du bist soooo österreichisch«, diesen Satz hat mir meine Mutter unzählige Male an den Kopf geworfen. Und er war nicht als Kompliment gedacht. Hätte man mir an alle Beulen, die ich davontrug, rot-weiß-rote Fähnchen gesteckt, ich wäre als Maskottchen für die Fremdenverkehrswerbung durchgegangen. Ich bin österreichisch. Es wird nicht mehr in Frage gestellt. Wie die Schwerkraft. So selbstverständlich ist es, dass man es nicht einmal mehr wahrnimmt.

Jetzt verstehen Sie vielleicht, was der Rollenwechsel von der Österreicherin zur Perserin für mich bedeutet: eine

Verschiebung der Kontinentalplatten. Eine Aufhebung der Naturgesetze. Schlimmer noch: ein Eingeständnis.

»Du hattest recht, Mama, es war falsch, soooo österreichisch zu sein. Warum habe ich bloß nicht früher auf dich gehört?«

Welch ein Triumph für meine Mutter. Und für mich? Ein tiefer Fall vom K.u.K.-Thron mit anschließendem hartem Aufprall.

Jetzt überkommen mich doch wieder Zweifel. Bohre ich gerade wieder ein neues Loch in meinen Berg? Halte ich mein Fremdsein wieder nicht aus? Will ich um jeden Preis persisch sein, weil das gerade gefragt ist, genauso wie ich bis jetzt österreichisch war?

Papperlapapp!

Ich widme mich dem Teil meines Lebens, den ich seit meiner Kindheit vernachlässigt habe. Das nennt man nicht Anpassung, sondern Heimkehr. Ich lasse mir meine Mission nicht kaputt machen. Nein! Ich brauche nur eine gute Strategie. Einen gleitenden Übergang von der Österreicherin zur Perserin. Ich muss quasi als nestroysche Salome Pockerl auftreten und als Scheherazade abgehen, ohne dass meine Mutter es merkt. So verliere ich nicht mein Gesicht. Und entlocke ihr dabei gleich noch alle Informationen, die ich brauche. Wie eine Geheimagentin. Subtil und geschmeidig. Ich sehe mich schon als neue Mata Hari. Proschat Mata Hari.

※

Ich bin angekommen. Im Hotel. Das Wiener Hotel meiner persischen Mutter. Immer wenn ich in Wien bin, quartiere ich mich in einem der Gästezimmer ein. Meine Mutter wohnt selbst auch hier, in einem Appartement. Um immer erreichbar zu sein.

Im Hotel werde ich von Lian, unserem chinesischen Rezeptionisten, begrüßt. Lian ist um die 30, sehr klein und immer wie aus dem Ei gepellt.

»Ich bin heute der Überraschungsgast für meine Mutter«, sage ich und gebe ihm die Hand. Er zieht mich über den Tresen zu sich hin und deutet zum Besprechungszimmer: »Ihle Muttel hat einen Telmin. Ilgendwelche Bankleute. Wichtig.« Er redet wirklich so.

Ich nehme mir ein Bier von der Bar, setze mich ins Büro, schlage die Zeitung auf und luge zum Besprechungszimmer. Durch die Glaswand sehe ich meine Mutter einer Riege von vier Männern in Anzug und Krawatte gegenübersitzen. Sie präsentiert den Herren eines ihrer neuen Projekte. Ohne Powerpoint und Flipchart, dafür auf handgeschriebenen Zetteln. Da stehen ihre Kalkulationen, mit denen sie sich Kredite erhandelt. Meine Mutter ist sehr überzeugt von dem, was sie tut, und daher auch überzeugend. Sie legt keinen Wert auf Statussymbole, ist in keinem Netzwerk und unterhält auch sonst keine Beziehungen, die ihr von Nutzen sein könnten. Und das in Österreich, dem Geburtsland der Freunderlwirtschaft. Sie stellt Fragen, wenn sie etwas nicht versteht, auch wenn sie damit irritiert. Oft wird sie unterschätzt. Von den Profis. Als Frau und Ausländerin. Umso mehr überrascht meine Mutter diese Leute, wenn sie die Projekte, von denen sie ihr abraten, trotzdem durchführt. Erfolgreich.

Wir sind sehr unterschiedlich, meine Mutter und ich: Ich will immer wissen, wie man es richtig macht. Sie nicht. Genau wie Muhammad Yunus, der Begründer der Mikrokredite vergebenden Grameen Bank.

»Wie eröffnet einer eine Bank, der nichts vom Bankwesen versteht?«, wurde er gefragt. »Wenn ich etwas vom Bankwesen verstanden hätte, hätte ich es nicht tun können… Ich folgte meinem gesunden Menschenverstand und mein gesunder Menschenverstand war richtiger als alle von den Banken geschaffenen Regeln«[9], gab er zur Antwort. Er bekam den Friedensnobelpreis für sein revolutionäres Projekt.

Meine Mutter tut auch Dinge, von denen sie nichts versteht. Sie führt nicht nur ein Hotel. Sie baut auch Häuser. Wie das geht, hat sie nie gelernt. Auch nicht, wie es nicht geht. Deshalb löst sie Probleme, die Experten für unlösbar halten. Sie denkt eben quer. Im Alter von 32 Jahren hat sie beispielsweise mit uns vier Kindern und meiner Großmutter ihre Heimat in Richtung Amerika verlassen. Ohne Mann und ohne Aussichten. Nur mit einer Vision: »Meine Kinder sollen in einem freien Land aufwachsen.« Dabei war der Iran damals noch frei. Zumindest frei von der islamischen Regierung. Das genügte meiner Mutter nicht.

Ihr genügt selten etwas. Vielleicht ist sie eine Getriebene. Oder einfach nur leidenschaftlich. Weil sie liebt, was sie tut. Und darin ausdrückt, wer sie ist. Stillstand bedeutet für sie Tod. Leben Risiko. Risiko Lebendigkeit. Sich immer wieder neu fordern. Eigene Grenzen in Frage stellen. Neugierig sein auf das Leben. Und nie aufhören zu träumen. Auch nicht mit über 70. So ist sie. Sehr originell und nicht einfach.

Wie alle Menschen, die nicht nach dem konventionellen Strickmuster funktionieren. Sie irritieren ihr Umfeld. Allemal besser, als sich ins Normmaß zu pressen. Denn das hat viele auf dem Gewissen. Mich auch. Der genormte Unterricht an meiner Schule zum Beispiel: Lange Zeit dachte ich, ich sei dumm. Weil ich zu oft Quadrate in die Kästchen gemalt hatte, die für Dreiecke vorgesehen waren. Logisches Denken war nie meine Stärke. Was ich konnte, dafür gab es kein Schulfach: Monologe für meinen Bleistift erfinden, die Lehrerin über den Boden schweben lassen, so lange in den Himmel gucken, bis sich zwei Wolken trafen, heirateten und Kinder bekamen ... Irgendwann habe ich mit diesen Albernheiten aufgehört und versucht, den Anforderungen des Schullebens gerecht zu werden. Kästchen richtig auszufüllen habe ich dennoch nie gelernt. Egal, wie sehr ich mich bemühte. Und meine blühende Fantasie? War aufs Abstellgleis gestellt. Am Ende meiner Schulkarriere glaubte ich also nicht nur dumm zu sein, ich war auch fantasielos geworden, weil ich mir meine Fantasien einfach abtrainiert hatte.

Was für ein Glück, dass ich Schauspielerin geworden bin. So konnte ich ein Leben jenseits von Quadraten und Dreiecken führen. Und entdecken, dass ich doch intelligent bin. Auf meine Art. Ich bin meiner Mutter sehr dankbar. Nicht nur, dass sie mich immer für klug hielt – sie hat mich auch nie dazu gedrängt, etwas »Vernünftiges« zu lernen. Als ich ihr eröffnete, dass ich Schauspielerin werden möchte, war sie begeistert: »Tu, was dich freut. Das braucht die Welt.«

Aber ich bin viel weniger sicher als meine Mutter. Manchmal weiß ich gar nicht, was mich freut.

»Ich hatte meinen ersten Orgasmus«, erzählt eine Frau ihrer Freundin beglückt, »aber mein Therapeut sagt, es war keiner«, fügt sie dann traurig hinzu.

Ein Witz. Oder auch nicht.

Wie wenig traue ich manchmal meinem eigenen Gefühl und wie oft hole ich mir Bestätigung von außen? Von den Leuten in weißen Kitteln, von Gurus in langen Gewändern, von Erfolgscoaches in teuren Armani-Anzügen. Von all denen, die wissen, wie es geht. Dabei ist Wissen in Wirklichkeit eine Lernbehinderung, meint Fritz B. Simon, seines Zeichens Psychiater.[10]

»Not knowing« lautet auch die Prämisse der Buddhisten. Und der gesunde Menschenverstand kann allgemein gültige

Bankgesetze aushebeln, hat Muhammad Yunus bewiesen! Dann kann ich mich doch durch mein kleines Leben navigieren, ohne immer gleich zu einem Lebensratgeber zu greifen, oder?

»Wirf dich in die Welt, wie du bist, und dann sieh zu, wie sich die Welt verändert. Durch dich«, hat mir meine Mutter mal gesagt. Vielleicht ist das einer der Ratschläge, die ich doch beherzigen sollte.

❧

Meine Mutter verabschiedet die Bankleute. Lian präsentiert mich, wie ein Zauberer das wiederentdeckte Kaninchen darbieten würde: »Voilà! Ihle Tochtel, Flau Madani.«

Meine Mutter kommt mit ausgebreiteten Armen auf mich zu und drückt mich an sich. »Wenn ich gewusst hätte, dass du kommst, mein Herz, hätte ich mir den Tag freigehalten.«

Als ich klein war, hatten meine Mutter und ich ein Begrüßungsritual. Ich stellte mich mit meinen Füßen auf ihre Füße. Sie spazierte mit mir durch die Gegend. Mittlerweile ist es umgekehrt. »Na hopp, rauf«, sage ich. Sie steigt auf meine Füße. Ich wandere mit meiner Mutter durch ihr Büro.

Soll ich ihr vielleicht doch von meinem gestrigen Erlebnis erzählen? Nein. Ich will nicht wie ein Versager dastehen. Selbst vor meiner Mutter nicht. Wenn man im Schatten einer Frau aufwächst, die überlebensgroß ist, dann möchte man als Nachwuchs wenigstens das Prädikat erfolgreich tragen, wenn man selbst schon nichts Überlebensgroßes geschaffen hat. Bis jetzt. Immerhin habe ich heute eine Mission. Jeder hat seinen eigenen Weg, nicht wahr? Meine Mutter jongliert mit Geldbeträgen und ich führe eine göttliche Weisung aus. Wahnsinn.

Endlich habe ich eine Verbindung mit etwas Größerem als mir selbst. Und es ist nicht meine Mutter.
   Plötzlich hält meine Mutter inne und steigt ab.
   »Ist alles in Ordnung mit dir?«
   »Ja, klar«, sage ich schnell.
   »Du kommst nie unangekündigt.«
   »Ich wollte meine persische Mutter überraschen.«
   »Deine persische Mutter?«, fragt sie amüsiert.
   »Du bist doch eine persische Mutter, oder nicht«, setze ich naiv nach.
   »Hast du getrunken?«
   »Ein Bier.«
   »Wusst' ich's doch.«
   »Was?«
   »Du bist betrunken.«
   »Mama, bitte, das ist lächerlich. Kein Mensch wird von einem Bier betrunken.«
   »Du schon. Liegt an deinen Genen. Dir fehlt dieses Enzym.«
   »Apropos Gene: Bereust du es nicht, deine Heimat verlassen zu haben?«
   Stille.
   Proschat Mata Hari? Wirklich? Man hätte diese Frage lauter oder leiser stellen können, höher oder tiefer, schneller oder langsamer, man hätte sie auf dem Kopf stehend stellen können, aber unter keinen Umständen hätte man sie noch unsubtiler und noch ungeschmeidiger stellen können.
   »Hast du sonst noch was genommen?«, fragt meine Mutter gespielt besorgt. »Koks, Haschisch, Ecstasy?«
   »Jetzt sei mal ernst, Mama«, fordere ich sie ungeduldig auf. »Wenn du noch einmal die Wahl hättest, was würdest du anders machen?«
   »Auswandern!«, kommt es wie aus der Pistole geschossen.

»Aber du bist doch schon...«, sage ich etwas verwirrt.

»Aus Österreich.« Meine Mutter hält mir die Zeitung vor die Nase. »Schau dir das an. Schon wieder ein neues FPÖ-Plakat: ›Heimatliebe statt Marokkaner-Diebe!‹[11] In was für einem Land lebe ich bloß? Warum schreibst du nicht einen Leserbrief an...«

Immer wenn ich in Wien bin, fordert mich meine Mutter auf, irgendjemandem einen Brief zu schreiben. Ich nicke jedes Mal und tue – nichts. Früher habe ich zu solchen Gelegenheiten gern einen Vortrag über das taoistische »Wu wei«, was so viel heißt wie »Tun im Nichtstun« gehalten. Mittlerweile gerät meine Mutter schon bei »Wu« in Rage. Zu »wei« komme ich gar nicht erst.

Meine Mutter ist eben eine Kämpferin. Für ihre Ideale und gegen die Ungerechtigkeit. Als sie 13 Jahre alt war, ist sie einer verbotenen kommunistischen Untergrundorganisation beigetreten, der Tudeh. Sie war eine von denen, die »Yankee go home« und »Nieder mit dem Schah« an Mauern geschmiert haben.

»Jede Nacht habe ich gehofft: Das ist **die** Nacht. Die Nacht der Revolution«, erzählt sie heute noch gern. Statt der Revolution klopfte die Polizei an ihre Tür. Die Revolutionskollegen gestanden und retteten ihre Haut. Meine Mutter schwieg und kam ins Gefängnis. Ein Jahr lang. Sie war gerade 16 geworden.

Meine Mutter hat sich in die Zeitung vertieft. Ich nehme sie ihr aus der Hand und setze mich zu ihr. Sie lehnt ihren Kopf an meine Schulter und sieht in die Ferne.

»Diesmal wandere ich wirklich aus«, sagt sie und klingt, als ob sie schon weg wäre.

»Ja, Mama, das tust du«, sage ich und streichle ihr über den Kopf.

Meine Mutter wandert aus, seitdem sie eingewandert ist, also seit 40 Jahren. Sie hat sich immer schon fremd gefühlt in Österreich. Je älter sie wird, desto fremder fühlt sie sich.

Als wir in Österreich eintrafen, bewarb sie sich um einen Aushilfsjob in einer Bäckerei. Die promovierte Soziologin war bereit, kleine Brötchen zu backen. Im wahrsten Sinne des Wortes. Um vier hungrige Mäuler zu stopfen.

Die Stelle sei noch frei, erklärte ihr die Frau in der Bäckerei, aber nicht für sie.

»Warum?«, fragte meine Mutter erstaunt.

»Saubere Arbeit«, antwortete die Frau. Meine Mutter verstand noch immer nicht. Saubere Arbeit war doch gut.

»Nix Ausländer«, schrie die Frau meine Mutter an und warf sie hinaus.

Man kann an Demütigungen zugrunde gehen. Man kann ihnen mit Demut begegnen. Man kann aber auch zornig werden. Meine Mutter hat sich für die dritte Variante entschieden. Demut ist der Mut zum Dienen. Der fehlt meiner Mutter. Gänzlich. Sie dient nicht. Sie wächst. Über sich hinaus. An jeder Demütigung.

Meine Mutter hat in ihrem ganzen Leben nicht ein einziges Mal Sozialleistungen in Anspruch genommen. Dazu war sie zu stolz. Sie wollte es selbst schaffen. Heute ist sie eine erfolgreiche Unternehmerin, zahlt eine Menge Steuern, hat sich in einer Männerdomäne behauptet und stand im »Who is Who«[12]. Dennoch ist sie fremd geblieben.

»Als Ausländer darfst du die Jobs machen, die der Österreicher nicht machen möchte. Mehr gönnen sie dir nicht«, hat ihr einmal ihre Rechtsanwältin, selbst Österreicherin, die österreichische Seele erklärt. »Dem Österreicher gefällt der erfolgreiche Ausländer nicht. Und dennoch, wenn ein

Geschäft mit ihm zu machen ist, schiebt er die Ressentiments beiseite und macht ein freundliches Gesicht. Ab und an entlarvt er sich dann doch. Mit einem Blick, einer Geste, einem Satz wie ›Für einen Ausländer haben Sie es ja weit gebracht‹. Damit meint er: Wieso haben Sie es um alles in der Welt so weit gebracht – als Ausländer?«

Das alles macht es meiner Mutter nicht leicht, sich heimisch zu fühlen. Dazu kommt, dass sie sensibilisiert ist. Zu viele ausländerfeindliche Erlebnisse hat sie bereits auf ihrem Lebenskonto verzeichnet. Vor allem in ihren ersten Jahren in Österreich, als sie noch nicht assimiliert war. Und so wird jede Antipathie, die ihr entgegengebracht wird, auch heute noch in die Rubrik »Ausländerfeindlichkeit« gesteckt. Darauf antwortet sie dann – als Ausländerin. Auch wenn sie gar nicht als solche gemeint war. Und wenn doch? Könnte sie trotzdem anders reagieren, finde ich.

Wir geben unserem Angreifer die Macht, wenn wir auf den Namen hören, mit dem er uns ruft. Wir könnten ihm doch auch als Vogelkenner, Sternengucker, Langschläfer oder Raupensammler antworten. Nie nur als das Eine, zu dem er uns machen will. Sondern als das »Viele«, das wir sind. Der Angreifer wäre irritiert. Eine Weile zumindest. Frieden würde herrschen. In dieser Weile. Immerhin.

Dabei sind die Inkompatibilitäten zwischen In- und Ausländern oft so marginal, beruhen meist nur auf kulturellen Missverständnissen. Ein zu spät beginnendes Lächeln, ein nicht verstandener Witz, ein gesenkter Blick zum falschen Zeitpunkt, ein zu offensiver Händedruck… Feinheiten im Mikrobereich. Mit weitreichenden Folgen. Egal, welche Worte der Mund formt, welch freundliche Mimik das Gesicht aufsetzt – unter der Oberfläche arbeitet unser Bewertungssystem und fällt unbewusste Entscheidungen:

Gefällt mir oder gefällt mir nicht. Und vieles gefällt nicht. Dem Inländer am Ausländer und umgekehrt.

Zuerst ist also oft das Gefühl da, dass einem etwas nicht passt. Dann suchen wir eine Rechtfertigung – für das Gefühl. Je rationaler die Rechtfertigung sich anhört, desto mehr geht sie in der Regel am irrationalen Kern der Sache vorbei. Je mehr sie am Kern vorbeigeht, desto mehr bedarf sie der Verteidigung. Und so werden aus ursprünglich harmlosen Missdeutungen Glaubenssätze wie: »Der Inländer mag mich nicht, weil ich ein Ausländer bin.« Oder: »Der Ausländer will dem Inländer erklären, wo es langgeht.«

Haben sich Glaubenssätze mal in Gehirnwindungen eingenistet, bekommt man sie da schwerer wieder raus als autonome Hausbesetzer.

»Ich mag dich nicht. Ich weiß nicht, warum. Aber ich mag dich nicht« – so simpel ist es oft. Wenn man sein Gefühl entkleidet. Von Geschichten, Rechtfertigungen und Argumenten, die sich darum ranken. Gefühle mögen komplex sein, aber sie sind nicht kompliziert. Problematisch werden sie nur, wenn wir ein politisches Programm aus ihnen machen.

Meine Mutter war schon über 30, als sie nach Österreich kam, hat also einen beträchtlichen und prägenden Teil ihres Lebens anderswo verbracht. Dass sie als Fremde betrachtet wurde, war stimmig. Aber die, die hier geboren und aufgewachsen sind und sich dennoch fremd fühlen – was ist mit denen? Und von denen gibt es einige, auch in meinem Freundeskreis. Freundinnen mit griechischer, italienischer, bulgarischer und türkischer Abstammung, die im tiefsten Wiener oder Berliner Dialekt über die Deutschen respektive Österreicher herziehen. Zu oft sind sie diskriminiert worden. Trotz gleicher Sprache, Staatsbürgerschaft und Geburtsort. Im Alltag. Bei der Wohnungssuche. Wenn sie ihren Namen am Telefon nennen. Bei der Suche nach einem Job. Alle sind gleich. Die ohne Migrationshintergrund aber sind gleicher.

Junge Männer, die im Westen groß geworden sind, mit MTV, McDonald's und demokratischen Werten, sind verführbare Opfer islamistischer Fundamentalisten. Menschen, die ihr Leben lang nichts mit Religion am Hut hatten. Schon gar nicht mit dem Islam. Dann kommen die Radikalen und bieten an, was ihre eigene Heimat ihnen vorenthält: rückhaltlose Zugehörigkeit. Unter den Fremden aus der Heimat ihrer Eltern fühlen sie sich dann plötzlich mehr zu Hause als unter den Menschen, mit denen sie hier aufgewachsen sind. Sie wussten es vielleicht gar nicht, wie fremd sie sich gefühlt haben. Genauso wie man erst merkt, wie unglücklich man in einer Ehe ist, wenn man sich in jemand anderen verliebt. So kann sich also Liebe anfühlen, ist man erstaunt. Man hatte es vergessen. Oder nie gewusst. Die Fundamentalisten zeigen, wie sich Zugehörigkeit anfühlen kann. Ein Trugbild. Fatal. Aber dennoch berauschend.

Integriert sein ist mehr als nur die Sprache zu beherrschen, Erfolg zu haben, den Einbürgerungstest zu bestehen und eine Vorliebe für Vollkornbrot zu entwickeln. Es ist mehr als die Staatsbürgerschaft und der Geburtsort. Integriert ist derjenige, dessen Zugehörigkeit nicht auf der Kippe steht, sobald er sich nicht konform verhält. Dessen nonkonformes Verhalten nicht gleich mit seiner Abstammung in Verbindung gebracht wird. Der genauso gemocht oder nicht gemocht wird wie derjenige, der sich erst gar nicht integrieren musste. Integration findet jeden Tag statt. In einem Lächeln. In einem Händedruck. In einem Blick, der einen meint. So wie man ist. Fremd. Und der dennoch nicht trennt. Im Mikrobereich. Da findet Integration statt. Von Mensch zu Mensch. Nicht von Parteiprogramm zu Parteiprogramm.

Zur Integration kann man niemanden zwingen. Weder den Inländer noch den Ausländer. Nur wenn wir einander sagen dürfen »Du bist mir fremd«, können wir weiterfragen »Und wie sollen wir nun vertrauter werden?«

Dann bleiben wir bei den Tatsachen. So wie sie sind. Und brauchen keine Glaubenssätze mehr.

»Grüß Gott, Puschat«, werde ich aus meinen Gedanken gerissen. Arzu, unsere türkische Putzfrau, steht feldwebelmäßig an der Bürotür. »Grüß Gott, Arzu«, antworte ich und schlage dabei meine Hacken zusammen. Die Hand führe ich aber nicht zur Stirn. Das wäre lächerlich.

Arzu ist groß und schlank. Das Auffälligste an ihr ist ihre Mimik. Sie hat nämlich keine. Da sie dazu noch wortkarg ist, weiß man nie genau, was sie denkt und fühlt. Das flößt Respekt ein. Als sie vor zehn Jahren im Hotel zu arbeiten begann, konnte sie nicht einmal ihren Namen schreiben. Sie hatte einen Mann, der sie nicht gut behandelte, zwei Kinder, die sie überforderten, und sie war ziemlich verwirrt. Meine Mutter hat sie trotzdem eingestellt. Gegen den Widerstand des restlichen Personals. Heute ist sie ein Profi. Was Putzen anbelangt, kann ihr keiner das Wasser reichen. Sie hat ihren Mann verlassen. Ihre Kinder gehen auf Sonderschulen und werden gut betreut. Geschäftsfrau ist sie auch. Zwei Grundstücke hat sie in der Türkei gekauft und baut. Meine Mutter hat sie inspiriert.

Meine Mutter nimmt Arzu an der Hand und präsentiert sie wie ein Modeschöpfer sein neuestes Model: »Ich wüsste gar nicht, was wir ohne dich täten!«

Jetzt stapft auch Bozena ins Büro, polnische Walküre und ebenfalls Putzfrau.

»Poschet, hallo«, begrüßt sie mich. Bevor ich zurückgrüßen kann, ergreift meine Mutter das Wort.

»Und sie?«, zeigt sie auf Bozena, »wäre sie hier geboren, mit den gleichen Chancen wie die Österreicher, sie wäre heute Konzernchefin.«

Ein Lächeln breitet sich auf Bozenas Gesicht aus, das kein Ende nehmen will. Ich schaue meine Mutter ungläubig an.

»Man muss immer sehen, von wo einer kommt und wo er heute steht. Nur darin siehst du das Potenzial eines Menschen. Es ist relativ. Nie absolut«, weist meine Mutter mich dezent in meine Schranken.

»Blinis! Wollt ihr Blinis?«, kommt nun auch Vladimir dazu. Vladimir ist unser russischer Haustechniker. Ein zwei Meter großer Riese und leidenschaftlicher Hobbykoch. Er packt einen Berg von der Spezialität aus und verteilt Pappteller. Lian gesellt sich dazu und greift beherzt zu.

Was für eine illustre Runde. Meine Mutter und ihr Personal. Die toughe Geschäftsfrau und zahme Chefin. Meine Mutter, die Schutzpatronin derer, die ihren Platz nicht gefunden haben. So wie sie selbst auch. Heimatlos. Das macht sie gleich. Die repräsentative Ausländerin und die ausländische Putzfrau. In ihrem Hotel, eine Art Arche Madani, sind sie geschützt vor der Sintflut von Kränkungen und Verletzungen in der Welt da draußen. Alle haben sie einen Akzent und verstehen den Wiener Schmäh nicht. Das verbindet. In der Fremde. In der Heimat wären diese Menschen einander wahrscheinlich fremd – und würden es bleiben.

In der Arche Madani gibt es nur Minderheiten. Weit und breit keine Mehrheit, an deren Maßstäben man sich messen müsste. Hier repräsentiert jeder sich selbst. Mit seinen Eigenheiten. Die kann man mögen oder nicht. Zumindest kann man mit ihnen umgehen. Man schließt hier nicht von der

Nationalität auf den Menschen. Sondern von dem Menschen auf seine Nationalität. Das macht einen Unterschied. Einen großen.

Sie essen Blinis, reden, lachen. Die Angestellten finden meine Mutter toll. Mich nicht. Verstehen gar nicht, dass ihre Chefin so eine Tochter haben kann. Für sie bin ich gar keine Ausländerin. Viel zu privilegiert. Und meine Mutter? Warum steht sie bei denen und lacht? Und nicht bei mir? Ich habe mich angepasst, um meinem Fremdsein zu entgehen. Meine Mutter umgibt sich mit Fremden, um sich nicht fremd zu fühlen. Das trennt uns. Meine Mutter und mich.

Ich bin eifersüchtig. Kindisch, ich weiß.

Das Picknick geht langsam zu Ende. Zurück bleiben meine Mutter und ich. Wurde aber auch Zeit, finde ich. Ich sehe meine Mutter an und spüre, irgendetwas brodelt in mir.

»Warum arbeitet kein Österreicher für dich, Mama?«, frage ich provokant.

»Ich hab's versucht. Aber ein Österreicher lässt sich von einem Ausländer nichts sagen«, meine Mutter spürt meine Kampfeslust und krempelt innerlich ihre Ärmel hoch.

»Du sprichst immer von ›den Österreichern‹. Es gibt solche und solche.«

»Da hast du vollkommen recht, mein Herz.« Dann nimmt sie die Zeitung und liest: Die Hälfte der Österreicher stehen Ausländern freundlich bis gemäßigt gegenüber, die andere Hälfte ist fremdenfeindlich. 22 Prozent zeigen eine hohe, 26 Prozent sogar eine sehr hohe Fremdenfeindlichkeit. Fast jeder zehnte Österreicher ist rechtsextrem …

Ich rolle mit den Augen.

»Belegt eine Studie der Uni Innsbruck!«[13], sagt sie, zuckt mit den Schultern und lächelt mich an.

Mein Gott, ja! Österreich hat ein Problem mit Fremdenfeindlichkeit: »Daham statt Islam«, »Mehr Mut für unser ›Wiener Blut‹«[14] – nicht von ungefähr hängen hier solche Plakate. Es gibt sie noch, die Altnazis. Und die neuen Rechten wachsen anscheinend zügig nach ...

»Aber es sind nicht immer nur die Österreicher schuld. Es liegt auch an den Ausländern«, sage ich und baue mich vor meiner Mutter auf.

Meine Mutter hebt die Augenbrauen und sieht mich forschend an.

»Arzu und Bozena zum Beispiel: Wie viele Jahre leben die schon hier? Und reden noch immer gebrochen Deutsch.«

»Du musst eine Sprache sprechen, um sie zu lernen«, meine Mutter fixiert mich mit ihrem Blick.

»Und warum tun sie es nicht?«

»Weil sie keine Österreicher kennen. Denn die geben sich mit Leuten wie Arzu und Bozena nicht ab.«

»Die Österreicher haben sie nicht eingeladen. Sie wollen hier leben. Dann müssen sie gefälligst auf die Österreicher zugehen und nicht umgekehrt. Wenn es um das Abkassieren von Kinderbeihilfe geht, gehen sie ja auch aufs Amt und halten die Hand auf.«

Stille.

Wer um alles in der Welt hat da gerade aus mir gesprochen? Jörg Haiders Geist? Ich wollte doch zurück zu meinen iranischen Wurzeln. Nicht zur FPÖ.

Meine Mutter sieht mich fassungslos an.

»Entschuldige, Mama, ich habe das nicht so ...«, bevor ich einlenken kann, habe ich schon wieder eine Beule am Kopf.

»Du bist so österreichisch«, sagt sie verletzt und schüttelt traurig den Kopf.

Ich gebe nicht Kontra, behalte nicht das letzte Wort, verlasse nicht trotzig den Raum. Ich bleibe einfach stehen. Sehe meine Mutter an. Ich bin schachmatt gesetzt.

Warum landen wir immer in derselben Sackgasse, meine Mutter und ich? Inszenieren uns neu im alten Drama. Oder werden inszeniert. Wie Marionetten. Ferngesteuert. Von einer unbekannten Macht. Die Ausländerfreundin und die Österreicherfreundin. Für wen spielen wir die Rollen? Und wie lange noch? So lange, bis wir es zugeben: Wir fühlen uns voneinander verraten. Sie sich von mir, weil ich nicht an ihrer Seite kämpfe. Für die Minderheiten. Ich mich von ihr, weil ich von ihr anerkannt sein will. Trotz Anpassung an die Mehrheit.

Ich presse die Lippen aufeinander, sehe aus dem Fenster und versuche die Tränen zu unterdrücken. Nutzt nichts. Es schluchzt schon wieder aus mir heraus. Bitterlich. So bitterlich habe ich in meinem ganzen Leben nicht geschluchzt. Mit Atemaussetzern, Rotz aus der Nase und niagarafallartigen Tränenbächen. Erbärmlich.

Meine Mutter erschrickt über meinen Gefühlsausbruch. So kennt sie mich nicht. Dann läuft sie auf mich zu und nimmt mich in den Arm.

»Mein Herz. Das wollte ich nicht. Es tut mir leid. Hörst du? Es tut mir leid!«

»Glaubst du ... ich habe als Ausländerin ... nicht gelitten in ... Österreich, ... Mama?«, presse ich stoßweise Wortfetzen aus mir.

Meine Mutter drückt mich so fest an sich, dass meine Nase sich verbiegt. Noch ein bisschen mehr, und sie ist gebrochen.

»Aber ich bin nicht so stark wie du, Mama... Ich muss irgendwo dazugehören... Tut mir leid ... wenn ... ich dich damit... enttäusche«, schluchze ich in meine Mutter hinein.

»Mein Kleines, du enttäuschst mich nicht. Ich hab dich lieb. Egal, ob du dazugehörst, oder nicht. Ich hab dich lieb. Hörst du?«, jetzt schluchzt meine Mutter auch. »Und es gibt wunderbare Österreicher. Viele sogar. Und die mag ich sehr.«

Mutter und Tochter hängen sich in den Armen und rotzen sich gegenseitig voll. Was für eine orientalische Tragödie!

Dann löse ich mich aus ihrer Umarmung, wische mir die Tränen aus den Augen, nehme beide Hände meiner Mutter, atme tief durch und sage:

»Mama, es tut mir leid, dass du dich fremd fühlst in Österreich. Ich wünschte, ich könnte dir das abnehmen. Aber ich kann das nicht.«

»Ich habe mich schon daran gewöhnt, Kleines. Ich kenne es nicht anders«, sagt meine Mutter, streicht mir die Haare aus dem Gesicht und küsst mir die Handinnenfläche.

»Hättest du bloß deine Heimat nicht verlassen, Mama! Dann hätten wir den ganzen Schlamassel nicht.«

»Ich habe keine Heimat, mein Schatz. Ich war auch im Iran eine Fremde.«

Hören Sie bitte in Ihrem inneren Ohr die Kennmelodie der »Lindenstraße« und stellen Sie sich mein Gesicht in Großaufnahme vor. Pures Entsetzen ist darauf zu sehen. Meine persische Mutter ist gar keine persische Mutter? Warum?

Stockdunkel ist es. Heiß und stickig. In der Luft hängt beißender Benzingeruch. Drei Kinder pressen ihre Körper aneinander. Krallen sich einer am anderen fest.

Weinen.
Schreien.
Hören ihre Herzen im Dreiklang pochen.
Atmen sich gegenseitig ein und aus. Die Angst hat aus ihnen ein Ganzes gemacht.

Sie beten um ihr Leben. Beten, dass ihre Mutter ihre Drohung nicht wahr macht. Sie werden brav sein, versprechen sie. Von nun an und immer. Die Mutter soll sie nur wieder rauslassen. Dann beweisen sie es ihr. Die Mutter hören sie draußen auf und ab gehen. Sie werde die verrottete Bande zum Schweigen bringen. So schreit sie. Und danach sich selbst. Dann hat sie endlich Ruhe und ihr Unglück ein Ende.

Eines dieser Kinder war meine Mutter. Sie muss damals acht Jahre alt gewesen sein. Die anderen zwei: ihr älterer Bruder und ihre jüngere Schwester. Meine Großmutter hatte sie mit Benzin überschüttet, in den Schrank gesperrt und gedroht, sie anzuzünden. Den Grund weiß meine Mutter nicht mehr. Sie hatten wohl Naschereien aus der Küche stibitzt.

»Ihr Unglück hat sie krank gemacht«, sagt meine Mutter über meine Großmutter.

Meine Mutter ist nicht krank geworden. Nicht einmal einen Vorwurf hat sie ihrer Mutter gemacht. Trotz dieses Erlebnisses. Und vieler mehr. Ein Leben lang wollte sie gut machen, was das Schicksal an der Großmutter verbrochen hatte. »Es war richtig, dass du mich damals nicht angezündet hast, Mama. Du wirst sehen, ich mache dich glücklich dafür«, wollte sie ihr beweisen. Doch ganz gleich, wie sehr sie sich bemühte, es sollte ihr nicht gelingen.

Meine Mutter hat sich geschworen, nicht so zu werden wie ihre Mutter. Das war ihr Motor. Manche Erfolgsstory entsteht aus dem einen Grund: dem Schmerz zu entkommen, der einem einst zugefügt wurde. Der Bodybuilder ist als Kind in die Mülltonne gesteckt worden. Der Universitätsprofessor als Depp beschimpft worden. Aber egal, wie erfolgreich sie später sind: Sie laufen vor ihrem Schmerz davon, entkommen ihm aber nicht. Kaum bleiben sie unterwegs mal stehen, hat er sie schon wieder eingeholt. Deshalb muss der Bodybuilder ein Leben lang trainieren. Der Universitätsprofessor ein Leben lang Wissen ansammeln ... Vielleicht sollten sie einfach mal stehen bleiben und den Schmerz kommen lassen. Vielleicht geht er dann durch sie hindurch und der Spuk ist ein für allemal vorbei.

Vielleicht.

Aber was hatte meine Großmutter denn so krank gemacht?

»Ihre Träume. Man hat sie ihr genommen. Alle«, sagt meine Mutter.

Meine Großmutter war keine besonders schöne Frau. Das machte ihr nichts aus. Sie war mit wichtigeren Dingen beschäftigt. Sie wollte Medizin studieren, nahm Geigenunterricht, bildete sich in Mathematik aus und bekam Zeichenstunden. Ungebremst steuerte sie auf ein Ziel zu. Der weibliche Leonardo da Vinci Bakus zu werden.

In dieser Zeit passierte es, dass ein junger Mann auf sie aufmerksam wurde. Einer aus der Heimat ihrer Mutter. Tabriz. Er verliebte sich in sie, nahm sie ins Visier wie ein Scharfschütze sein Ziel.

Meine Großmutter wusste nichts von der Liebe. Die Tür, hinter der ihre weibliche Leidenschaft schlummerte, war bis dahin fest verschlossen gewesen. Die Leidenschaft dieses Mannes trat sie ein. Die Liebe kam über meine Großmutter wie eine Lawine und begrub sie unter sich.

Der junge Mann hielt um ihre Hand an. Die Eltern willigten ein. Meine Großmutter gebar zwei Söhne. Der erste starb, der zweite blieb. Kurz darauf kündigte sich meine Mutter an. Aus der Leonarda da Vinci in spe war übergangslos eine Mutter und Hausfrau geworden. Statt den Anatomieatlas zu wälzen, musste sie Kinder füttern, statt den Zeichenstift zu schwingen, versorgte sie ihren Mann. Hatte die Liebe sie etwa überrumpelt?

Vielleicht musste sie nur ein wenig Geduld haben, beruhigte sie sich selbst. Bis die Kinder etwas größer waren. Dann würde sie wieder zurückkehren. Zum Studium. Zur Musik. Zu ihrem Leben.

Dazu sollte es nicht kommen. Kurz vor ihrer Niederkunft eröffnete mein Großvater meiner Großmutter, dass sie zurückwandern würden.

»Zurückwandern?«, fragte meine Großmutter erstaunt.

»Ja, zurück in die Heimat.«

»In welche Heimat?«, fragte sie irritiert. In seine Heimat. Er habe sich entschieden wieder in das Dorf zu gehen, aus dem er stammt, und ein Transportunternehmen zu gründen.

»Baku ist meine Heimat«, schrie meine Großmutter, warf sich ihm zu Füßen und flehte ihn an, zu bleiben. »Hier bin ich zu Hause. Nur hier!«

Zwei Wochen später waren sie auf dem Weg in ein kleines, hinterwäldlerisches Dorf nahe Tabriz. Baku sah meine Großmutter nie wieder.

»Barbaren ... alles Barbaren«, soll meine Großmutter geschrien haben, als die Hebamme ihr meine Mutter aus dem Leib zerrte. Die Barbaren waren die Dorfbewohner, die Familie ihres Mannes, der Staub auf den Straßen, die Sterne am Himmel, der Gestank der Kloaken, das Zwitschern der Vögel, die Luft, die meine Großmutter einatmete. Es gab nichts, das sie nicht hasste an der Heimat ihres Mannes.

Tagein, tagaus irrte meine Großmutter durch das Dorf. Auf staubigen Straßen. Den kleinen Sohn an der Hand, die

Babytochter vor der Brust. In Stöckelschuhen, Kostüm und dünnen Strümpfen. Aus Zeit und Raum gefallen. Verrückt geworden. Für die Bewohner des Dorfes zumindest. Die »Primitivlinge! Analphabeten! Tiere!«, wie meine Großmutter sie bezeichnete, begafften sie mit misstrauischen Blicken, hielten sie für »*mündar*«*, weil sie eine »*Mahadscher*«** war und ihren Tschador nicht richtig trug. Sie wuschen sich die Hände, wenn sie meine Großmutter oder eines ihrer Kinder berührt hatten. Sie ekelten sich vor ihr und meine Großmutter vor ihnen.

Sie wollte flüchten. Zurück nach Baku. Dann sah sie auf ihre Kinder, das eine zwei Jahre, das andere zwei Monate alt, und sie wusste: Um in Baku anzukommen, musste sie allein gehen. Lange betrachtete sie ihre Kinder. Und blieb. Und hasste sie dafür, dass sie bleiben musste.

Ihre Schuhe, ihr Kostüm und ihre Strümpfe waren die letzten Relikte des einstigen Glücks. »Das bist du, vergiss es nicht, das... eine moderne, gebildete Frau... vergiss es nicht... nie«, flüsterten ihr die Versatzstücke aus ihrem anderen Leben zu. Sie wurden zu ihrem Rückgrat, zu ihrem Schutzanzug, in den sie sich einkapselte wie ein resistentes Bakterium. Einzig bei jeder neuen Laufmasche brach sie in Tränen aus und betrauerte sie wie einen nahen Verwandten, der gestorben war. Als die Strümpfe in Fetzen an ihr herunterhingen, fiel auch ihr Widerstand. Sie zog einen Schlussstrich unter ihr Leben und legte den Tschador richtig an. Ihr Kostüm und ihre Stöckelschuhe vergrub sie. Gemeinsam mit ihrer Sehnsucht. Nach ihrer Heimat. Nach Baku. Nach einer Zukunft als weiblicher Leonardo da Vinci.

---

* schmutzig
** eine gottlose Immigrantin

»Sie hat sich brechen lassen. Sich angepasst«, sagt meine Mutter traurig, »das hat sie krank gemacht.«

Daher also rührt die Vehemenz meiner Mutter gegen mein »Angepasstsein«. Es erinnert sie an den Untergang ihrer eigenen Mutter. Das geht tief. Tiefer, als ich geahnt habe.

Obwohl sie dort geboren war, wurde der Iran nie zur Heimat meiner Mutter. Sie durfte sich nicht zu Hause fühlen in dem Land, an dem die Großmutter zerbrochen war. Sie wollte ein Fremdkörper bleiben. Denn das war der Beweis für ihre Liebe. Sie hatte sich für ihre Mutter und gegen ihre Heimat entschieden. Kinder sind oft so. Eine tiefe Liebe verbindet sie mit ihren Eltern. Dafür sind sie bereit vieles zu opfern. Wenn es sein muss, auch sich selbst.

Meine Mutter hatte ein abgeschlossenes Soziologiestudium, arbeitete als Lehrerin im Iran und betrieb nebenher noch eine florierende Kosmetikschule. Eine gute Geschäftsfrau war sie schon immer. Die Universität hatte ihr eine Dozentenstelle angeboten. Sie war dabei, Karriere zu machen. Das alles gab sie auf, um in eine ungewisse Zukunft zu gehen. Nach Amerika. Sie wollte Freiheit. Selbstbestimmt sein. Keinen Mann, der ihr verbieten konnte zu arbeiten, der sich von ihr scheiden lassen und ihre Kinder wegnehmen konnte – so wie er ihr auch ihr Gehalt wegnahm.

Sie wollte keinen Small Talk führen mit den anderen Arztgattinnen, um den Samowar sitzen und intrigieren, sich den Mund verbieten und sich betrügen lassen und bei alldem den Schein einer Vorzeigefamilie aufrechterhalten. Sie wollte sich nicht verbiegen und schon gar nicht brechen lassen. Dafür war sie bereit zu springen. Ohne Netz. Um dann festzustellen, dass sie fliegen konnte.

Heimatlose Frauen. Ich bin die vierte Generation in unserer Familie. Bereits meine Urgroßmutter hatte ihre Heimat, Tabriz, verlassen, um damals ihrem Mann nach Baku zu folgen – und wurde unglücklich. Danach meine Großmutter, meine Mutter … ein Muster, das sich durch unsere Familie zieht. Nicht das Unglücklichwerden. Sondern das Heimatverlassen. Sind das unsere Gene, ist es Zufall, Schicksal? Vielleicht liegt es an den morphogenetischen Feldern.[15] Das sind irgendwelche Kraftfelder, die Erinnerungen speichern und dadurch bestimmte Handlungsmuster festlegen, die über Raum und Zeit hinweg von einem System auf das folgende übertragbar sind oder so ähnlich. Ich habe es nicht ganz verstanden. Nur so viel, dass wir diesen Mustern ausgeliefert sind. Und dann Dinge tun, die wir eigentlich gar nicht tun wollen, aber müssen, weil obskure Kräfte durch uns wirken. Ich finde das gruselig. Aber nicht ganz von der Hand zu weisen, wenn ich meine Familie so betrachte.

Morphogenetische Felder hin oder her, wir sind eingebettet in ein Netz von Geschichten und Schicksalen innerhalb unserer Familie. Die leiten uns. Unterbewusst. Wir führen innere Aufträge aus, von denen wir nichts wissen, richten unser Leben nach Ereignissen aus, die wir längst vergessen – oder von denen wir nie erfahren haben. Das erklärt vielleicht, warum wir immer wieder in denselben Sackgassen landen. Ein und dasselbe Muster wiederholen. In verschiedenen Variationen. In der vollen Bandbreite. Vom absoluten Anpassen bis zum radikalen Fremdsein.

Wie sehr leben wir unser Leben? Wie sehr das unserer Vorfahren? Wir sollten unsere innere Landkarte genau studieren. Sehen, welche Wege wir immer wieder beschreiten. Entscheiden, ob wir neue ausprobieren wollen. Dafür müssen wir wissen, woher wir kommen. Um dann entscheiden zu können, wohin wir gehen wollen. Die eine oder andere Weiche lässt sich dann vielleicht doch umstellen. In eine

Richtung, die unserem Lebensweg entspricht. Nicht dem unserer Vorfahren.

Fremdsein ist kein Problem. Unsere Bewertung macht es erst dazu. In Amerika zum Beispiel waren die Menschen besonders freundlich zu uns, eben weil wir fremd waren. Sie waren neugierig, wollten von uns und unserem Land erfahren. Sie halfen uns, wo sie nur konnten, und warfen uns nicht vor, falsch zu sein. Mein Gott, wir waren ja neu in Amerika, wir konnten so vieles noch gar nicht wissen. Sie fühlten mit uns. Vielleicht weil sie selbst Einwanderer waren oder zumindest Nachkommen von solchen.

Gerade das Amerika, gegen das sie als junges Mädchen gekämpft hatte, sollte sich als das Heilige Land in die Seele meiner Mutter eintätowieren. Nie zuvor und nie danach hat sie sich so sehr zu Hause gefühlt wie dort. Endlich hatte sie eine Heimat gefunden.

Die nahm man ihr nach einem Jahr wieder weg. Die Menschen waren auf ihrer Seite. Die Gesetze nicht. Unser Visum wurde nicht verlängert. Das ausländerfreundliche Amerika warf uns hinaus, das ausländerfeindliche Österreich gewährte uns Aufenthalt. Was war nun wichtiger? Die Menschen oder die Gesetze? Für die Praxis die Gesetze. Für das Herz die Menschen. Für den Menschen: beides.

Und was ist nun Heimat?

Ich weiß es nicht. Offensichtlich muss es nicht der Geburtsort sein, auch nicht die kulturelle Zugehörigkeit. Die Fremde kann die Heimat sein, auch wenn man aus ihr rausgeschmissen wird. Und die Fremde kann sehr fremd sein, auch wenn man in ihr bleiben darf. Vielleicht bildet sich aber auch an jedem Ort Heimat. Immer dann, wenn wir uns willkommen fühlen. Eine kleine Insel. Je mehr Inseln, desto mehr Heimat.

Meine persische Mutter ist also gar keine persische Mutter.

Sie ist die ewige Fremde. Das habe ich heute erfahren. Auch vieles über meine Großmutter, das ich bislang nicht wusste. Dafür musste ich nicht Proschat Mata Hari sein, ich musste nur zuhören. Vielleicht weniger mit den Ohren, dafür mehr mit dem Herzen. Und so konnte meine Mutter erzählen, weniger mit ihren Worten, dafür mehr durch ihr Gefühl. Jetzt können wir hoffentlich unsere alten Rollen ablegen und beginnen, ein neues Stück zu proben. Eins, das nicht von Fremd- und Angepasstheit erzählt, sondern einfach nur von Mutter und Tochter.

Aber meine Mission ist noch nicht zu Ende. Ich habe ja noch eine andere dicke Wurzel. Die väterliche. Wie lebt es sich auf der anderen Seite? Auf der Seite der Heimatvollen? Auf der Seite meines persischen Vaters?

Mein Vater auf dem Elefanten oder: das weinende Volk

*I*ch trage ein schwarzes Kopftuch und einen langen, dunklen Mantel, der mir zwei Nummern zu groß ist. Egal, Hauptsache er bedeckt meine weiblichen Konturen. Schminke habe ich keine im Gesicht, nicht einmal einen Hauch Labello auf den Lippen. So sitze ich im Flieger nach Tabriz. Ich habe meine Identitäten ausgetauscht: Von der modernen, aufgebrezelten Österreicherin mit Migrationshintergrund zur braven Perserin mit Österreichhintergrund. Unweiblich, unattraktiv, unsexy.

Außer mir gibt es nur wenige brave Perserinnen. Zumindest in diesem Flieger. Dafür persische Schönheiten in eng anliegenden Mänteln, mit rot angemalten Lippen und prächtigen, gefärbten Haaren unter einem Hauch von Nichts als Kopftuch. Habe ich mich zu sehr in Sack und Asche geworfen? Aber nein, ich sehe nun doch: Es gibt schon noch ein paar wenige, die ähnlich aussehen wie ich. Gott sei Dank. Frauen mit Kopftüchern, die sie sich tief in die Stirn gezogen haben, oder solche im langen Tschador. Wahrscheinlich vom Land. Die nicken mir zu. Ich nicke zurück. Wir sind uns einig: Diese Tussen um uns herum kommen nie ins Paradies. Wir schon. Ha!

Neun Jahre ist das schon wieder her. Da bin ich in den Iran gereist. Mit Kopftuch und vollen Hosen. Ich hatte schreckliche Angst. Vor den islamischen Gesetzen, vor den Menschen, vor der Sprache – und vor meinem Vater, der im Sterben lag und den ich seit 28 Jahren nicht gesehen hatte. Alles ein bisschen viel auf einmal und für einen allein. Aber ich war felsenfest entschlossen, meine Chance zu nutzen. Die definitiv letzte Chance auf Versöhnung mit ihm. Sonst – so meine Befürchtung – würde mein Vater später vielleicht allnächtlich als böser Geist in meinen Träumen auftauchen. Um das zu vermeiden, war ich bereit meinen ganzen Mut zusammenzukratzen und in ein Land zu reisen, gegen das ich die größten Vorbehalte hatte. Immerhin war der Iran meinem Vater wichtiger gewesen als seine Familie.

Ja, mein Vater hat sich für seine Heimat und gegen seine Familie entschieden. So etwas gibt es. Meine Mutter hat ihn an keine seiner Geliebten verloren, sondern an Tabriz. Harte Konkurrenz offensichtlich. Was kann man der schon entgegensetzen? Nicht einmal vier Kinder haben gereicht. Bei einem seiner seltenen Besuche in Wien vor vielen Jahren ist er nach einer Woche abgereist. Gekommen war er für vier. Er hatte Heimweh bekommen.

Muss ich dem noch etwas hinzufügen? Meine Mutter, die ewige Fremde. Mein Vater, der Heimatvolle. Ich bin das Kind zweier Extreme. Da kann man ja nur in eine Krise geraten.

Dabei hatten sich meine Eltern damals gemeinsam dafür entschieden, nach Amerika auszuwandern. Mein Vater schickte meine Mutter mit uns vier Kindern voraus, er wollte nachkommen, nachdem er seine Arztpraxis aufgelöst und alle möglichen Angelegenheiten erledigt hatte. Bis zu seinem Tod blieben seine »Angelegenheiten« unerledigt. Eine offizielle Absage an meine Mutter gab es nie, nur eine Verzögerungstaktik, die in einer Funkstille endete. Die währte bis zu dem Tag, als mein Phantomvater nach 28 Jahren plötzlich am Telefon war. Meine Mutter hob ab und der Zufall wollte es, dass ich gerade neben ihr saß. Ich wusste nicht, mit wem sie sich unterhielt, bis sie mir plötzlich den Hörer reichte: »Papa! Er will mit dir sprechen«, sagte sie. Ich reagierte nicht.

»Er wartet«, flüsterte mir meine Mutter zu und zuckte hilflos mit den Schultern. Ich starrte den Hörer an und konnte nicht nach ihm greifen. Meine Arme und Beine waren mit dem Stuhl verschmolzen und mein Kopf war ein leerer Raum. Mein Phantomvater. Er konnte mich lähmen. Durch das Telefon.

Da wusste ich, es hatte alles nichts genutzt. Die vielen Therapiestunden, in denen ich für teures Geld über meinen Vater geschimpft, geschwiegen oder ihn verleugnet hatte. Die Behauptung als Teenager, ich stamme von Aliens ab. Auch nicht die diversen Familienaufstellungen, in denen ich wildfremden Männern heulend am Hals gehangen und »Ich will meinen Papa!« geschrien hatte. Mein nicht existenter Vater war ein sehr dominanter Vater.

Bis heute lässt er mich nicht los. Will ich wissen, wer ich bin, komme ich nicht umhin herauszufinden, wer er war. Denn das ist mir trotz meiner damaligen Reise in den Iran nicht gelungen. Ich habe keine medialen Fähigkeiten, sonst würde ich ihm eine Liste von Fragen ins Jenseits faxen. So bleibt mir jetzt nichts anderes übrig, als diese letzte Begegnung mit ihm und dem Iran Revue passieren zu lassen. In der Hoffnung auf Hinweise, die Licht in meine Identitätskrise bringen könnten.

Beginnen wir mit den Fakten: Mein Vater stammte aus einer alteingesessenen, angesehenen Familie in Tabriz. Er war ein stadtbekannter Arzt, geschätzt, umringt von Freunden und solchen, die es sein wollten, begehrt vom weiblichen

Geschlecht, ein Herzensbrecher, Sänger und Tennisspieler, ein moderner Mann für damalige Zeiten. Er passte, ohne sich jemals anpassen zu müssen. Wie ein Fisch im Wasser. Ein Heimatvoller, geborgen und sicher.

Wenn ich es recht bedenke, war ich damals schon auf der Suche nach meiner Identität. Ich wusste es nur nicht. Ich war jedoch überzeugt davon: Wenn ich meinem Vater vergeben könnte, wäre ich endlich »ganz« und fühlte mich auch geborgen und sicher. Als ich vor neun Jahren in den Iran reiste, ahnte ich natürlich nicht, dass alles ganz anders kommen sollte, als ich es mir in meiner Fantasie jemals hätte ausmalen können.

Die Perser mögen es nicht, wenn man eine andere Staatsbürgerschaft annimmt. Deshalb reise ich mit meinem persischen Pass. Ich hoffe inständig, dass der Passkontrolleur mich nicht anspricht. Mein »erzmoslemisches« Aussehen und mein gebrochenes Farsi – das passt nicht zusammen. Ich schiebe dem Mann hinter dem Schalter meinen Pass zu und lächle. Verdammt! Ich habe es getan. Ich habe gelächelt. Das darf man hier nicht. Ich: Frau – er: Mann. Das ist unanständig. Sofort ziehe ich die Mundwinkel herunter und bemühe mich um ein züchtiges Aussehen oder das, was ich mir darunter vorstelle. Der Passkontrolleur, Mitte 50, pummelig, mit Fünftagesbart, würdigt mich keines Blickes. Er blättert in meinem Pass, einmal in die eine Richtung, dann in die andere. Schließlich sieht er mich prüfend an.

»*Proschat Madani?*«, fragt er grimmig.

»*Ja*«, sage ich mit zitternder Stimme.

»*Proschat?*«, fragt er noch einmal.

»*Ja*«, wiederhole ich und füge schnell ein »*Ich bin ihr Opfer*« hinzu. Passt in dem Zusammenhang nicht, aber egal. Erstens ist das der einzige Satz, den ich akzentfrei beherrsche, und zweitens schadet Opfersein im Iran nie.

Noch einmal fragt er: »*Proschat?*«, und zieht dabei seine Augenbrauen zusammen.

»*Ja?*«, frage ich zurück. Bis jetzt dachte ich, dass sei mein Name, aber wenn er da anderer Meinung ist ...

»*Habe ich noch nie vorher gehört. Proschat! Was ist das für ein komischer Name?*«, schüttelt er den Kopf.

Ich glaube es nicht. Jetzt stellt er mir dieselbe Frage wie die Österdeutschen.*

»*Großmutter ... erfunden ... mein Namen*«, sage ich und tue so, als ob man dort, von wo ich komme, so spricht.

Er sieht auf meinen Pass, dann zu mir. »*Sind Sie wirklich Iranerin?*«, fragt er irritiert.

»*Ich Iranerin. Als Kind Österreich ... ich nix Farsi, ich ihr Diener, ich gerne Farsi, aber Leben ist komisch ... nicht gelernt Muttersprache, Entschuldigung ... Ich Opfer, auch nicht von Farsi können ...*«

»*Autriche?*«, unterbricht er das wirre Zeug, das ich spreche, und sieht mich mit großen Augen an.

Ich nicke und bestätige: »*Autriche.*«

Plötzlich senkt er seinen Kopf, lugt nach rechts und links und beginnt konspirativ zu singen: »*Wiener Blut, Wiener Blut ... lalalalala.*« Dabei schunkelt er wie nach drei Vierteln Veltliner beim Heurigen.

Ich starre ihn fassungslos an.

Abrupt beendet er sein Ständchen, richtet sich auf und erklärt: »*Mein Cousin lebt in Wien. Arbeitet in der Botschaft.*«

---

* damit meine ich die Österreicher und die Deutschen

Dann stempelt er meinen Pass ab. Als ich ihn nehmen möchte, gibt er ihn nicht her. Ich ziehe daran, er zieht zurück. Das geht so eine Weile hin und her. Dann ruft er plötzlich »Mariahilferstraße!« und sieht mich erwartungsvoll an. Soll ich ihm jetzt etwa applaudieren, weil er die Wiener Einkaufsstraße kennt? Ich nicke anerkennend und lobe ihn mit einem »Bahbah«*.

»Schöne Stadt haben Sie sich da ausgesucht zum Leben«, bemerkt er dann etwas traurig und seufzt tief.

»Tabriz auch schön ... sehr schön ...«, versuche ich ihm seine Heimatstadt schmackhaft zu machen, die ich nicht kenne. Aber da winkt er mich schon durch. Die haben doch einen Knall, die Perser, denke ich und mache mich auf den Weg in die Ankunftshalle.

Väterlicherseits habe ich eine Menge Verwandte. Einer davon wird mich abholen, keine Ahnung wer. In der Ferne steht ein Pulk von Frauen und Männern unterschiedlichen Alters. Sie gestikulieren wild und schreien einander an. Es klingt, als wenn sie sich streiten würden, wahrscheinlich unterhalten sie sich aber nur über das Wetter. Orientalen eben! Sie werden auf mich aufmerksam. Ich schaue weg. Als ich wieder hinsehe, bemerke ich: Der Pulk bewegt sich. Auf mich zu. Hilfe! Mein erster Impuls ist es, meinen Koffer zu nehmen und davonzulaufen. Zu spät. Schon haben mich diverse Arme gepackt und ich werde an verschiedene Brüste gedrückt. Es wird geweint, geküsst und gebrüllt. Vor lauter »I love you. I love you. I love you« bekomme ich schier Ohrenbluten. Wo bin ich bloß gelandet? Nicht bei einem, bei allen meinen iranischen Verwandten.

Dann öffnet sich der Pulk und eine ältere Frau mit rot gefärbten Haaren unter einem grünen Kopftuch, eher breit

---

* das bedeutet so viel wie »Ich bin beeindruckt!«

als groß und mit einem überdimensionalen Busen ausgestattet, steht mit ausgebreiteten Armen da. Das muss meine Tante sein, die Schwester meines Vaters. Sie kommt auf mich zu, in Zeitlupe. Bei Unfällen zieht auch alles in Zeitlupentempo an einem vorbei, habe ich mal gehört. Weil das Gehirn das Ungeheuerliche nicht fassen kann. Ich halte den Atem an, ziehe meine Schultern hoch, schließe meine Augen, wende meinen Kopf ab, da hat sie mich schon gepackt, meinen Kopf zu sich herunter gezogen – und kneift mit Daumen und Zeigefingern fest in meine Wangen. Statt »I love you« brüllt sie jetzt »Mash'allah! Mash'allah«* und kneift und kneift und kneift. Kann mich bitte jemand retten?

Als Kind habe ich das schon gehasst, dieses Gekneife. Meine Großmutter hat das immer gemacht. Dabei sollte das eine Liebesbekundung sein. Körperliche Gewalt nenne ich es. Überhaupt, diese orientalischen Gefühlsausbrüche! So übertrieben! So oberflächlich! So distanzlos...

   Stopp! Was rede ich denn da? Erwischt: Ich spiele mir gerade selbst etwas vor. Bin ich jetzt auf der Suche nach meinen persischen Wurzeln oder nicht? Dann sollte ich anfangen, ehrlich zu sein.

   In Deutschland und Österreich muss ich meine Gefühle oft zurückhalten, so sieht's nämlich aus. Ich würde den Menschen gern sagen, dass ich sie mag, sie schön, anziehend, originell finde, würde sie gern umarmen, drücken und herzen. Aber meistens tu ich das nicht. Denn in Mitteleuropa läufst du ja schon Gefahr, wegen Erregung öffentlichen Ärgernisses

---

* sinngemäß: »Mein lieber Scholli!«

eingebuchtet zu werden, wenn du jemanden anlächelst. Die Beschimpfungen, die sich Autofahrer an den Kopf werfen, sind hingegen gesellschaftlich akzeptiert. Für die positiven Gefühle schämen wir uns, den Negativen lassen wir ungeniert freien Lauf.

Es macht aber einen Unterschied, ob wir durch das Leben gehen und »I love you« oder »I hate you« sagen. Sogar Wasser reagiert darauf, wie Dr. Masaru Emoto entdeckt hat.[16] In seinen Experimenten konnte er nachweisen, dass Wasser Bewusstsein und Gedächtnis besitzt. Von positiven Worten angesprochen, bildeten sich wunderschöne Kristalle, wurde das Wasser jedoch beschimpft, zerfielen sie in kleine Stücke, die ästhetische Harmonie war zerstört. Wir bestehen zu 70 Prozent aus Wasser und haben eine Seele. Angeblich. Wie müssen wir dann erst auf Worte reagieren?

Ich sitze im Taxi, zusammen mit der Kneiftante, auf dem Weg zu meinem Vater. Sie erzählt dem Fahrer, dass ich die Tochter von Herrn Dr. Madani bin.

»*Oh! Ah! Dr. Madani! Ein wunderbarer Mann, ein großartiger Arzt, ein Gönner und Mentor der Armen, Gott lasse ihn ewig leben...*« Mein Vater ist ein stadtbekannter bunter Hund. »*Nach so vielen Jahren ist sie das erste Mal wieder im Iran*«, berichtet meine Tante weiter und zeigt mit dem Finger auf mich, »*um ihren alten, kranken Vater zu besuchen.*«

»*So viele Jahre!*«, betont sie noch einmal und beginnt zu weinen. Ich bin noch damit beschäftigt, nicht zu wissen, was ich mit meiner weinenden Tante anfangen soll, da fängt auch der Taxifahrer an zu heulen. Ich entscheide mich dafür, scheinbar unbeteiligt aus dem Fenster zu schauen. Während Tante und

Taxifahrer sich gegenseitig hochschluchzen, schaue ich in die Umgebung, die da an mir vorbeizieht: eine karge, trockene, staubige Gegend. Hochhauskomplexe, wohin man schaut. Der reiche Teil der Stadt. Müsste ich hier wohnen, würde ich auch weinen.

Wir sind angekommen. Meine Tante fragt, was der Taxifahrer bekommt. Er wehrt ab, er will kein Geld von ihr nehmen. Tarof – Sie erinnern sich? Das geht fünfmal hin und her, bis ihm die Tante einen Geldschein in die Hand drückt. Er sieht auf den Geldschein, dann zur Tante und protestiert: »Legen Sie noch einen drauf.« Daraufhin fragt die Tante, ob er sie betrügen will, er fragt zurück, ob sie ihn beleidigen will. Ein Streitgespräch bricht los, an dessen Ende die Tante ihm fluchend einen zweiten Geldschein entgegenwirft, aussteigt und die Tür zuschlägt. Habe ich es nicht gesagt? Die Perser haben einen Knall.

Ich steige auch aus, bleibe stehen und sehe an dem Hochhaus entlang nach oben. Irgendwo da drinnen sitzt mein Vater und wartet auf mich. Wenige Schritte trennen uns voneinander. Nach 28 Jahren fallen die besonders ins Gewicht. Gleich werde ich ihm gegenüberstehen, meinem Phantomvater. Mein Leben wird nicht mehr dasselbe sein nach dieser Begegnung. Wie könnte es auch?

Zögerlich und ehrfurchtsvoll betrete ich die »Vaterwohnung«, da kommt mir schon wieder ein Pulk Perser entgegen, wahrscheinlich Freunde und Nachbarn der Familie, nehme ich an. Diesmal halte ich meine Wangen gleich freiwillig hin: Kinder, kneift, was das Zeug hält, schnell, dann haben wir es hinter uns – ich füge mich in mein Schicksal. Während ich herumgereicht und durchgeknetet werde, sehe ich mich im Raum um. An den Seiten stehen verschnörkelte Stühle in Reih und Glied, die Mitte des Zimmers ist leer und wirkt wie eine

Bühne. An einem Ende steht ein langer Tisch, auf dem sich diverse persische Süßigkeiten, Pistazien und kunstvoll drapiertes Obst auftürmen. Der obligatorische Samowar darf natürlich auch nicht fehlen. Der Einrichtungsstil pendelt unschlüssig zwischen Orientschick, modernem westlichen Style und so etwas wie Ikea-Versatzstücken hin und her.

Vor dem Fenster steht ein großes Plüschsofa, da sitzt ein kleiner, weißhaariger Mann. In einer grauen Bundfaltenhose, einem grauen, bis oben hin zugeknöpften Hemd, seine bis in den Nacken reichenden Haare schwungvoll nach hinten gekämmt. Er trägt eine große, viereckige Brille, die seinem eingefallenen Gesicht etwas von einer Karikatur gibt. Seine gefalteten Hände hat er in den Schoß gelegt wie ein artiger Primaner. Er blickt vor sich auf den Boden, als gäbe es da etwas Ungewöhnliches zu beobachten. Hinter ihm steht eine Krankenschwester. Sie hält ihre Hände auf der Höhe seiner Schultern. Offensichtlich fällt ihm das aufrechte Sitzen schwer. Immer wenn er zur Seite zu kippen droht, rückt sie ihn wieder in die Mitte. Er hebt langsam seinen Kopf und blickt mir in die Augen, unverwandt. Mir ist, als trete mir jemand in die Kniekehlen, ich knicke ein, mein Hals wird eng, meine Hände beginnen zu zittern. Mein Herz weiß es, bevor mein Kopf es ahnen kann. Ich stehe ihm gegenüber. Meinem Vater. Dem Phantom.

Wie ein Mensch nur so schrumpfen kann, ist mein erster Gedanke. Er war doch so groß. Oder ich so klein? Ich war acht, als ich ihn das letzte Mal sah. Das war in Wien. Wir waren gemeinsam auf dem Weg, um Tickets für »Holiday on Ice« zu kaufen. Er hatte einen zügigen Schritt. Ich trippelte hinter ihm her wie ein junger Hund. Aufgeregt und stolz. Es war das erste und letzte Mal, dass wir etwas miteinander unternahmen. Mein Vater und ich. Nur wir zwei. Noch heute habe ich sein Parfüm in der Nase: »Aramis 900«. Jahrelang musste ich den Raum verlassen, wenn ein Mann danach roch.

Wie einbetoniert stehe ich da und sehe meinen Vater an. Ich höre das Ticken der Wanduhr, das Klopfen meines Herzens, das Atmen der Menschen, das Zischen des Samowars, das Summen der Fliege, die um mich kreist, das Flugzeug am Himmel... für einen Moment haben sich meine Sinne zu einem einzigen zusammengeschlossen: Ich bin ganz Ohr. Die ersten Worte, die mein Vater an mich richten wird, ich werde sie einsaugen, in jede meiner Poren hinein. Und tatsächlich, er öffnet den Mund, beginnt aufgeregt zu atmen und wie ein kleiner Junge, der seinen ganzen Mut zusammennimmt, um ein Gedicht vorzutragen, spricht er zu mir: »*Gekommen bist du... Aber zu spät... Zu spät.*«

Dann fällt er in sich zusammen, als wenn seine Batterie leer wäre. Die Krankenschwester fasst ihn an den Schultern, lehnt ihn sanft zurück, redet beruhigend auf ihn ein. Ich warte. Aber es kommt nichts mehr.

»*Zu spät*«, hat er gesagt. Gut, der Flieger hatte etwas Verspätung und dann noch der Stau auf der Hinfahrt – aber fällt das jetzt ins Gewicht? Nach 28 Jahren?

Die Krankenschwester streicht meinem Vater über den Kopf und redet ihm nun laut ins Ohr.

»*Doktor, ist es nicht Gottes Gnade, dass deine Tochter endlich da ist. Gott sei Dank. Gott sei vielmals Dank.*«

Mein Vater nickt langsam, wie einer, der gerade erst das Nicken gelernt hat. »*Eine schöne Frau ist deine Tochter, bahbah, was für eine schöne Tochter uns der Doktor vorenthalten hat.*« Sie lacht, dabei rinnen ihr die Tränen über die Wangen.

Die Krankenschwester ist ungefähr in meinem Alter, hat schwarze Ränder um die Augen, ein müdes Gesicht und eine noch müdere Körperhaltung. Sie wirft mir einen Blick zu und lächelt provokant. Oder bilde ich mir das ein? Warum streichelt sie meinen Vater eigentlich? Selbst für westliche Verhältnisse wäre das irritierend, für Orientalische erst recht zu intim. Noch dazu so selbstverständlich, vor allen anderen, die offensichtlich nichts daran auszusetzen haben.

»Sie ist seine Geliebte«, schießt es mir plötzlich durch den Kopf. Und schon male ich mir Bilder aus, die ich nicht sehen will. Bei ihr konnte er Gott spielen und sie hat ihn gefeiert. Hat ihm ihre Jugend und Jungfräulichkeit geschenkt. Die beiden sind kompatibel, trotz des Altersunterschieds. Meine Eltern waren das nicht. Ich fantasiere mich immer mehr in Rage, bis ich kurz davor bin, die Frau als »Flittchen« zu beschimpfen. – Bin ich noch bei Trost? Warum rege ich mich bereits fünf Minuten nach meiner ersten Begegnung mit meinem Vater über sein Liebesleben auf? In seinem derzeitigen Zustand spielt das ja nun wirklich keine Rolle mehr. Aber es hat eine Rolle gespielt, sehr lange sogar, im Leben meiner Mutter und in dem seiner Kinder.

Meine Mutter hat meinen Vater nie gefeiert. Warum denn auch? Sie war ihm ja in allem überlegen. Dafür bezeichnete er sie als »seine Kreation«. Ein rührender Versuch, sich neben ihr zu behaupten. Wenn das nicht half, dann übte er die Macht aus, die ihm als Mann in der Gesellschaft zustand: In regelmäßigen Abständen verbot er ihr in die Uni zu gehen. Besonders gern, wenn eine Prüfung anstand, für die sie sich wochenlang vorbereitet hatte. Er nahm ihr auch ihr selbst verdientes Geld weg. Und er betrog sie. Die anderen Frauen gaben ihm, was er so dringend brauchte: Bewunderung. Dass gerade seine Untreue meine Mutter immer mehr von ihm entfremdete, nahm er in Kauf.

Mein Vater hat mein Verhältnis zu Männern geprägt. Ich traue ihnen nicht und oft fühle ich mich ihnen überlegen. Einigen bin ich auch tatsächlich überlegen. Ich habe schließlich gelernt, selbst meinen Mann zu stehen, bevor ein Mann es für mich tut. Mich nicht betören zu lassen, nicht auf die große Liebe reinzufallen. Ich habe gelernt, immer damit zu rechnen, betrogen zu werden. Und deshalb vorsichtshalber unabhängig zu bleiben. Kurz, ich habe gelernt mich zu schützen. Ich will nicht verletzt werden – wie meine Mutter von meinem Vater. Meine romantische Seite geht dabei oft flöten, was zutage tritt, ist Proschat, die Amazone.

Wir Frauen sind die Heimatlosen und Starken in meiner Familie. Die Männer die Heimatvollen und Schwachen. Die Schwachen konnten aber die Starken zeitlebens unterdrücken. Warum? Weil Männer Frauen eine über die Rübe hauen könnten, auch wenn sie es nicht (immer) tun. Ich befürchte, so banal ist es am Ende: Die körperliche Überlegenheit des Mannes macht seine Dominanz aus. Dabei haben Männer oft Angst. Besonders vor starken Frauen. Je mehr Angst sie haben, desto mehr behaupten sie ihre männliche Vormachtstellung – wie im Iran zum Beispiel. Und haben sie keine Vormachtstellung, fühlen sie sich nicht selten verloren. Bei uns in Mitteleuropa versuchen sie oft verzweifelt Frauenversteher zu sein und besuchen schließlich Männerseminare, um sich selbst zu verstehen.

Beides klingt anstrengend. Und die Frauen? Sind die im Gleichgewicht? Im Iran wird die Frau unterdrückt, ungeniert, offensichtlich und greifbar.

Und bei uns im Westen? Wird sie auch unterdrückt, nur es geschieht subtiler. Auch wenn die Männer selbst nicht sicher sein können, was männlich ist: Wenn Frauen hier erfolgreich sein wollen, müssen sie »männlich« werden. Die, die das schaffen, werden bejubelt: Seht her, in schwindelerregende Höhen haben sie sich hinaufgewagt, sich über Millionen Hindernisse und Fallen hinweg eine Position im Männerhimmel erkämpft. Bravo! Da stehen sie nun mit heraushängender Zunge und ablaufender biologischer Uhr. Sie müssen zwar bessere Leistungen erbringen als die Männer, aber dafür werden sie auch schlechter bezahlt. Das gleicht sich aus. In der weiblichen Logik zumindest, die ja bekanntlich keine ist.

Ich frage mich, warum man einen Manager, der sich verpflichtet, gewinnoptimierend zu arbeiten, besser entlohnt als eine Frau, die sich verpflichtet, ihr Kind optimal aufzuziehen. Ach ja, das hatte ich vergessen: die entlohnt man ja gar nicht. Die ist auf ihren Mann angewiesen.

Vielleicht bin ich naiv, aber ich denke: Stünden Kinder im Mittelpunkt, stünde der Mensch im Mittelpunkt. Und stünde der Mensch im Mittelpunkt, hätten wir keine Kriege. Wäre das nicht gewinnbringender für unsere Gesellschaft? Die Welt sähe anders aus, wenn Mann und Frau darum kämpfen würden, wer von ihnen beim Kind bleiben darf, anstatt arbeiten zu gehen. Man könnte es ja mal ausprobieren: dem hauptsächlich mit der Kindererziehung beschäftigten Elternteil dasselbe Gehalt anbieten wie dem Topmanager. Ich wette, die Welt wäre bevölkert von Kinderwagen schiebenden Männern.

Wo unterdrückt wird, wird aber auch gegengedrückt. Im Iran gibt es eine Menge patenter Frauen. Das glaubt man hier gar nicht. Unter einem Tschador vermutet man im Westen ja automatisch eine schwache Frau. Die Fakten sprechen aber eine andere Sprache: Die Proteste gegen das Regime wurden zum großen Teil von Frauen getragen. Zwei Drittel der Studenten an den iranischen Universitäten heute sind weiblich.

Klingt erst einmal gut – ob sie später tatsächlich etwas aus ihrem Studium machen können, ist eine andere Frage. Meine Cousine studiert Jura und ist eine hervorragende Studentin. Sie weiß aber jetzt schon, dass sie nie eine eigene Kanzlei eröffnen wird. Das ist Männersache. Sie wird für einen ihrer womöglich schlechteren, männlichen Kommilitonen arbeiten müssen.

Wie viel ungenutztes Potenzial unter diesen Kopftüchern steckt!

Wie viele Solotänzerinnen, Leistungssportlerinnen, Wissenschaftlerinnen gehen der Welt verloren, weil sie sich nicht entfalten dürfen. Dennoch geben viele nicht auf, nutzen jede Lücke, in der sie sich selbst erfahren, behaupten, verwirklichen können. Unterdrückung kann ungeahnte Energien erzeugen.

Und in der Freiheit kann vorhandene Energie brachliegen:

Eine meiner Freundinnen beispielsweise wurde nach 18 Jahren Ehe von ihrem Mann verlassen. Eines Nachmittags saß sie heulend auf meiner Couch. Sie wusste nicht, wie man tankt, auf der Autobahn fährt, ein Fax abschickt, Überweisungen tätigt... Das alles hatte ihr Mann für sie erledigt. Meine Freundin ist übrigens Deutsche, keine türkische Analphabetin vom Land. Damals schlug ich ihr vor, sich am besten ein Kopftuch aufzusetzen und ihre Freiheit als Frau so auch sichtbar zu minimieren. Allein der Gedanke an ein Kopftuch hat gereicht: Heute ist sie eine erfolgreiche Heilpraktikerin. Mit eigener Praxis, Haus und Auto, mit dem sie auch auf der Autobahn fährt.

Was für ein streitbares Stück Stoff dieses Kopftuch doch ist. Auch mein Verhältnis dazu ist ambivalent. Zu Beginn meines Aufenthaltes im Iran habe ich es gehasst, nach einer Woche hatte ich mich daran gewöhnt. Ein unschlagbarer Vorteil: Ich konnte mir das tägliche Haarewaschen sparen. Noch besser ist die Burka. Bei einem Dreh musste ich mal eine tragen. Ich wurde plötzlich unsichtbar. Die Leute am Set wussten natürlich, dass ich unter diesem Zelt steckte, dennoch haben sie mich anders behandelt als vorher und danach. Sie haben mich nämlich gar nicht behandelt. Sie vergaßen sogar, mich zum Mittagessen zu holen.

Ich wiederum habe mich ziemlich mächtig gefühlt. Ich konnte nicht gesehen werden, aber sehen, mit anderen reden, ohne dass sie in meinem Gesicht lesen konnten. Seitdem bin ich Frauen mit Kopftuch und Burka gegenüber vorsichtiger als früher. Und dennoch will ich mich nicht verhüllen.

Auch wenn ich mich im Iran gerade dadurch sehr als Frau gefühlt habe. Mehr als sonst. Im Hotel beispielsweise musste ich das Kopftuch aufsetzen, sobald der Roomservice an die Tür klopfte. Der Kellner war ja ein Mann und ich eine Frau. Das hätte Begehrlichkeiten auslösen können. Mann und Frau geben sich im Iran auch nicht die Hand. Das könnte ebenfalls Begehrlichkeiten auslösen. Am Flughafen gibt es beim Sicherheitscheck eine Schlange für Frauen und eine für Männer. Eine gemeinsame Schlange könnte ja ... Ununterbrochen wird dadurch der Geschlechterunterschied thematisiert. Als ob jeder Mann ein wandelnder Penis, jede Frau lediglich eine Vagina wäre, die beim kleinsten Kontakt übereinander herfallen würden. Das Absurde ist, dass genau dadurch entsteht, was verhindert werden soll: Begehrlichkeit. Meine österdeutschen Freunde nehme ich in den Arm und knuddle sie. Vollkommen ohne jeden erotischen Hintergedanken. Aber im Iran? Da hatte schon der verstohlene Blick, den mir einer zuwarf, Erregungspotenzial. Geschweige denn ein Lächeln oder eine Hand, die mich im Vorbeigehen streifte.

Ich will mich so fühlen wie im Iran. Ohne Kopftuch, ohne getrennte Schlangen, ohne Unterdrückung. Mich als Frau wahrnehmen und den Mann als Mann, ohne ihn als unterlegen oder als Bedrohung zu sehen. Ist das denn nicht auch ein Stück meiner Identität: mein Geschlecht? Warum kann ich nicht entspannter damit umgehen? Ich möchte endlich ablassen vom Wettkampf zwischen Männern und Frauen, aufhören mit dem Besser-schlechter-Spiel, das besagt, ich kann nur oben sein, wenn du unten bist. Vielleicht können wir dann erst unsere Unterschiede genießen, anstatt sie uns vorzuwerfen, uns ergänzen und unsere Gemeinsamkeiten sehen, die wir so gern negieren. Und ich könnte endlich Amazone **und** Romantikerin sein.

Doch zurück zu meinem Vater: Nach wie vor stehe ich ihm gegenüber. So unbewegt ich von außen aussehen mag, so turbulent geht es in meinem Kopf zu. Was soll ich jetzt tun, frage ich mich. Ein bisschen orientalische Dramatik ins Spiel bringen? Mir das Kopftuch herunterreißen, die Haare raufen, mir gegen die Brust schlagen, weinend in die Knie sinken und schreien »Papa, ich bin dein Opfer. *Meine Leber ist gegrillt für dich!*«? Das sagen die Perser tatsächlich, eine gängige Redensart und Liebesbekundung.

Oder doch lieber Smalltalk führen?

»Hallo Papa, lange nicht gesehen. Wie geht's dir so?«

»Ach, ich sterbe gerade, aber sonst alles gut. Und du?«

»Alles super, danke. Ach ja, eine Kleinigkeit gibt es doch: meinen Vaterkomplex – den wäre ich gern los...«

Was auch immer ich tue, meine oberste Prämisse muss bleiben: Nicht die Kontrolle verlieren.

Die Tante nickt mir zu und deutet an, ich soll mich zu ihm setzen. Ja, das wäre vielleicht schon mal ein guter Anfang. Ich atme tief ein und aus, versuche so gefasst wie möglich zu meinem Vater zu gleiten, setze mich neben ihn und sinke auf dem Sofa ein bis fast auf den Boden.

Da sitze ich nun und – es tut sich nichts. Vater und Tochter haben sich offensichtlich nichts zu sagen, sie sind sich ziemlich fremd. Ich gaffe ihn an. Er gafft auf den Boden. Das kann lange so gehen. Auch bis zu meiner Abreise in einer Woche.

Der Mann ist alt und krank, rede ich mir selbst gut zu. Und überfordert. Noch mehr als ich. Immerhin muss ihn ein schrecklich schlechtes Gewissen plagen als Vater. Kein Wunder, dass er paralysiert ist. So fasse ich mir ein Herz, greife nach seiner Hand und – halte unvermittelt inne: die erste Berührung.

Seit 28 Jahren.

Seine Hand in meiner.

Ich sehe sie an wie ein Archäologe ein eben ausgegrabenes Fossil. Voller Neugier und Staunen. Langsam beginne ich sie zu streicheln und beobachte, wie seine Haut Falten zwischen meinen Fingern wirft. Sie fühlt sich an wie trockenes Leder. Ich fahre an seinen dicken Adern entlang über den Handrücken, gleite über Sehnen, prüfe die Festigkeit seiner Nägel, wiege seine Hand und stelle fest: sie ist so leicht. Und für einen Augenblick habe ich die Sehnsucht, meinen schweren Kopf in seiner leichten Hand abzulegen. Ihm mein Gewicht zu schenken, um gehalten zu werden von ihm. Ich tue es natürlich nicht. Vor allem deshalb nicht, weil er weiterhin auf den Boden starrt, als ob ich Luft wäre. Ich streichle noch eine Weile, dann ziehe auch ich mich zurück mitsamt meiner Hand.

Dafür habe ich meine Ängste überwunden, mir ein Kopftuch aufgesetzt, bin auf einen anderen Kontinent geflogen, habe mich von mir unbekannten Menschen abknutschen und kneifen lassen … um neben meinem Vater zu sitzen und festzustellen, dass es nicht »peng« macht? Die Begegnung löst keinen der Vaterknoten in meiner Seele auf.

Enttäuscht stehe ich auf, will meinen Koffer nehmen und ins Hotel fahren, da dreht mein Vater seinen Kopf zu mir. Unverzüglich setze ich mich wieder und sinke noch einmal in das Sofa ein. Er hebt langsam die Hand, führt sie zitternd an meine Wange und streichelt sie. Einmal. Zweimal. Das reicht. Ich umarme meinen Vater, presse ihn an mich und wiege ihn und mich mit ihm. Ich will ihn nie wieder loslassen.

»Papa, es ist alles gut. Ich vergebe dir. Du hast einen großen Fehler gemacht. Aber jetzt haben wir uns wieder gefunden. Du und ich! Vater und Tochter! Endlich!« Das alles sage ich ihm … nur in Gedanken.

Mein Vater lässt meinen Gefühlsausbruch willenlos über sich ergehen und schwingt unter meiner Umarmung wie ein Bäumchen im Wind. Irgendetwas murmelt er in sich hinein. Ich verstehe es nicht. Versucht er die richtigen Worte zu finden? Für etwas, wofür es keine Worte gibt? Das braucht er doch nicht! Ich halte inne, um besser zu hören.

»Du bist zu spät gekommen. Zu spät«, wiederholt er die Sätze von vorhin.

Zu spät? Was meint er bloß damit? Er lebt doch noch und ich bin da. Ich will schon wieder weiterwiegen, da schiebt er mich von sich:

»Ihr habt mich verlassen. Meine Frau. Meine Kinder. Habt euch in Autriche ein gutes Leben gemacht und mich vergessen. Das verzeih ich euch nie«, bricht es plötzlich aus ihm heraus.

Mein ganzer Körper verwandelt sich in ein Fragezeichen. In meinem Kopf rattert der Rechner, aber es kommt kein Ergebnis dabei heraus.

»Wir haben ... dich ...?«, frage ich auf Englisch und versuche zu verstehen, was er meint.

»Verlassen!«, beendet er nun seinen Satz auch auf Englisch.

»... und dich vergessen?«

Mein Vater nickt mit dem Kopf. Zweimal.

»Wir haben dich nicht verlassen. Du hast uns ...«, versuche ich ihn freundlich zu erinnern. Vielleicht ist er ein wenig dement, da kann man schon mal was verwechseln.

»Ihr mich!«, betont er rufend beide Silben, macht einen Punkt und befreit sich aus meinem Griff. Was für eine Kraft dann doch in diesem verwelkten Körper steckt.

Plötzlich beginnt er schwer zu atmen, greift sich an die Brust und verzieht schmerzvoll das Gesicht. Die Tante und die Krankenschwester eilen herbei und drängen mich weg. Widerstandslos gebe ich meinen Vater wieder frei und taumle zur Seite. Worte. Es waren ein paar Worte, mehr nicht. Und ich sehe regelrecht, wie meine Seelenkristalle in Stücke zerfallen.

»Djavad, reg dich nicht auf. Nichts ist es wert, dass du dich aufregst. Jetzt ist sie ja gekommen, deine Tochter. Zu spät, aber sie ist gekommen«, redet die Tante auf meinen Vater ein und streichelt seine Wange. Die Krankenschwester streichelt mit.

Die Freunde und Nachbarn haben sich nun um meinen Vater formiert. Sie sprechen der Tante nach wie ein griechischer Chor. Zwischendurch werfen sie mir vorwurfsvolle Blicke zu. Langsam beginne ich zu verstehen: Ich bin gekommen, um meinem Vater zu vergeben, dabei vergibt er mir nicht. Ich bin hier die Böse. Mein Vater das Opfer. Wer hätte das gedacht?

Das hier ist sein Revier und das sind seine Leute. Er hat hier die Macht – und ich keine Lobby. Ich bin in eine Falle getappt. Deshalb muss ich innere Festungsmauern aufbauen, Schutzschichten anlegen und jede sentimentale Gefühlslücke abdichten. Will ich hier überleben, muss ich bebensicher sein, darf mich nicht erschüttern lassen und auf keinen Fall die Kontrolle verlieren. Nicht noch einmal.

Jetzt verstehen Sie, warum ich damals keinen Frieden mit meinem Vater schließen konnte. Nach so einer Lüge! Hinter unserem Rücken hatte er sich vom Täter zum Opfer stilisiert. War ja keiner da, der ihm widersprechen konnte. Seine böse Familie war in »Autriche« und ließ es sich gut gehen ohne ihn. Dass ich nicht lache! Er war lieber der verlassene als der verantwortungslose Mann, wollte lieber bemitleidet werden als angeklagt. Seine Lebenslüge hat uns die letzte Chance auf eine Versöhnung genommen. Das verzeihe **ich** ihm nie.

»Du sollst deinen Vater und deine Mutter ehren, auf dass du lange lebest in dem Land, das dir der Herr, dein Gott, gibt.«[17] Das vierte Gebot. Demnach lebe ich nicht lange. Ich ehre meinen Vater nämlich nicht. Hat er etwas Ehrenvolles vollbracht? Nein. Erfolgreich kopuliert hat er! Na, da gratuliere ich aber! Vier Kinder gezeugt und sich nicht um sie gekümmert. Steht bei Moses auch irgendetwas darüber geschrieben, dass Eltern ihre Kinder lieben und Verantwortung für sie übernehmen müssen? Nein? Ziemlich einseitig, dieses Gebot, muss ich sagen.

Aber im Iran braucht es ohnehin kein viertes Gebot. Dort hat die Elternehrung Tradition bis zum Elterntod. Kinder, auch solche im Greisenalter, sind ihren noch greisenhafteren Eltern Gehorsam und Liebe schuldig. Egal wie die sich ein Leben lang verhalten haben.

Verglichen mit den Orientalen sind die Österdeutschen ganz anders. Sobald die Kinder volljährig sind, kümmern die sich um ihr eigenes Leben, besuchen die »Alten« vielleicht ab und zu und stecken sie dann in ein Altersheim, wenn deren Eigenpflege zu wünschen übrig lässt.

Einen Haken hat die Sache allerdings: Die Österdeutschen feiern zwar keine infantilen Elternverehrungsorgien, aber sie stehen trotzdem unter ihrem Einfluss. Sie wissen es nur nicht. Ich kenne Menschen, die ihr ganzes Leben nach den elterlichen Erwartungen ausgerichtet haben. Andere, die genau das Gegenteil tun und es um jeden Preis ihren Eltern »noch mal zeigen« wollen. Kommt am Ende aufs Selbe heraus: das Leben orientiert sich an der Reaktion der Eltern. Und gerade die Menschen, die alles versuchen, um nicht so zu werden wie ihre Eltern – sie werden ihnen fatalerweise oft am ähnlichsten ...

»Wir tragen unsere Eltern in uns. Sie sind ein wichtiger Teil unserer Identität«, hat man mir mal bei einer Familienaufstellung ins Gewissen geredet. »Solange wir sie nicht annehmen, nehmen wir auch einen Teil von uns selbst nicht an. Wir sind nicht vollständig, bleiben uns selbst fremd.«

Ich wollte es nicht hören. Will es noch immer nicht. Und befürchte dennoch, dass es vielleicht stimmt.

Und wenn, dann bei mir erst recht, als Perserin.

Die ich ja nicht bin und dann doch bin oder auch nicht.

Ach, wer bin ich denn nun? Werde ich es jemals erfahren?

Wie ging er weiter, mein Besuch im Iran? Die Perser waren mir immer schon suspekt, jetzt sind sie für mich unten durch. Mein Vater ist ihr Repräsentant. Kann ich mich mit ihm nicht versöhnen, kann ich es auch nicht mit seinem Volk. In den Augen der Leute hier bin ich die Tochter, die ihren Vater im

Stich gelassen hat. Mein Auftauchen im letzten Akt seiner Inszenierung wird als reumütige Rückkehr interpretiert. Ich könnte natürlich an den Bühnenrand gehen und einen Monolog halten – über meine Sicht der Dinge, aber ich tue es nicht. »Der Sterbende führt Regie.« Die oberste Devise im Hospiz. An die will auch ich mich halten. Deshalb stelle ich ihn nicht bloß, versuche nichts zu erklären, schon gar nicht meine Position.

Trotz alledem fühle ich mich im Iran manchmal mehr zu Hause als unter den Österdeutschen. So vieles ist mir vertraut. Der Weltschmerz in meinem Gesicht beispielsweise – den haben hier alle. Wie oft habe ich in Österreich oder Deutschland gehört: »Schau nicht so traurig.« Dabei hatte ich einfach nur geschaut.

»Sie ist ein gutes Mädchen. Wann immer ich sie sehe, weint sie«, hat mir meine Tante über die Krankenschwester und vermeintliche Geliebte meines Vaters gesagt. Perser leiden ungeniert und öffentlich. Mag auch übertrieben sein, aber die Befreiung von der Fröhlichkeitspflicht entlastet. Sehr.

Dadurch haben die Perser auch keine Berührungsängste mit Alter, Leiden und Krankheit ... Nachbarn, Freunde, Verwandte essen, reden, weinen, schauen fern – mittendrin mein Vater. Je mehr Leben er verliert, desto mehr Leben kommt zu ihm. Weder stört ihn der Tumult um ihn herum, noch stört die anderen sein Sterben. Wie anders hat sich meine Großmutter verabschiedet, im Sterbezimmer eines Wiener Krankenhauses. Mit modernstem medizinischen Standard und geringstem menschlichen Mitgefühl. Ihr Ableben war den anderen Patienten nicht zumutbar, ihr Tod ein Solo-Akt.

Und hier gehört er zum Leben. Das gibt Geborgenheit und Sicherheit. Auch mir. Natürlich gebe ich das nicht zu. Lieber versuche ich die Österreicherin raushängen zu lassen. Mein Ausländischsein kommt hier übrigens gut an. Ganz im Gegensatz zu meiner ersten Zeit in Österreich damals: Ich kam aus dem Iran, und das war nichts wert. Aber hier im Iran hat Österreich einen Wert.

Sie fragen mich über mein Leben in Wien und in Berlin aus. »So anders als bei uns«, sagen sie sehnsuchtsvoll. Ich registriere den Neid und er baut mich auf. Ein sicheres Zeichen dafür, wie lädiert mein Selbstvertrauen tatsächlich sein muss.

Ob in Österreich und Deutschland alle Alkohol trinken, wollen sie wissen. »Nicht alle. Aber viele«, gebe ich Auskunft. Die Tante fragt mich, ob ich einen Whiskey möchte. Sie kommt sich westlich vor, weil sie mir Alkohol anbietet. Ich verwegen, weil ich ihn hier trotz Verbot annehme. Ich kippe mein Glas in einem Zug runter und höre dabei: »Das ist bei denen normal... Das machen Frauen dort... Auch auf der Straße.« Sie finden mich befremdlich und gleichzeitig cool. Ich finde mich cool und gleichzeitig pubertär.

Sie knacken Sonnenblumenkerne auf, mit den Zähnen, werfen die Schalen weg und essen die Kerne. Das können die Perser. Ich kann das nicht. Bei mir knackt gar nichts. Zum Kern komme ich nicht und spuke nur herum. Sie lachen. Wie gern würde ich in diesen Momenten die imaginäre Grenze zwischen uns niederreißen. Mich dem warmen Gefühl einfach hingeben, das sich in meinen Eingeweiden ausbreitet. Aber der Gedanke an meinen Vater und seinen Verrat hindert mich daran. Nur nicht zu viel Intimität, warne ich mich selbst. Lass dich nicht einlullen, du gehörst nicht zu ihnen. Dieses Volk ist gefährlich. Ja, sie knutschen und kneifen dich, mit derselben Inbrunst hauen sie dir das Hackl ins Kreuz. Wie die Österreicher. Nur knutschen und kneifen die wenigstens vorher nicht.

Und sie tanzen, die Perser. Mit der gleichen Selbstverständlichkeit, mit der sie weinen. Zu jeder passenden und unpassenden Gelegenheit. Männlein, Weiblein, Kinder und Greise. Ungeniert. Schrecklich. Für mich. So wie andere nicht rauchen oder kein Fleisch essen, bin ich überzeugte Nichttänzerin. Ich mochte es nie, nicht mal damals in meiner Jugend das Discogehopse. Während meine Freundinnen auf der Tanzfläche eine – wie ich fand – meist lächerliche Figur machten, hielt ich mich an der Bar an meinem Bacardi-Cola fest und sah zu. An guten Tagen wippte ich im Takt der Musik. Mit dem Fuß.

Im Iran tu ich nicht einmal das. Ich sitze auf einem der vielen Stühle am Rand, ein Bein über das andere geschlagen, das Kinn nach oben gereckt, die Nackenmuskulatur angespannt. Auf meinem Gesicht hängt die Arroganz wie ein »Nicht stören«-Schild. Sie sind penetrant, die Perser. Immer und immer wieder haben sie versucht, mich auf die Tanzfläche zu zerren. Am Ende musste ich sie tatsächlich anbrüllen, damit sie von mir abließen. Sie waren erschrocken und verletzt. Jetzt tanzen sie vor mir. Fröhlich, ausgelassen und voller Leben. Und wieder bestätigt sich mein Gefühl, ich gehöre nicht zu ihnen.

Spätabends verabschieden sich dann die Besucher nach und nach und zurück bleiben mein Vater, die Tante und ich. Er liegt auf dem Sofa, den Blick zur Decke gerichtet, und atmet schwer. Die Tante massiert ihm die Füße und singt dabei.

»Ich und die Spatzen in diesem Haus haben uns so an dein Antlitz gewöhnt ... wir fliegen hin zu dir, zurück zu dir ... ich und die Spatzen werden sterben, wenn du nicht zu Hause bist ...«

Ich beobachte die beiden und komme mir wieder ausgeschlossen vor. Seit unserer ersten Begegnung haben wir nicht viel miteinander gesprochen, mein Vater und ich, und wenn, dann nur belangloses Zeug. Ich frage mich, was ich hier tue. Lustlos streife ich durch die Wohnung. In einem Regal steht ein eingerahmtes Foto. Ich nehme es in die Hand und muss lachen. Es zeigt meinen Vater in Offiziersuniform auf einem Elefanten sitzend. Sein Ausdruck ist von maßlosem Stolz und Eitelkeit geprägt.

Die Tante beobachtet mich, dann hört sie auf zu massieren, setzt meinen Vater auf, verschwindet, um gleich darauf mit einem Fotoalbum zurückzukommen. Das legt sie auf den Tisch, nickt mir auffordernd zu und verabschiedet sich wortlos ins andere Zimmer.

Was soll das jetzt werden? Eine Maßnahme zur Wiedervereinigung von verlassenen Vätern und ihren Rabentöchtern? Andererseits weiß ich ohnehin nicht, was ich mit mir hier anfangen soll. Also setze ich mich und blättere demonstrativ gelangweilt im Album herum. Fotos von meinem Vater aus seinen besten Mannesjahren. Er auf dem Tennisplatz umringt von drei Grazien. Er im weißen Kittel umringt von Krankenschwestern. Er auf einer Party umringt von Frauen in kurzen Cocktailkleidern. Immer im Mittelpunkt, immer in einer übertriebenen Pose. Damit war mein Vater in all den Jahren beschäftigt, in denen meine Mutter um das Überleben seiner Kinder kämpfte. Mit Frauen und ihrer Bewunderung für ihn. Wo ist der Mensch hinter den vielen Posen? Ich finde ihn nicht. Zu viel Pose, zu wenig Mensch.

Der Mann auf dem Elefanten und der Mann in Windeln vor mir: zwei Fremde und dennoch eine Person.

Gibt es einen roten Faden, der sich durch unser Leben zieht? Der all die verschiedenen Menschen miteinander verbindet, die wir im Laufe unseres Daseins sind? Etwas, das echt ist, unser Wesen ausmacht, etwas, das bleibt – bei alledem, das vergeht?

Wenn ich ihn finde, den roten Faden meines Vaters, den Menschen hinter seiner Pose, dann verstehe ich vielleicht, wer er ist. Wer ich bin. Was uns verbindet. Was würde der alte Mann dem Mann auf dem Elefanten raten? Was hätte er anders machen müssen, um heute glücklich zu sein, friedlich sterben zu können, ohne lügen zu müssen?

Mein Vater beobachtet mich. Ich setze mich zu ihm und lege das Album in seinen Schoß. Er beginnt zu strahlen und automatisch die Posen anzudeuten, in denen er sich selbst auf den Fotos sieht.

»Ich war ... ein guter Tennisspieler«, kommentiert er sie mit brüchiger Stimme und wirkt wie entrückt, in eine andere Zeit.

»Hier ... ein Fest zu meinen Ehren«, sagt er dann und nickt sich selbst anerkennend zu.

»Und da habe ich eine Auszeichnung bekommen ... für meine Verdienste als Arzt.«

Und Stück für Stück verwandelt er sich wieder in den Mann auf dem Elefanten. Er geht zurück, auch im Angesicht seines Todes, statt die wenigen Schritte vorwärts zu gehen, die ihm noch bleiben.

Ist es wirklich das, was am Ende zählt? Seine Verdienste, seine Erfolge, seine Trümpfe? Schon zu Lebzeiten vergänglich. Und im Jenseits? Vollends entwertete Währung. Aber er krallt sich daran fest, wie ein Provinzschauspieler an vergangenem Ruhm.

»Ich habe den Armen geholfen ... Leben gerettet ... Ich wurde geehrt ... Ich war berühmt ... Ich bin imitiert worden ... Ich ... Ich ... Ich ...«, wie von Ferne höre ich meinen Vater reden. Tenor: Sieh, was für ein toller Hecht dein Vater war! Er beweihräuchert sich selbst, glaubt mir damit zu imponieren und macht mich nur wütend. Hatte er denn wirklich kein anderes Bedürfnis, als bewundert zu werden? Nach der

Liebe seiner Kinder zum Beispiel, dem Verständnis seiner Frau, nach einem Leben mit etwas mehr Tiefgang?

Mit einem Ruck nehme ich ihm das Album aus der Hand, da rutscht ein Foto heraus. Als ich es zurückstecken will, bleibt mein Blick daran hängen ... und es gibt mir einen Stich. Mitten ins Herz. Das Foto zeigt meine Eltern und uns vier Kinder.

Darauf sieht man, wie mein Vater meine Mutter an der Taille zu sich hin zieht, seine Augen sind geschlossen, sein Kopf in ihre Halsbeuge geneigt, als ob er ihren Duft einsaugen wollte. Meine Mutter sieht direkt in die Kamera und strahlt über das ganze Gesicht. Sie sind unendlich schön, meine Eltern. An der einen Hand hält meine Mutter meinen Bruder. Der hat eine Schirmkappe auf und schneidet eine Grimasse. In der Mitte steht meine älteste Schwester und präsentiert mich stolz in ihren Armen. Ich muss damals ein Jahr gewesen sein. Mein Vater hält meine andere Schwester an der Hand. Sie sieht zu ihm auf und lacht, als ob sie den besten Witz ihres Lebens gehört hätte.

Eine Momentaufnahme. Ein Glücksmoment. Eine Möglichkeit, die angelegt war. Das hätten wir auch sein können, eine glückliche Familie. Aber wir haben es versäumt. Unwiderruflich.

Ich reiche meinem Vater das Foto und sehe ihn an. Und? Was für einen Kommentar hat er nun anzubieten? Welche Pose nimmt er jetzt ein? Die des armen, verlassenen Mannes? Die des Opfers?

Mein Vater sieht das Foto an. Lange, stumm, ausdruckslos. Und vor meinen Augen löst er sich wieder auf. Der Mann auf dem Elefanten. Zurück bleibt einer, der weiß, dass seine Tage gezählt sind. Langsam presst er seine Lippen aufeinander, seine Augen füllen sich mit Tränen und sein kleiner Körper fängt an zu zittern. Dabei gibt er keinen Laut von sich.

Er wirkt, als würde er implodieren. Wie dicke Regentropfen fallen seine Tränen auf das Foto und er lässt es geschehen. Für einen Augenblick erblicke ich ihn: den Menschen hinter der Pose. Den Vater, der seine Entscheidung bereut. Für seine Heimat und gegen seine Familie.

Ich sehe den Schmerz und die Schuld, die Liebe und den Verlust. Den Mann hinter seiner Lebenslüge.

Lange blicke ich ihn so an und schaffe es nicht. Ich kann ihn nicht umarmen. Meine Festungsmauern lassen sich nicht bezwingen, meine Schutzschichten sind zu dick. Die Grenze zwischen meinem Vater und mir, eine tiefe Schlucht. Nicht zu überwinden. Wie einen Fremden betrachte ich ihn und greife nicht ein. Ich bleibe meiner Prämisse treu: Nicht wieder die Kontrolle verlieren.

***

Und heute? Im Rückblick? Erkenne ich, dass **ich** mich damals für eine Pose entschieden hatte: für die des verletzten, trotzigen Kindes. Hätte ich ihn in den Arm genommen, hätte ich vielleicht verstanden, was ich jetzt erst begreife: Mein Vater hatte immer Heimat und Angst, sie zu verlieren. Ich war immer heimatlos und hatte Angst, nicht dazuzugehören.

Die Angst vor der Heimatlosigkeit. Dieser rote Faden zieht sich durch unser beider Leben und verbindet uns.

Er war ein Gefangener seiner Heimat, weil er nur dort bekommen konnte, wonach er süchtig war. Weder in Amerika noch in Österreich hätte er im Mittelpunkt gestanden. Mit einem Randplatz hätte er sich zufrieden geben müssen. Das wusste er. So blieb er lieber der Zampano von Tabriz, verlor lieber seine Familie als seine Heimat. Und ein Stück weit sich selbst.

Fremdsein kann ungeheure Kräfte mobilisieren, wie meine Mutter beweist. Und in der Heimat zu bleiben, kann hemmen. Wer hätte das gedacht? Da, wo man zu Hause ist, in Sicherheit, hat man so viel, was man verlieren kann – und so wenig, woran man sich reiben muss. Und so verkümmern die Muskeln, die seelischen, die für die Herausforderungen des Lebens angelegt sind. Irgendwann sind sie so schwach, dass man das Unbekannte meidet. Man bleibt unter Seinesgleichen, da fühlt man sicher.

Wer aber wirklich innerlich geborgen ist, verlässt seinen Kokon. So wie Kleinkinder, die sich der Liebe ihrer Mutter sicher sind, in die Welt hinaus krabbeln. Sie sind neugierig. Das Unbekannte, das Neue macht ihnen keine Angst. Instinktiv wissen sie, dass sie sich selbst erst am Fremden erfahren. Das, was uns vom anderen unterscheidet, spiegelt uns, wer wir sind. Erst im Anderen, im Fremden, erkennen wir die Anteile, die wir selbst auch haben, aber vielleicht nicht leben. Verschließen wir uns vor dieser Begegnung, bewegen wir uns an der Oberfläche unseres Wesens. Die vielen Schichten darunter bleiben unentdeckt. Wir drehen uns im immer selben Kreis, erweitern unseren Horizont nicht, wachsen nicht über uns hinaus und damit auch nicht in uns hinein. Das Leben schrumpft zum Schrebergarten.

Meine Mutter, die ewige Fremde, ist in die Welt gezogen, hat sich neu erfunden – und kein Zuhause gefunden. Mein Vater, der Heimatvolle, ist geblieben und hat nur einen Entwurf von sich gelebt, den einfachsten. Wer hat es richtig gemacht? Wer falsch? Ich weiß es nicht. Vielleicht ist es das Extrem, das problematisch ist. Etwas fehlt. Der andere Teil. Das Gleichgewicht.

Ungefähr einen Monat, nachdem ich im Iran gewesen war, bekam ich einen Anruf: »Dein Vater ist tot.«

Vier Worte, mehr nicht. Ich habe es zur Kenntnis genommen wie man eine Terminverschiebung beim Friseur zur Kenntnis nimmt. Es hat Wochen gedauert, bis ich es realisiert habe: Du hast nicht nur keinen Phantomvater mehr, du hast überhaupt keinen Vater mehr. Du bist Halbwaise. Und dann habe ich gewartet. Eines Morgens, so dachte ich, würde ich aufstehen und unversehens in ein schwarzes Loch fallen. Ein Loch, das sich hinter den vier Worten verbarg. Aber mein Alltag ging unbehelligt weiter. Mit oder ohne Vater. Das Archiv unserer gemeinsamen Erlebnisse war ziemlich leer. So wenig da, das mich an ihn erinnerte. Ab und zu zog ein herrenloses Bild an mir vorbei und war schon wieder verschwunden, wenn ich danach greifen wollte.

Mein Phantomvater hatte mich zeitlebens im Griff – aber mein realer toter Vater ließ mich erstaunlich kalt. Damals dachte ich schon, ich hatte ihn überwunden. Heute weiß ich, der Schmerz war einfach zu groß. Ich konnte ihn nicht zulassen, sonst hätte ich am Ende doch die Kontrolle verloren.

Ich hatte eine Vorstellung davon, wie Vater und Tochter zu sein hatten. Im Iran, dachte ich, bei meinem Vater werde ich bekommen, was mir mein Leben schuldig geblieben war. Das Gegenteil ist passiert, mir wurde noch etwas genommen: die Hoffnung, dass es jemals anders sein wird. Ich war und blieb die verlassene Tochter. Und sein Tod besiegelte das nur noch einmal. Unwiderruflich.

Mein Vater, der solche Angst vor der Fremde hatte – wie hat er wohl seine letzte Reise angetreten? In das Land, aus dem bislang niemand zurückgekehrt ist und von dem es keine Prospekte, Berichte und Bilder gibt. Der Tod ist das ultimativ Fremde. Das ausländischste Ausland, in dem wir alle mal landen. Und der radikalste Gleichmacher: Egal, welche Hautfarbe und welchen Intelligenzquotienten wir hatten, ob wir Könige oder Bettler, fremd oder passend waren – all das zählt am Ende nichts mehr.

Vielleicht sollten wir das Sterben schon zu Lebzeiten üben. Indem wir immer wieder das Alte, das Bekannte, Vertraute loslassen, springen und uns dem Fremden stellen.

Vielleicht sollte auch ich mich verabschieden von dem, was nicht war und hätte sein sollen, und annehmen, was ist: meinen Vater, so wie er war. Und Frieden mit ihm schließen, auch nach seinem Tod.

Hört sich gut an. Aber ganz ehrlich? Ich fühle es nicht. Im Moment zumindest. Die Zeit wird vielleicht noch kommen.

Wer ich bin? Ich weiß es noch immer nicht. Ich bin nicht die Verletzung. Das weiß ich. Nicht die Pose und nicht der Trotz. Weder gegen meine Mutter. Noch gegen meinen Vater. Weder gegen das Fremde noch gegen das Heimatvolle. Ich bin eine Mischung. Aus Vater und Mutter. Und darin wieder ganz neu. Und mir selbst noch fremd. Wie finde ich mich?

Loslassen. Springen. Ins Unbekannte. Ins Fremde. In mich.

Die Mission ist beendet, die Reise geht weiter.

Von Ursprungswunden und falschen Pferden

𝓔s ist Nacht und ich sitze in einem Taxi. Aus der Musikanlage ist »Wiener Blut« zu hören. Der Taxifahrer neben mir schunkelt im ¾-Takt. Unter seinem offensichtlich mehr als einmal zu heiß gewaschenem Pullover zeichnet sich ein durchtrainierter Körper ab.

Er hat dunkle, lockige Haare, einen Dreitagebart, der ihm etwas Verruchtes gibt, feucht schimmernde Augen mit langen Wim… – Moment mal, ist das nicht Djamshid? Bevor ich mich wundern kann, singt er mich schon an: »Wiener Blut, Wiener Blut, Eigner Saft, Voller Kraft, Voller Glut…«

»Wiener Poesie ist auch nicht besser als die persische«, denke ich. »Bahbah«, nicke ich ihm dennoch anerkennend zu. Männer brauchen das.

»Ich dachte, du hast Wirtschaft studiert und deinen Doktor gemacht!« Ich deute fragend auf den Wagen.

»Als Ausländer darfst du entweder putzen oder Taxi fahren. Mehr gönnen sie dir nicht.« Er zuckt mit den Schultern und summt weiter.

»Sie?… Wer sie?«, frage ich irritiert. Djamshid sieht mich mitleidig an. »Weißt du wirklich nicht, wer ›Sie‹ sind?«, steht in seinem Gesicht geschrieben.

»Nein, weiß ich nicht«, antworte ich auch stumm und wende mich ab. Ich habe keine Lust auf dieses »Wir armen Ausländer«-Gesülze.

Draußen zieht eine karge, trockene, staubige Landschaft vorbei.

»Wohin fahren wir eigentlich?«, frage ich Djamshid überrascht.

»Zum Dreh. Wohin sonst?«, fragt er zurück.

»Aber das hier ... ist nicht Berlin.« Ich deute aus dem Fenster.

»Ich habe eine Abkürzung genommen. Über Tabriz.«

»Über Tabriz?«, frage ich mit kieksender Stimme. »Dann kommen wir doch zu spät!«

Ruckartig wendet sich Djamshid mir zu, sieht mir tief in die Augen und sagt: »Vertrau mir, Khoshgele, vertrau mir. Ich weiß, was ich tue. Ich bin Perser.«

Und – ich – bin – hypnotisiert. Ich sehe in seine dunklen Augen, langsam gleitet mein Blick zu seinem Mund und ich beobachte, wie er sich leicht öffnet. Ich spüre seinen warmen Atem auf meinem Gesicht, meine Lippen klappen zitternd auseinander und mein ganzer Körper schreit danach, den ersten Perser meines Lebens zu küssen ... da taucht plötzlich meine Mutter hinter Djamshid auf: »Hab ich dir nicht ges... dass du dich nie, unt... zu keiner ... auch nicht unter ... mit einem Perse... einlass... sollst?«, warnt sie mit drohendem Zeigefinger und lauter Aussetzern. Unsere telepathische Verbindung hat schlechten Empfang. Dann verpufft sie wieder. Ich schrecke zurück, sehe nach vorn und schreie: »Stopp!!!«

Djamshid steigt auf die Bremse, Reifen quietschen, mich schleudert es nach vorn, dann nach hinten und ich sehe, dass wir fünf Millimeter hinter unserem Vordermann – einem Österreicher mit Tirolerhut – zum Stehen kommen.

»Vertrauen? ... Dir?«, zische ich Djamshid wütend zu. Der presst seine Lippen aufeinander, sieht beleidigt auf die Fahrbahn und schweigt, bis wir angekommen sind. Dann steigt er aus, öffnet mir die Tür und deutet auf das einzige beleuchtete Fenster im 5. Stock eines Hochhauses: »Die warten schon auf dich.«

»Ist das Marzahn oder Tabriz?«, frage ich und bleibe sitzen.

»Was macht das für einen Unterschied?«, antwortet er kryptisch, lehnt sich lässig an den Wagen und zündet sich eine Zigarette an. Ohne mich anzusehen gibt er mir die Hand: »Geh, Khoshgele, geh. Es muss sein«, muntert er mich auf und wirkt, als wenn er mich zu meiner eigenen Hinrichtung schicken würde.

Ich trete aus dem Lift und stehe plötzlich vor der Wohnung meines Vaters. Noch bevor ich klopfen kann, öffnet mir Frau Fellner, meine frühere Volksschullehrerin, die Tür. »Gekommen bist du. Aber zu spät. Zu spät«, sagt sie, während sie mich reinlässt. »Die ist nicht einmal fähig, einen Bleistift richtig in der Hand zu halten«, höre ich sie noch Mehrnaz, der Praktikantin vom Filmset, hinter meinem Rücken zuraunen.

In der Wohnung meines Vaters sind weitere bekannte Gesichter, die ich hier nicht vermutet hätte: Afrikaner 1 und 2 vom Flughafen, die Kneiftante, Arzu und Bozena aus Mutters Hotel, Omar, der Knödelliebhaber, eine Siebenjährige – oh, das ist Simone, meine Schulkameradin aus der Volksschule – und noch einige mehr. Ich will gerade auf Omar zugehen, da funkt Frau Fellner dazwischen: »Hast du das Formular?«

»Welches Formular?«, frage ich zurück.

»Wieder eine Frist versäumt, was?«

»Was für eine Frist?«

»Kein Formular, keine Aufenthaltsgenehmigung. Kein Aufenthalt: Umbesetzung.«

»Sie besetzen mich um?«, frage ich schockiert.

»Mit der allergrößten Freude«, antwortet Frau Fellner über das ganze Gesicht strahlend, zieht Simone an sich und streicht ihr über die langen, glatten Haare. »Sie wird deine Rolle spielen.«

»Aber ... sie ist ... sie ... ist ... blond«, bringe ich stammelnd hervor.

»Na und? Ist blond vielleicht schlechter als schwarz?«, brüllt mich Frau Fellner an, bückt sich zu Simone und sagt mit zuckersüßer Stimme: »Du kannst das, nicht wahr, Simönchen? Du kannst einen kleinen, dunklen, hässlichen Zwerg spielen?«, und zeigt mit dem Zeigefinger auf mich.

Statt einer Antwort knickt Simone ein, hebt die rechte Schulter, als ob sie einen Buckel hätte, verzieht das Gesicht zu einer Fratze, irrt hinkend durch den Raum und wirkt dabei wie Quasimodo auf der Suche nach seiner Esmeralda. Alle brechen in frenetischen Applaus aus. Tief gerührt drückt Fellner Simone an sich und wirft mir einen verächtlichen Blick zu: »Siehst du? Simone kann dich spielen.«

Sie kann **mich** spielen? Was meint Frau Fellner damit?

Frau Fellner hebt die Arme gen Himmel und schüttelt ungläubig den Kopf: »Dein Leben wird verfilmt! Und ausgerechnet ich soll dabei Regie führen«, sie schüttelt sich vor Ekel.

»Mein Leben wird verfilmt?«, frage ich erstaunt.

»Warum um alles in der Welt glaubst du, haben sich so viele Schießbudenfiguren hier versammelt?« Frau Fellner deutet auf die anderen hier im Raum.

»Dann können Sie mich doch gar nicht umbesetzen!«, protestiere ich.

»Schätzchen, du spielst dich nicht einmal in deinem Leben selbst, wen kümmert's denn, wer dich im Film spielt?«, erwidert Frau Fellner und bricht in ein infernalisches Gelächter aus. Alle anderen stimmen ein. Ein brennendes Schamgefühl breitet sich in mir aus. Ich möchte davonlaufen, da packt mich Frau Fellner am Handgelenk.

Ich wache auf ... und finde mich schweißüberströmt im Hotelbett wieder.

※

Mein Herz pocht mir bis in die Ohren, als ich das Licht anschalte. Ich schaue unter die Matratze, in die Badewanne und in den Schrank. Keine Spur von Frau Fellner. Auch nicht von den anderen. Gott sei Dank. Ich wanke zur Minibar, hole eine Cola raus, lasse mich in einen Sessel fallen und halte mir die kalte Flasche an die Schläfe. Warum um alles in der Welt träume ich jetzt von meiner Volksschullehrerin? Seit 35 Jahren habe ich die nicht gesehen!

Erinnerungen kommen hoch. Es war in der vierten Klasse. Wir mussten alle ein Formular abgeben. Darin hatten unsere Eltern angekreuzt, ob sie uns in die Hauptschule oder ins Gymnasium schicken wollten. Meine Noten ließen zu wünschen übrig. Dennoch kam für meine Mutter nur das Gymnasium in Frage. Ich gab Frau Fellner das Formular und wollte wieder auf meinen Platz gehen, da packte sie mich am Handgelenk und hielt mich fest: »Kinder, hört mal alle her!«, forderte sie meine Mitschüler auf, »die Proschat will aufs Gymnasium« – und brach in Gelächter aus. Die Kinder lachten mit. Niemals vorher oder nachher habe ich mich so falsch gefühlt und mich geschämt. Bis zu dem Moment gestern am Set ...

Deshalb konnte mich das Erlebnis beim Dreh so aus der Bahn werfen! Auch dort empfand ich mich plötzlich als »falsch«. Das riss meine Ursprungswunde auf. Und mit einem Schlag fühlte ich mich wie damals als Kind – klein, mickrig, ausgeliefert.

Das Erlebte ist gespeichert. In meinem Gehirn, in meiner Gefühlswelt, in meinem Körper. Ich werde von einer Melodie, einem Geruch, einem Bild emotionalisiert, von einem harmlosen Erlebnis in eine Krise gestürzt und ahne nicht einmal, warum. Auch wenn ich mich stets weigerte, in das »Wir armen Ausländer«-Gesülze mit einzusteigen, wusste ich natürlich, dass ich als Ausländerin gelitten hatte. Aber dieses Wissen war eher allgemein. Gefühle jedoch werden von ganz konkreten Erlebnissen und Gedanken ausgelöst. Deshalb muss ich mich erinnern. Auch an das Schmerzhafte. Erst dann höre ich auf, ein willenloses Opfer meiner Vergangenheit zu sein.

Weitere Bilder tauchen in mir auf: Ich sehe mich in der Ecke stehen, den Rücken zur Klasse gewandt. Angeblich hatte ich den Unterricht gestört. Dabei waren es meine Herkunft und meine Visage, die Frau Fellner störten, mehr nicht.

»Gibt es bei euch Autos oder reitet ihr noch immer auf Kamelen?«, hatte sie mich vor der ganzen Klasse mal gefragt. Oder: »Vielleicht macht man das da, von wo du kommst, aber hier...«, diesen Satz hörte ich fast täglich. Sie forderte sogar einige Eltern auf, ihren Kindern den Umgang mit mir zu verbieten: »Die kann ja nicht mal einen Bleistift richtig in der Hand halten«, wurde mein schlechter Einfluss auf andere Kinder begründet.

Während der ersten Schuljahre ist die Lehrerin wie ein Guru für die Kinder. Stößt ein Guru ein Gruppenmitglied von sich, tut die Gruppe dasselbe. So fristete ich das Leben einer Außenseiterin, unterbrochen von kurzen Phasen des vorübergehenden Anschlusses – jeweils so lange, bis Frau Fellner mich wieder auf meine Position im Abseits zurückstieß. Regelmäßig. Ihr stumpfsinniger Ehrgeiz, mich zu quälen, war unerschütterlich. Ein Zeichen für ernsthafte psychische Probleme möglicherweise?

Als Kind konnte ich das nicht wissen. Niemand erklärte mir, dass nicht ich das Problem war, sondern sie. Außer meiner Mutter natürlich. Sie saß aber mit mir in einem Boot. Ich hätte jemanden von der Seite der »Richtigen« gebraucht. Aber nicht genug damit, dass da keiner war – Frau Fellners ausländerfeindliche Ansichten schienen überdies sogar populär.

Die Zeiten haben sich geändert. Auch in Österreich. Insbesondere in Wien. Ganze Schulklassen treffen sich zum Shisha-Rauchen beim Orientalen, die Pizza will man mit original italienischem Charme serviert bekommen und im Kindergarten besteht man auf eine Betreuerin mit Chinesischkenntnissen. Ich kenne Österreicher und Deutsche, die mit derselben Selbstverständlichkeit Hafes und Rumi zitieren, wie sie früher Schillers »Glocke« deklamierten. Dazu kochen sie besser Ghormeh Sabzi als meine Mutter und haben mehr persische Freunde als ich – was nicht schwer ist, da ich keinen einzigen habe. Diese Menschen sind immer wieder irritiert von mir. Habe ich mir meine Herkunft im ausländerfeindlichen Österreich meiner Kindheit austreiben lassen, um mich in der heutigen Multikulti-Gesellschaft nun genau deswegen wieder schief ansehen zu lassen?

Ich konnte kein Wort Deutsch in der ersten Klasse, dazu kamen noch eine Menge anderer kultureller Differenzen. So vieles, was sich für mich richtig anfühlte, schien in den Augen der Österreicher falsch. Ich wurde verwirrt. Und so hörte ich bald auf, an das zu glauben, was ich selbst hörte, sah und fühlte, und glaubte fortan eben an das, woran man mich glauben machte. Ich wurde, wie ich dachte, sein zu müssen: Am Ende der Volksschule sprach ich fließend Deutsch und kaum ein Wort Farsi mehr. Endlich war ich richtig und ... weiterhin verwirrt. Dann musste ich mich eben noch mehr anpassen, dachte ich. Je weiter ich mich anpasste, desto glatter wurde meine Fassade. Je glatter meine Fassade wurde, desto weniger war ich verletzbar – glaubte ich zumindest. In Wahrheit verletzte ich mich selbst, indem ich mich verriet – und merkte es kaum.

Sich selbst zu verlieren, das gehe in der Welt ganz leise und unbemerkt vor sich. Viel stiller, als einen Arm oder ein Bein zu verlieren. Gedanken von Søren Kierkegaard.[18] Das Gefühl der Entfremdung, das sich durch mein Leben zog, hätte ein Hinweis auf diesen stillen Verlust sein können. Aber zu sehr hatte ich mich schon daran gewöhnt. Dachte, das Leben sei nun mal so. Kein Zuckerschlecken. Langsam beginne ich zu begreifen: Das Leben ist weder so noch so, es ist nur, wie ich es lebe.

Tatsächlich hat Frau Fellner Regie in meinem Leben geführt. Nicht nur meine Fassade, auch meinen Beruf habe ich zu einem guten Teil ihr zu verdanken. Ich wollte nicht mehr draußen stehen, begafft und ausgelacht werden. Ich wollte draußen stehen, begafft und geliebt werden. Gleiche Situation, anderes Resultat. Ich hoffte, meine Ursprungswunde damit zu heilen. Erfolglos. Immerhin konnte ich als Schauspielerin verschiedene Identitäten annehmen – ich hatte ja selbst keine – und Gefühle ausleben, die ich mir im Leben versagte.

Meine Gefühle nämlich stelle ich für andere gern hintenan. Nach wie vor. Nicht etwa, weil ich ein so guter Mensch bin. Ich will bloß keine Konflikte. Die machen mir Angst. Für die ultimative Harmonie bin ich bereit viel zu opfern. Hauptsache, niemand ist böse auf mich. So wie damals, als Frau Fellner mich zu sich rief. »Na, wie lief deine Aufnahmeprüfung fürs Gymnasium?«, fragte sie siegessicher. »Die nehmen mich«, antwortete ich und strahlte sie an. Von einer Sekunde auf die andere war ihre Miene wie versteinert. Ich hatte gewonnen. Das war ein Fehler gewesen. Dabei wollte ich gar nicht gewinnen. Nicht um diesen Preis. Viel lieber wollte ich ihre Gunst, um die ich bis zuletzt gebuhlt habe und die sie mir bis zuletzt verwehrt hat. Ich war wohl einer Art Stockholm-Syndrom zum Opfer gefallen.

Aber gilt das nicht für viele Kinder in Bezug auf Erwachsene? Sie müssen sich ständig des Wohlwollens der »Großen« versichern. Sind sie dann schließlich selbst erwachsen geworden, verklären manche ihre Kindheit. Sprechen von gerechtfertigten Schlägen, die ihnen verpasst wurden, und Eltern, die nur aus Liebe so hart zu ihnen waren.

Wir sind Überlebenstiere, alle – die einen mehr, die anderen weniger. Haben wir als Kinder herausgefunden, wie wir denen, von denen wir abhängen, gefallen – durch Clownerien, Leistung, Artigsein ... –, behalten wir diese Strategie bei. Meist unbewusst, dafür ein Leben lang. Wir übersehen, dass wir erwachsen geworden sind. Neue und bessere Werkzeuge stehen uns zur Auswahl, um uns durch das Leben zu schlagen. Vor allem besitzen wir die Macht über uns selbst – und nicht mehr die anderen. Ich werde meine Ursprungswunde nicht heilen, wenn ich nach wie vor erfülle, was Frau Fellner von mir wollte: Mich klein halten. Im Gegenteil. Das »Falsche« an mir, von dem ich mich getrennt habe, ich muss es wieder zulassen und dazu stehen. Heute darf ich sein, wie ich bin. Aber so einfach ist das nicht. So lange habe ich mich erfolgreich verhindert, dass ich schon nicht mehr weiß, wie ich mal angelegt war.

Meine Rückkehr in den heimatlichen Hafen wird nicht von heute auf morgen vonstattengehen. Ich werde Rückschritte machen, nachdem ich Fortschritte gemacht habe, mutlos sein, mich suchen und nicht finden, den vermeintlich leichteren Weg gehen, um wieder in einer Sackgasse zu landen – und ich werde noch oft Theater spielen, statt ehrlich zu sein. Gehört dazu. Auf meinem Weg, die zu werden, die ich bin. Nur eines ist wichtig bei alldem: mir selbst eine gute Freundin zu sein.

Eines Tages, hoffe ich, bin ich dann so weit. Dann kann mich niemand mehr umbesetzen. Zumindest nicht in meinem eigenen Leben.

※

»Yoga!« ist mein erster Gedanke, als ich am nächsten Morgen wie gerädert aufwache. Das letzte Mal habe ich vor einem Jahr einen Kurs besucht. Mit den besten Absichten ging ich hin – und mit dem verrissensten aller Lendenwirbel kam ich wieder zurück. Dann ließ ich's bleiben. Meine spirituelle Seite kommt zu kurz. Leider. Zum einem fehlt mir schlussendlich doch der Glaube ans Transzendentale, zum anderen habe ich keine Zeit. Das wird sich jetzt ändern. Immerhin soll man durch spirituelle Praktiken sein Ego ablegen und zu seinem wahren Selbst finden.

Im Internet suche ich mir das nächstgelegene Studio heraus und lande beim »Hottest Yoga of Town«. Erotische Dehnübungen, denke ich verschmitzt, werde jedoch dort eines Besseren belehrt: Der Kursraum ist auf 35 Grad aufgeheizt. Die meinen es wörtlich und sehr ernst. Meine zur Auflockerung dienenden Zwischenrufe werden mit strengen Blicken quittiert, meine Witze verpuffen im Nirvana. Humor ist hier offensichtlich unerwünscht. Oder ist er etwa nicht heilig genug, mein Humor?

Ich stelle mich hinter eine langbeinige Blondine und schwanke. Ganz schwindlig ist mir von der Hitze. Im Kasernenton sagt der Yogalehrer die Übungen an. Auf Knopfdruck verrenken sich die Yogis in alle Himmelsrichtungen. Ich hebe den rechten Arm, kollabiere, lande am Boden und bleibe liegen. Von da schaue ich den anderen zu, wie sie sich zu ihrem wahren Selbst hin keuchen und dehnen. Wirklich entspannt sieht das nicht aus. Besonders die Blonde vor mir rackert sich ab. Mit hochrotem Gesicht presst sie sich in Haltungen, die unter normalen Umständen verschreibungspflichtig wären. Dafür wird sie vom Yogalehrer aufs Heftigste gelobt. Ob der Weg zum wahren Selbst wirklich so verbissen und schmerzhaft sein muss?

Ganz ehrlich: Die waren mir noch nie geheuer, die Spiris. Die, die ihre Spiritualität im Bauchladen vor sich hertragen und einem zu jeder passenden und unpassenden Gelegenheit etwas davon verkaufen wollen. Auch die, die nicht müde werden zu betonen, wie spirituell – und daher weiter und besser – sie sind als man selbst. Am schlimmsten finde ich jedoch die, die durch die Welt gehen, als ob Gott durch sie spräche, auch wenn sie bloß nach dem Salz fragen. Dabei klingt das alles immer so schön: Bedingungslose Liebe, das wahre Selbst, All-eins-sein. Danach sehne ich mich auch! Warum krieg ich das nie zu spüren? Auch hier nicht, in diesem Kampfyoga.

Endlich ist der Kurs vorbei, ich springe auf und wirke fitter als alle Yogis zusammen. Eineinhalb Stunden Liegen hat mir gut getan. Da kommt die Blondine auf mich zu: »Proschat?«, fragt sie und wirkt, als wenn ihr der Weihnachtsmann erschienen wäre. Ich gehe im Kopf meine Datenbank der mir bekannten Blondinen durch. »Dass ich dich hier treffe«, sie weiß gar nicht, wie sie ihrer Verwunderung Ausdruck verleihen soll. Ich weiß gar nicht, wieso sie mich kennt. »Du hast keine Ahnung, wer ich bin, nicht wahr?«, fragt sie direkt. Ich schüttle den Kopf. »Simone«, sagt sie, als ob es auf der ganzen Welt nur eine Frau mit diesem ausgefallenen Namen gäbe. Ich zucke hilflos mit den Schultern.

»Wir waren vier Jahre lang gemeinsam in der Volksschule.«
Noch immer macht es nicht klick.

»Bei der Fellner«, fügt sie hinzu und lächelt mich an.

Habe ich gerade die Begegnung der dritten Art? Vor mir steht **die** Simone? Die, die mich heute Nacht im Traum aus meiner eigenen Verfilmung rausgedrängt hat und beabsichtigt, mit ihrer Quasimodo-Darstellung Anthony Quinn posthum noch an die Wand zu spielen? Ich hyperventiliere fast und drohe zum zweiten Mal zu kollabieren.

»Alles in Ordnung mit dir?«, fragt Simone besorgt.

»Alles … bestens … dan…ke«, stottere ich.

»Mach dir nichts draus«, versucht sie mich zu beruhigen, »ich hätte dich auch nicht erkannt. Aber ich kenn dich vom Fernsehen … Du spielst da in so einer Soap, nicht wahr?«

»Keine Soap. Eine Serie. Das ist ein großer Unterschied«, beginne ich mich sofort zu rechtfertigen.

»Ah ja«, sie winkt mit einer Handbewegung ab. »Komm doch zum Essen zu mir. Heute Abend. Wir könnten über alte Zeiten plaudern. Erinnerungen auffrischen«, meint sie und sieht mich erwartungsvoll an. Simone, der Liebling von Frau Fellner, Miss Perfect – nein, ich will nicht zu der zum Essen kommen. Andererseits kann diese Begegnung kein Zufall sein. Da träume ich von einem Menschen, den ich seit 35 Jahren nicht gesehen habe, und treffe ihn am nächsten Tag beim Yoga. Das ist ein Zeichen. Wofür? Keine Ahnung! Einfach nur ein Zeichen. »Ja gern, warum nicht«, erwidere ich und möchte mir sofort in die Zunge beißen. Simone reicht mir ihre Visitenkarte. »Um sieben?«, sagt sie, gibt mir die Hand und lässt mich stehen. Ich lese: »Dr. Simone Buschhorn, Zahnmedizin, Zahnästhetik und Kieferchirurgie«.

Simone war perfekt, wurde von allen bewundert und hatte immer das Sagen. Ich war falsch, wurde von allen gehänselt und musste mich fügen. So viel zu unserer Rollenverteilung in der Schule. Darüber hinaus war ich klein und trug eine

Brille – und Simone sah schon mit sieben aus wie eine Miniaturausgabe von Claudia Schiffer. Sie war außerdem Primaballerina des Ballettvereins, Klassenbeste und spielte herzerweichend Klavier und Cello. Kurz, Simone war nicht zu toppen.

Und sie gründete in regelmäßigen Abständen einen »Club gegen Proschat«. Unter ihrer Führung umkreiste mich die ganze Klasse, schüttete den Inhalt meiner Schultasche auf den Boden, meine Hausaufgaben wurden versteckt und meine Tasche in den Mülleimer geworfen. Und dann forderte Simone einen nach dem anderen auf, mich zu schubsen. Und so wurde ich geschubst, die ganze Pause lang – und an manchen Tagen jede Pause. Bei wem hätte ich mich beschweren sollen? Bei Frau Fellner etwa? Ich war schon froh, dass sie nicht mitschubste.

Ich lasse mich nicht mehr kleinkriegen von ihr. Das habe ich mir fest vorgenommen. Ich trage ein eng anliegendes, dunkel geblümtes Kleid, mit tiefem Ausschnitt, das mein Dekolleté zur Geltung bringt, und hochhackige Schuhe, die meiner Körpergröße 12 Zentimeter hinzufügen. Meinen Hals ziert ein teures, aber dezentes Collier, an meinen Ohren blitzen kleine Brillanten. Meine Locken habe ich zu einer beeindruckenden Mähne frisiert, meine Lippen blutrot angemalt und meine Augen geschickt betont. So wie ich gerade aussehe, kann man **mich** kaum toppen.

Nichtsdestotrotz bin ich aufgeregt. Lächerlich! Was kann sie mir denn heute noch antun? Mich wieder schubsen? Ich bin kein Kind mehr, versuche ich mich zu beruhigen – und werde immer nervöser.

Ich steige aus dem Taxi und stehe vor einer dieser Villen, bei deren Anblick ich mich immer frage: Wer kann sich so etwas leisten? Russische Oligarchen, amerikanische Waffenhändler, italienische Mafiabosse? Nein, Zahnärztinnen mit Spezialisierung auf Zahnästhetik. Tja, Augen auf bei der Berufswahl!

Bevor ich läute, zücke ich den Handspiegel, ziehe meine Lippen nach, fahre mir durch meine Haare, wiederhole dreimal den Satz »Ich lasse mich nicht kleinkriegen« ... und will gerade den Klingelknopf betätigen, da höre ich schon Simones Stimme. »Komm rein«, sagt sie durch die Gegensprechanlage und die Gartentür beginnt sich langsam zu öffnen. Ich blicke mich um und entdecke eine Kamera, die auf mich gerichtet ist. Mist! Sie hat mich bei meinen Sanierungsarbeiten erwischt. Eins zu null für sie.

Ich betrete das Grundstück und sehe Simone in der Tür stehen: in Jeans, einem cremefarbenen Rollkragenpulli und Sportschuhen. Die blonden Haare zu einem lockeren Pferdeschwanz gebunden, ungeschminkt, die Arme verschränkt, so lehnt sie lässig am Türrahmen.

Neben Simone komme ich mir jetzt vor wie die orientalische Ausgabe von Zsa Zsa Gabor. Was habe ich mir nur gedacht? Dass ich auf den Opernball gehe? Verdammt! Jetzt heißt es zu meiner Optik zu stehen. Ich werfe meinen Kopf in den Nacken, strecke die Brust heraus, ziehe den Bauch ein und mache mich so anmutig, wie ich nur kann, auf meinen 12-Zentimeter-Absätzen auf den Weg. Zwischenzeitlich zweifle ich daran, aber ich komme tatsächlich bei Simone an. Unversehrt.

»Wow, bist du schön!«, begrüßt sie mich und gibt mir die Hand. »Ach, nur ein altes Kleid ... es hat mich angefleht: Zieh mich bitte, bitte an«, kommentiere ich mein Outfit. Ich lache etwas zu laut und etwas zu schrill. Simone lächelt seelenruhig zurück. Innerlich macht mich das immer unsicherer, äußerlich immer exaltierter.

»Eine kleine Führung?«, fragt sie und deutet auf das Haus und den Garten. Ich werfe einen Blick um mich, ahne schon, dass eine Begehung dieser Luxusanlage meinem Selbstvertrauen abträglich sein wird, und antworte: »Warum nicht?« Simone geht vor, ich tripple auf meinen Stilettos hinterher. Vorbei an Indoor- und Outdoorswimmingpool, Spa-Landschaft vom Feinsten und der Garage, bestückt mit Geländewagen, Porsche und Mini. Dann erreichen wir den lagunenartig angelegten Naturteich, an dessen Ende sich das Gästehaus mit Meditations- und Fitnessraum befindet. Nach dem Rundgang im Garten, der die Ausmaße einer kleinen Parkanlage hat, kehren wir zum Haus zurück, durchqueren sämtliche Zimmer inklusive Medienraum und Bibliothek und landen in der Küche, aus deren Fenster man einen Blick auf die umliegenden Weinberge hat. Schön und perfekt zu sein lohnt sich. Simone lebt im Paradies.

»Was möchtest du trinken?«, fragt sie, während sie dekorativ angerichtete Leckereien auf den Tisch stellt. »Einen Rotwein!«, ich muss meine innere Anspannung in Alkohol ertränken.

»Tenuta Dell'Ornellaia Masseto Jahrgang 2008?«, fragt sie, hebt eine Rotweinflasche hoch und spielt Oberkellner, »... mit Tiefgang, Finesse und Eleganz oder ...«, sie hebt eine andere Flasche hoch, »Verite le Desir Jahrgang 2007, würzig komplex mit dezenter Holznote, eine Symbiose von neu und alt?«

Die Frau ist nicht nur schön, natürlich, geschmackvoll, sie ist auch noch charmant und witzig.

»Wie du magst«, winke ich schlecht gelaunt ab, »bin keine Weinkennerin.«

Daraufhin schließt sie die Augen, senkt den Kopf und atmet tief ein und aus. Verfällt sie gerade in Trance oder was ist mit der Frau los? So verharrt sie eine Weile, dann öffnet sie die Augen, als wenn nichts gewesen wäre, und dekantiert den Tenuta. Ich schöpfe Hoffnung: Vielleicht stimmt ja doch etwas nicht mit ihr!

Sie prostet mir zu und sagt: »Schön, dass du da bist.«

Ich proste zurück und denke: »Wäre schön, wenn ich woanders wär!«

Umso mehr, als sie jetzt auch noch ein Foto vom Regal nimmt und mir reicht: »Martin, mein Mann.«

Attraktiv, groß, athletisch. Dieses Powerpaar könnte man in jedem Werbespot einsetzen. Alles würde man kaufen, um so zu werden wie sie.

»Martin ist Unternehmensberater. Er hält Vorträge auf der ganzen Welt. Heute in Hongkong... Und du?«, fragt sie.

»Was – ich?«, frage ich zurück.

»Bist du verheiratet?«

»Muss denn jeder verheiratet sein?«, platzt es aus mir heraus. Simone lächelt etwas irritiert.

»Ich bin glücklicher Single«, lenke ich etwas freundlicher ein.

»Du bist also Schauspielerin geworden.« Simone strahlt mich an, »Was für ein aufregendes Leben!«

»Ja, so ein Künstlerleben unterscheidet sich vom ... normalen Alltagsleben«, fange ich an, über meinen Berufsstand zu philosophieren, »Beziehungen bleiben auf der Strecke, man verdient nicht so viel Geld wie ... zum Beispiel Zahnärzte, aber dafür: das ganze Leben ein Abenteuer!«

»Musst du nicht gleich kotzen? Das ganze Leben ein Abenteuer? Von welchem Schundroman hast du denn den Satz ausgeliehen...«, funkt meine innere Stimme dazwischen, während meine äußere Stimme weitersprudelt: »Jede Rolle ist eine Herausforderung ... man muss sich immer wieder in neue Figuren hineinversetzen ... das erfordert Nacktheit ... seelische Nacktheit, wenn du verstehst, was ich meine...«

Simone hört mir gebannt zu. In einer meiner wenigen Atempausen fragt sie: »Wie heißt die Soap noch mal, in der du spielst?«

»Keine Soap, eine Serie, ich spiele in keiner…«, beginne ich vehement zu widersprechen. Dann unterbreche ich mich selbst. Was tue ich hier eigentlich? Wieder versuche ich einem Bild zu entsprechen, das ich nicht bin, glaube meine Stellvertreterin in die Arena schicken zu müssen, die besser ist als ich. Kurz: Ich schubse mich selbst.

Ich entferne meine Ohrclips, nehme mein Collier ab, spritze mir aus der Flasche, die auf dem Tisch steht, ein paar Tropfen Wasser ins Gesicht, ohne darauf zu achten, ob mein Makeup verschmiert wird, und höre mich sagen: »Ich werde ehrlich sein, Simone: Du strengst mich an. Hast du immer schon. Noch immer komme ich mir klein und mickrig neben dir vor. Das will ich nicht mehr.« Dann nehme ich meinen Mantel und bewege mich in Richtung Tür.

Das soll mir mal einer nachmachen in puncto Ehrlichkeit, denke ich und patsche mir selbst innerlich stolz auf die Schulter. »Ich habe Panikattacken«, höre ich Simone in dem Moment sagen. Verdutzt bleibe ich stehen und drehe mich langsam um.

»Die erste hatte ich vor ungefähr einem Jahr.«

Da ich nicht antworte, fährt sie fort: »Ich war gerade in der Arbeit, habe gebohrt, da fingen meine Hände an zu zittern und mir wurde schwindlig. Ich dachte, ich würde auf der Stelle sterben. Seitdem habe ich die Praxis nicht mehr betreten.« Sie zuckt mit den Schultern. »Mich hat's erwischt. Ich habe einen – wie heißt es so schön? – Burnout«, sagt sie und wirkt, als hätte sie im Lotto gewonnen. Ich hingegen muss dreinblicken, als hätte mich gerade ein Bus überfahren.

»Überfordere ich dich?«, fragt Simone besorgt. Nein, sie übertrumpft mich einfach nur! Schon wieder! So stolz war ich auf meine Ehrlichkeit, aber im Vergleich zu diesem Eingeständnis – alles verpufft! Bravo, Frau Dr. Buschhorn, bravo, denke ich wütend. Es gibt ungeschriebene Gesetze in unserer Gesellschaft: Wir laufen nicht herum und binden jedem auf die Nase, wie es uns geht. Das bringt nämlich die anderen – ok: mich – aus dem Konzept! Das möchte ich ihr am liebsten entgegenbrüllen, da kommt sie mir zuvor: »Ich kann kein Theater mehr spielen«, sagt sie, »hab einfach nicht die Kraft dazu. Wenn du gehen möchtest, verstehe ich das natürlich.«

Die nimmt mir so den Wind aus den Segeln! Und das weiß sie wahrscheinlich auch, dieses raffinierte Biest.

»Aber... Du bist so... normal«, stammle ich etwas ungläubig lächelnd.

»Je weniger ich funktioniere, desto normaler werde ich. Komisch, nicht wahr? Dabei habe ich immer noch mindestens eine Panikattacke die Woche. Ich nehme Antidepressiva, habe Konzentrationsschwierigkeiten und werde schnell müde. Schlafstörungen, Magenschmerzen und Orientierungsprobleme... das sind nur ein paar der Symptome, mit denen ich zu kämpfen habe.«

»Du und Burnout?! Das passt nicht«, bemerke ich nach wie vor skeptisch.

»Die Krankheit der Gewinner. Passt doch«, versucht sie mich zu überzeugen, »solche wie mich gibt es viele. Die, die an sich selbst vorbei leben, immer erfüllen, was von ihnen erwartet wird, und am Ende in der Krise landen.«

Redet sie von mir oder von sich? Ich lege den Mantel ab, komme zurück und setze mich. Simone lächelt über das ganze Gesicht. Was, wenn sie gar nichts im Schilde führt und wirklich einfach nur ehrlich ist?

»Der Zusammenbruch war mein Glück«, beginnt sie zu erzählen, »Die Lustlosigkeit, das permanente Gestresstsein, die Traurigkeit – all die Signale im Alltag, ich habe sie ignoriert. Dachte, so ist das Leben nun mal: kein Zuckerschlecken.

Langsam beginne ich zu begreifen: Es ist mein Anspruch auf ein glückliches Leben, den ich steigern muss, nicht meine Leistungen.« Dann lacht sie: »Fällt mir schwer. Hast du ja gesehen, heute beim Yoga!«

»Und was machst du jetzt? Gegen deinen – Burnout?«, frage ich und merke, wie ich langsam beginne mich zu entspannen.

»Ich war zwei Monate in einer Klinik«, meint sie und gießt mir Wein nach. »Schmerzhaft, aber lehrreich!«

»Lehrreich?«, frage ich und komme mir indiskret vor.

»Für dich klingt das wahrscheinlich lächerlich, aber ich musste das erst lernen: meine Gefühle wahrzunehmen«, gibt Simone bereitwillig Auskunft. »Hat die eine Ahnung«, denke ich mir.

»Auch bei kleinen Entscheidungen, zum Beispiel welchen Wein ich trinken will.«

Ach, deshalb hat sie sich vorhin so komisch verhalten, fällt mir ein.

»Mein Therapeut hat zu mir gesagt: ›Gefühle sind Botschafter. Sie machen uns Mitteilungen über uns selbst. Sie, Frau Dr. Buschhorn, haben die Botschafter zum Schweigen gebracht, weil Sie Angst vor ihren Mitteilungen hatten. Sie müssen ihnen aber zuhören. Sonst erfahren Sie nie, wer Sie wirklich sind.‹«

Ich bin beeindruckt – und will mehr.

»Ich übe zu unterscheiden zwischen dem, was andere von mir erwarten und was mir gut tut.« Simone nickt, als würde sie sich selbst zustimmen. Dann erzählt sie weiter: »Mich mit dem Sinn des Lebens beschäftigen«, sie strahlt mich an, »immer, wenn ich etwas tue, das mich freut, frage ich nicht mehr danach. Ein untrügliches Zeichen, dass ich ihn gefunden habe, den Sinn.« Sie lacht und schränkt gleich darauf ein: »Für den Moment.«

Sehr simpel, denke ich. Aber wer sagt, dass das Leben kompliziert sein muss?

»Für meine Eltern hat Freude nie gezählt. Nur Leistung«, sagt Simone und sinkt plötzlich in sich zusammen. »Ich musste immer die Beste sein. Alles andere war pures Versagen. Und jetzt? Der Überflieger ist abgestürzt und hat sich die Flügel gebrochen«, sagt sie mit einem traurigen Lächeln. »Das verzeihen mir meine Eltern nie.«

Unvermittelt fragt sie dann: »Erinnerst du dich an Sabrina Bayer?«

Sabrina Bayer war mit uns in der Volksschule. Kurz vor meiner schriftlichen Matura hatte ich die Nachricht von ihrem Tod erhalten. Sie war an einer Grippe gestorben, mit knapp 18 Jahren.

»Ich habe nie um sie getrauert«, Simone schüttelt nachdenklich den Kopf, »dabei war Sabrina meine beste Freundin. Meine einzige Freundin, wenn ich ehrlich bin.«

Sie nimmt einen großen Schluck Wein. »In meiner Familie hat man nicht getrauert, man hat überhaupt keine Gefühle gezeigt. Gefühle galten als ein Zeichen für Schwäche.« Ihr Gesichtsausdruck verfinstert sich. »Ich habe es damals nicht verstanden«, sagt Simone, presst die Lippen aufeinander und sieht auf den Boden.

»Was?«, frage ich nach einer Weile, da sie nicht weiterspricht. Sie schrickt aus ihren Gedanken auf, als ob sie für einen Moment vergessen hätte, dass ich auch im Raum bin.

»Dass Sabrina so früh gestorben ist. Sie war doch so erfolgreich.«

Dann schüttelt sie über sich selbst den Kopf: »Je erfolgreicher wir im Leben sind, desto unwahrscheinlicher, dass es uns mal nicht mehr geben wird, nicht wahr? Wie absurd! ... Ich habe viel an Sabrina gedacht im letzten Jahr. Wenn sie gewusst hätte, dass sie nur 18 Jahre leben wird – was hätte sie wohl anders gemacht?« Offensichtlich erwartet Simone keine Antwort von mir, denn sie fährt weiter fort: »Sie hätte das Scheißeislaufen aufgegeben. Sie hat es gehasst! ... So wie ich meinen Job auch. Ich wollte nie Zahnärztin werden. Nie! Dabei bin ich richtig gut darin. Gut und unglücklich.« Sie lächelt bitter. »So viele Jahre habe ich das Leben einer Fremden gelebt und nicht meins«, murmelt sie in sich hinein. »Stolze Eltern ... die haben keine Ahnung, was sie ihren Kindern antun!«, behauptet sie daraufhin ziemlich vehement und nimmt einen großen Schluck von ihrem Wein.

»Quatsch«, wende ich ein, »wenn man sein Kind liebt, ist man auch stolz.«

»Was bedeutet Stolz?«, fragt sie provokant.

»Keine Ahnung«, sage ich, »ein Gefühl der Zufriedenheit, der Anerkennung, der Hochachtung?«

»Und wofür?«

»Für ... eine Leistung«, gebe ich zu, »aber ...«

»Siehst du?«, unterbricht mich Simone, »man ist nie stolz darauf, dass jemand einfach nur ist. Sondern nur auf das, was er tut.«

Ich will widersprechen – kann aber nicht. Fühlt man sich erhoben und zufrieden aufgrund der eigenen Leistung, ist das eine Sache, denke ich daraufhin, aber ...

»... warum laufen Eltern aufgeblasen durch die Gegend, wenn ihre Sprösslinge etwas Besonderes geleistet haben?«, führt Simone meinen Gedanken fort, als ob sie telepathische Fähigkeiten hätte.

»Weil sie ihre Kinder nicht als eigenständige Wesen erleben? Sondern als ihren eigenen Fortsatz?«, frage ich vorsichtig zurück und komme mir vor wie bei einer Prüfung.

Simone nickt zufrieden: »Immer wenn wir jemand anderen direkt oder indirekt auffordern, sich so zu benehmen, dass wir uns wohlfühlen, missbrauchen wir ihn. Sei es unser Freund, unser Ehepartner oder unser Kind. Wir machen ihn für unser Glück verantwortlich. Wie soll man einem solchen Druck standhalten?«, fragt Simone und sieht mich beinahe verzweifelt an.

»Eure Kinder sind nicht eure Kinder. ... Sie kommen durch euch, aber nicht von euch. ... Ihr dürft ihnen eure Liebe geben, aber nicht eure Gedanken ...«, fallen mir die weisen Worte von Khalil Gibran ein.[19]

Aber läuft Erziehung nicht in den allermeisten Fällen genau darauf hinaus: Kindern unsere Gedanken in den Kopf zu setzen? In vorgefertigte Schablonen sollen sie passen! Manche sind brav, verbiegen sich praktisch von allein. Anderen muss man schon was »abhacken«, um sie passgerecht zu machen. Die Schablonen stellt man dabei selten in Frage – stattdessen aber meist das Kind. Erwachsen geworden beginnt dann die verzweifelte Suche nach einem Alleinstellungsmerkmal. Da hat die Erziehung aber oft schon gefruchtet. Von Originalität keine Spur mehr.

Je älter Kinder werden, desto mehr werden sie zu Erwachsenen en miniature. Das beobachte ich in meiner Umgebung. Sie versuchen sich gegenseitig zu übertrumpfen, »netzwerken« und besuchen öfter Nachmittagskurse, als sich auf dem Spielplatz auszutoben. Sie haben gelernt, selbst zu wollen, was sie nach Meinung der Erwachsenen wollen sollten. Dafür werden sie dann gelobt. Das macht Druck. Denn intuitiv wissen sie ja: Wer sie lobt, der darf sie auch kritisieren.

In unserer Gesellschaft richtet sich das Leben nach Erfolg, nicht nach Glück. Erfolg bedeutet Macht. Macht sichert uns das Überleben – in einer feindlichen Umgebung. Feindlich ist sie, weil wir schon von klein auf erfahren haben, dass über uns geurteilt wurde, so dass auch wir gelernt haben, über andere zu urteilen. Hinter der Macht versteckt sich oft Angst. Und ein angsterfülltes Leben ist ein Leben der Vermeidung. Egal wie aktiv wir darin sind. Es macht nämlich einen riesigen Unterschied, warum man eine Million verdient. Aus Spaß? Oder aus Furcht vor Verarmung? Im ersten Fall besitzt man das Geld. Im zweiten besitzt einen das Geld.

Simone hat Recht. Wenn wir etwas mit Freude tun, entfalten wir uns mühelos, sind glücklich. Simone hat dann das Gefühl, den Sinn ihres Lebens zu finden – und ich docke mich in diesem Zustand entspannt bei mir selbst an. Das geschieht, wenn ich auf meiner Terrasse sitze und Hummeln beobachte. Oder kurz vor Sonnenuntergang ziellos in der Stadt herumfahre. Eiswürfel auf meiner Haut zergehen lasse. Aktivitäten ohne den geringsten »Nutzen«, aber mit der schönsten Wirkung. In solchen Momenten stelle ich mir gar nicht die Frage, wer ich bin. Ich bin ganz einfach und viel mehr ich selbst, als wenn ich mich bemühe, mich zu finden.

Dinge tun, die einem Freude machen! Können wir uns das überhaupt noch leisten? Früher konnte man sich gegen das große Geld und für das kleine Geschäft entscheiden. Heute fressen die Großen die Kleinen auf. Mittelschicht und Freizeit, beides verschwindet langsam. Auch das erlebe ich hautnah in meinem Umfeld. Deshalb studieren wohl so viele junge Menschen Wirtschaft und Jura. Um auf Nummer sicher zu gehen. Dem Stress entgehen sie trotzdem nicht. Dem entgeht keiner. Die einen, weil sie nicht innehalten können, ohne gleich ihren Gewinnerstatus einzubüßen. Die anderen, weil sie wenig zu tun wissen, um ihren Verliererstatus loszuwerden.

Wettbewerbsfähigkeit, das ist es, was heute zählt. Es reicht nicht, schön zu singen, attraktiv, lustig, intelligent zu sein, man muss sich ständig mit den anderen messen. Unlängst habe ich einen Saunaaufguss-Weltmeister kennen gelernt. Mich würde es nicht wundern, wenn wir irgendwann auch im Zehennägelschneiden und Schnürsenkelbinden konkurrieren. Verweigern darf man sich dem Wettkampf nicht. Da kann man leicht überrannt werden. Nicht etwa von denen, die besser, sondern von denen, die lauter sind. Das Traurige dabei: Am Ende wirken auch die, die es geschafft haben, nicht außergewöhnlich, sondern auf gewöhnliche Art gleich. All die Gewinner der Castingshows, Modelwettbewerbe und Quizsendungen. Auch die Absolventen der Elite-Universitäten, die Quotenlieblinge und Topmanager. Was unterscheidet sie denn schlussendlich vom Rest? Haben sie sich vielleicht nur erfolgreicher in die Schablone der Erfolgreichen gepresst?

Erfolgreich – erfolglos. Richtig – falsch. Schön – hässlich. Wir werten ständig. Die Musik, die wir hören, die Bücher, die wir lesen, die akademischen Titel, die Berufs- und Lebenswege. Selten darf alles nebeneinander bestehen. Der Akademiker neben dem Lastwagenfahrer, die Soap neben dem Kunstfilm, die Kindergärtnerin neben dem Astronauten. Würden wir alle das tun, was unserem Wesen entspricht – ohne Wertung –, es gäbe weitaus mehr Tiefseetaucher, Äpfelpflücker, Lokomotivführer, Tänzer, Musiker, Insektenforscher, Blindenführer, Briefträger und Schamhaarschneider, weniger Juristen und Wirtschaftswissenschaftler, Manager und Buchhalter. Wir bräuchten keinen Urlaub mehr. Wovon sollten wir uns denn erholen? Wir würden das, was wir tun, auch dann machen, wenn wir nicht dafür bezahlt würden. Weil wir es liebten. Dickes Auto, volles Konto, tolles Haus? Wozu? Alles nur Substitute für ein Glück, das sich so letztendlich nicht einstellt. Sieht man ja an Simone. Wenn wir tun dürften, was wir tun wollen, dann dürften wir auch zu einem beträchtlichen Teil sein, wer wir sind. Wenn wir sein dürften, wer wir sind, dann wären wir glücklich. Vielleicht hätten wir dann sogar ein paar weniger Kriminelle ...

Ich bin so beflügelt von meinen Gedanken, dass ich es diesmal bin, die vergessen hat, dass Simone noch im Raum ist.

»Lass uns zu unserer alten Volksschule fahren!«, schreckt mich Simone auf.

»Was?«, frage ich entsetzt.

»Warum nicht?«

»Es ist mitten in der Nacht ... wozu überhaupt?«

»Unsere alte Wirkungsstätte – von vor 30 Jahren!«

»Hab keine guten Erinnerungen daran.«

»Ich auch nicht!«

»Du? Fellners Liebling?«

»Eben.«

»Eben?«

»Gott, habe ich sie gehasst! Wie eine Aufziehpuppe hat sie mich zu jeder Gelegenheit präsentiert. Ihre Vorzeigeschülerin! Ich weiß nicht, wer schlimmer war – meine Eltern oder die Fellner!«

Ich sehe Simone fassungslos an.

»Lass uns in die Höhle des Drachen zurück. Gemeinsam sind wir stark!«

Ich überlege kurz, dann schüttle ich den Kopf.

»Du darfst auch meinen Porsche fahren!«

Habe ich eben gedacht, dass ein volles Konto, ein dickes Auto und ein tolles Haus Substitute für wahres Glück sind? Ein Porsche nicht. Porsche zu fahren ist reines, klares, pures Glück. Da braucht man keine Sinn- und schon gar keine Ich-Suche mehr. »Geil ... einfach nur geil ... mega, mega affentittenwahnsinnsgeil ...«, singe ich die ganze Zeit vor mich hin und bin richtig traurig, als die Fahrt zu Ende ist. Schnittig parke ich ein. Dass mich dabei niemand sieht außer Simone – ewig schad'!

Dann stehen wir vor unserer Schule. Vier Jahre lang sind wir hier ein- und ausgegangen. Mein Herz fühlt sich an, als wenn es Trampolin springen würde. Das emotionale Gedächtnis! Was haben wir das geübt an der Schauspielschule. Und hier setzt es wie auf Knopfdruck ein. Simone blickt zu mir. Auch sie sieht aufgewühlt aus.

»Komm, lass uns in den Pausenhof«, schlägt sie vor.

»Wie denn? Ist doch abgesperrt!«

»Wir klettern!«

»Über die Mauer?«

»Stell dich nicht so an.« So schnell kann ich gar nicht schauen, da überwindet die ehemalige Balletttänzerin elegant die Schwerkraft, sitzt auf der Mauer und reicht mir die Hand. Mein Kampf gegen die Schwerkraft sieht etwas weniger elegant aus, aber schließlich schaffen wir es beide auf die andere Seite und bleiben wie vom Blitz getroffen stehen. Als ob wir eine Zeitreise gemacht hätten! Vieles hat sich geändert und dennoch – es ist unser Pausenhof.

Ich sehe mich noch mit einem blutdurchtränkten Taschentuch an der einen Ecke stehen. Ich hatte beim Spielen den Ball auf die Nase bekommen. Auf den Stufen dort habe ich Michi gefragt, ob er mit mir gehen will. Der hat mir daraufhin den Vogel gezeigt und mich stehen gelassen. Und an der Tür zum

Schulgebäude hat mich Frau Fellner hasserfüllt angesehen, weil ich die Aufnahmeprüfung für das Gymnasium geschafft hatte. Ob sie auch heute noch wütend wäre, dass sie mich doch nicht kleingekriegt hat?

Simone greift in ihre Hosentasche, holt etwas heraus und hält es mir in ihrer geschlossenen Hand hin.

»Was ist das?«, frage ich.

»Teil meiner Therapie. Ich soll Dinge tun, die ich mir ein Leben lang verboten habe.«

»Und das wäre?«

Simone öffnet die Hand.

»Hast du einen Knall? Zuerst Hausfriedensbruch und jetzt ein Drogendelikt?« Ich weise sie an, den Joint sofort wieder einzustecken.

»Auf Fellners Territorium. Ihr zum Trotz. Komm, Proschat, lass mich nicht allein!«

Ich blicke zwischen Joint und Simone mehrmals hin und her.

»Du hast recht!«, sage ich plötzlich wild entschlossen, »Schluss mit Bravsein.«

»Sex, Drugs and Rock'n'Roll«, ruft Simone laut und schwenkt die Hüften, was sogar bei ihr ziemlich dämlich aussieht.

Wir setzen uns auf die Stufen und werfen uns einen bedeutsamen Blick zu.

»Das letzte Mal war ich so aufgeregt, als ich das erste Mal – du weißt schon«, sagt Simone.

»Ich glaube, ich war überhaupt noch nie so aufgeregt.« Tatsächlich habe ich mein Leben lang eine panische Angst vor Drogen gehabt, auch vor angeblich harmlosen Varianten wie Haschisch und Marihuana. Der mit diesen Substanzen einhergehende Kontrollverlust schien mir immer bedrohlich.

Simone zündet den Joint an, zieht daran, bekommt einen Hustenanfall und reicht ihn mir weiter. Ich stecke ihn zwischen meine Lippen, schließe die Augen, mache einen tiefen Zug und spüre, wie der Rauch beißend meinen Hals runter zieht. Simone und ich sehen aus, als ob wir eine wissenschaftliche Arbeit betreiben würden. Wir analysieren jeden unserer Züge, inhalieren einmal mehr, einmal weniger, um die unterschiedlichen Wirkungen zu prüfen, observieren den anderen, um etwaige Änderungen im Aussehen und Verhalten festzustellen, und kommen beide zu dem Schluss: »I spür nix.«

Da können wir ja ruhig weiterrauchen. Keine Gefahr, high zu werden!

»Courage! Woher kommt das Wort?«, fragt Simone plötzlich ins Blaue.

»Von Cor. Lateinisch: Herz«, antworte ich wie aus der Pistole geschossen. Dass mir mein verhasster Lateinunterricht nach Jahren mal was nutzt!

»Leiwand!«*, brüllt Simone und hebt die rechte Faust. Dann kommt sie ganz dicht an mein Gesicht und sagt: »Ich verrate dir jetzt ein Geheimnis: Courage bedeutet, aus ganzem Herzen zu sein, wer man ist.«

»Wow«, sage ich und ziehe meine Mundwinkel beeindruckt nach unten.

»So ... oder so ähnlich sagt es Brené Brown«[20], fährt Simone fort.

»Kenn ich nicht!«, bemerke ich und zucke ratlos mit den Schultern.

»Schamgefühlforscherin!«, sagt Simone sehr ernst, legt ihre Stirn dabei in Falten und nickt bedeutend. Ich nicke zurück. Keine Ahnung, was eine »Schamgefühlforscherin« sein soll.

---

* ein Ausdruck für »großartig«

Dann drehen wir uns wieder nach vorn und starren vor uns auf den Boden. Das Schweigen sitzt zwischen uns wie eine dritte Person. Sind wir vielleicht doch high?

»Aber woher weiß man denn überhaupt, wer man ist?«, wende ich nach einer langen Pause ein.

»Muss man nicht!«, winkt Simone mit der Hand ab.

»Und wie bitte soll man dann sein, wie man ist, wenn man nicht einmal weiß, wer man ist?«

»Der Straßenkehrer bei ›Momo‹[21] – der sieht auch zuerst die ganze Straße und denkt sich: ›Oh, wie soll ich das schaffen?‹, doch dann konzentriert er sich auf einen Schritt nach dem anderen. Am Ende hat er die ganze Straße gekehrt. Ohne es zu merken.«

»Wow«, antworte ich stereotyp und ziehe wieder die Mundwinkel nach unten. Es dauert nochmals eine Weile, bis ich frage: »Wer ist Momo?«

»Kinderbuch von Michael Ende«, antwortet Simone und schüttelt den Kopf über meine Bildungslücke.

Pause.

»Ja, und?«, frage ich

»Was und?«, fragt Simone zurück.

»Der Straßenkehrer!«

»Wir sollten es so machen wie er.«

»Die Straße kehren?«

»Nein, uns auf das Hier und Jetzt konzentrieren. In jedem Augenblick so sein, wie wir ... in dem Augenblick eben sind. Dann sind wir, wie wir sind, ohne zu wissen, wer wir sind.«

Pause.

»Ich kapier's nicht.«

Simone macht einen tiefen Zug, richtet sich auf und beginnt zu erklären: »Wir sind nicht unser Name, unser Geschlecht, Nationalität, Beruf, unsere Meinung...«, sie hält inne, um zu sehen, ob ich so weit mitkomme. Ich nicke, sie redet weiter. »Und wir verändern uns, von Moment zu Moment.«

Oh ja, das hängende Bindegewebe legt unerbittlich Zeugnis darüber ab.

»Und wir sind widersprüchliche Wesen, wenn wir ehrlich sind, nicht wahr?« Wenn ich etwas unterstreichen kann, dann das. Ich bin ein wandelnder Widerspruch.

»Definitionen sind aber statisch und widerspruchsfrei.« Ich nicke und habe noch immer keine Ahnung, worauf sie hinauswill.

»Wenn wir glauben zu wissen, wer wir sind, dann... dann... definieren wir uns.« Simone zieht noch einmal an ihrem Joint. Ihre Erklärung scheint damit beendet.

»Ich versteh nur Bahnhof«, bemerke ich und nehme ihr den Joint weg. Simone senkt theatralisch den Kopf und macht einen lauten Seufzer, dann sieht sie mir in die Augen oder knapp daran vorbei und sagt: »Wir leben nach unseren Definitionen. Du, ich, wir alle! Egal, wie scheiße wir uns dabei auch fühlen! Wir glauben, so und so handeln zu müssen... weil... weil wir glauben, ein bestimmter Mensch zu sein, verstehst du?... Wir sind ständig im Kampf mit uns... und wie wir wirklich sind, weil wir... diese Definitionen... die Definitionen... die betonieren uns zu...«, Simone hat sichtlich Mühe, die richtigen Worte für ihren hochphilosophischen Exkurs zu finden, und noch mehr, sie zu artikulieren. »Um aus ganzem Herzen sein zu können, wer wir sind, müssen wir... zuhören... verstehst du?... Den Geschichten, die das Leben über uns erzählt, nicht denen, die wir... über uns erfinden. Das können wir aber nur, wenn wir uns in jedem Augenblick dort abholen, wo wir... tatsächlich sind und...«

»Nicht dort, wo wir denken... sein zu müssen«, unterbreche ich Simone und sehe Licht am Ende des Tunnels.

»Und wenn wir aufhören, uns zu bewerten«, füge ich noch ganz aufgeregt hinzu.

»Genau!«, stimmt mir Simone euphorisch zu, »denn wenn wir werten, wollen wir immer einem Bild von uns entsprechen, nie uns selbst.«

»Dabei sind wir, wenn wir uns zulassen, wahrscheinlich viel reicher und lebendiger ...«

»Viel lustiger und abgründiger ...«

»Viel spannender und ungewöhnlicher ...«

»als alle Bilder zusammen, denen wir entsprechen wollen!«

»Ich glaub, jetzt hat sie's«, ruft Simone erleichtert aus, gibt mir ein High Five, zieht mich hoch und wir führen zur Feier meiner Erleuchtung eine Art modernen Ausdruckstanz auf.

»Wir glauben, wir haben Zeit, Proschat ... 18 Jahre ... Sabrina wurde nur 18 Jahre alt ... wir müssen leben ... hier und jetzt ... als gäbe es kein Morgen mehr! ... Was ist der Sinn des Lebens? Leben, als du, im Jetzt!«, hält Simone einen Vortrag, während sie die obskursten Bewegungen macht. »Ich scheiß aufs Zähnebohren! Ich werde Tänzerin! Sex, Drugs and ...«

»Moment mal«, bleibe ich plötzlich stehen, »heißt das, ich habe keine Persönlichkeit?«

Ich bin noch bei Simones »Courage-Theorie«.

»Klar hast du eine Persönlichkeit.«

»Wie denn, wenn ich mich dauernd verändere und mir widerspreche?«, ich bin regelrecht besorgt um mein kleines Ich.

»Dummerchen, es gibt einen roten Faden, der sich durch dein Leben zieht.« Simone tanzt beseelt weiter.

»Einen roten Faden?«, frage ich nach.

»Ja, so etwas wie der Mittelwert all deiner Veränderungen und Widersprüche. Eine Konstante. Das ist dann deine Persönlichkeit.«

Ich hab's noch immer nicht kapiert. Macht nichts. Hauptsache, Simone ist sicher, dass ich eine Persönlichkeit habe. Ich tanze wieder mit.

»Bedingungslose Liebe und All-eins-Sein – was ist damit?«, frage ich die Philosophin Simone.

»Große Worte.«

»Für manche erfahrbar«, gebe ich zu bedenken.

»Für mich nicht.«

»Mir machen sie auch Druck und ich komme mir ganz schnell wie ein Versager vor. Du auch?«

Simone nickt, bleibt stehen, hebt den Zeigefinger und sagt: »Suche nicht nach den großen Wahrheiten, mache jeden einzelnen Schritt bewusst und ehrlich, dann bewegst du dich in der Wahrheit.«

»Von dir?«, frage ich beeindruckt.

»Von meinem Therapeuten«, gibt Simone zu. Vielleicht sollte ich auch zu dem gehen.

»Der Moment gibt dir die Antwort, die für den Moment stimmt«, rufe ich in den Nachthimmel hinaus.

»So bleibt alles in Bewegung, so darf alles sein, wie es ist. Ich auch. Und du auch. Und Fellner? ... von mir aus auch!«

»Von dir?«, fragt nun Simone beeindruckt.

»Ja!«, antworte ich stolz. Vielleicht sollte **ich** Therapeutin werden. Nein, besser noch, eine spirituelle Führerin!

»Du bist so komisch!«, prustet es plötzlich aus Simone heraus, dabei schubst sie mich und ich stolpere. »Hör auf zu schubsen! ... Ich warne dich. Ich schubs zurück!«, sage ich auf einmal sehr wütend.

»Traust dich nicht! Traust dich nicht! Traust dich nicht ...!«, reizt mich Simone. Daraufhin nehme ich Anlauf und schubse Simone so doll, dass sie auf dem Boden landet. Einen Moment sehen wir uns erschrocken an. Dann brechen wir beide in

Gelächter aus. Wir hören nicht auf, bis wir erschöpft am Boden zusammengebrochen sind. Dort bleiben wir sitzen, als säßen wir zu Hause auf der Couch.

»Erinnerst du dich an den Club, den du gegründet hast?«
»Welchen Club?«
»Club gegen Proschat!«
»Ich habe nie einen Club gegen dich gegründet.«
»Klar hast du! Und dann hast du jeden aufgefordert mich zu schubsen!«
»Das hast du geträumt...«
»Außerdem will die Fellner mich umbesetzen.«
»Die Fellner? Dich umbesetzen? Das kann sie doch gar nicht.«
»Doch! Sie will, dass du mich spielst.«
»Echt? Aber ich bin doch blond.«
»Habe ich ihr auch gesagt.«
»Obwohl... mit einer dunklen Perücke...«
»Findest du wirklich, dass ich aussehe wie Quasimodo?«
»Der mit der Esmeralda?«
»Genau der!«
»Wäre mir nicht aufgefallen – aber jetzt, wo du es sagst...«
»Untersteh dich...«
...

Ich mache die Augen auf, frage mich, wer da direkt neben meinem Kopf hämmert, um kurz darauf festzustellen, dass es mein Kopf selbst ist. Schwankend steige ich aus dem Bett, gehe zur Minibar, hole eine Cola raus, lasse mich in einen Sessel fallen und halte mir die kalte Flasche an die Schläfe. Gott, war ich high gestern. Oder habe ich das alles nur geträumt?

Mein Handy piepst. Eine SMS: »Hallo, Quasimodo, danke für den gestrigen Abend. Habe mich ewig nicht mehr so lebendig gefühlt. Deine Sex-Drugs-and-Rock'n'Roll-Queen.« Also doch kein Traum. Dann eben ein Wunder!

Wer hätte das gedacht? Simone, der Alptraum meiner Kindheit, mein Gegenentwurf, das unerreichbare Idol. Ich war gekommen, um sie zu besiegen und sie hat mich niedergestreckt. Mit einer Waffe, auf die ich nicht vorbereitet war: gnadenlose Ehrlichkeit.

Sie hat zugelassen, dass ich sie sehe, wie sie ist. Mit all ihren Schwächen und ihrer Verletzlichkeit, ihren Macken und ihrer Unzulänglichkeit. Das verbindet. Auch die Scham, die sich durch unser beider Leben zieht. Sie hat sie erlebt, weil sie »richtig« war und glaubte, es immer bleiben zu müssen, ich, weil ich »falsch« war und glaubte, richtig werden zu müssen. Wir haben das Pferd von verschiedenen Seiten aus gesattelt und merken erst jetzt: Es war das falsche Pferd.

Beide dachten wir, dass wir so, wie wir sind, nicht genügen. Wer nicht genügt, ist nichts wert. Wer nichts wert ist, gehört nicht dazu. Wer nicht dazugehört, wird nicht geliebt. Wer nicht geliebt wird, ist einsam. Wer will das schon sein?

Mit ganzem Herzen zu werden, wer man ist! Ja, wenn das bloß so leicht ginge. Man kann so viel dabei verlieren. Sieht man ja an Simone. Den Beruf, Status, Menschen...

Martin lässt sich von ihr scheiden. Sie sei nicht mehr die Frau, die er geheiratet hat. Auch andere haben sich aus ihrem Leben verabschiedet, Freunde, Bekannte, Verwandte. Jetzt, da sie lernt, sich nicht mehr zu schämen, schämen sich ihre Eltern für sie.

Aber letztendlich gewinnt sie dann doch. Sich selbst. Und damit vielleicht einen neuen Beruf, Status, neue Menschen...

Hoffentlich!

Meine Mutter, die ewige Fremde. Mein Vater, der Heimatvolle. Simone, die Entfremdete. Simone und ich: die Richtige und die Falsche. Die Kehrseiten ein und derselben Medaille.

Wie finde ich die, die ich einmal war, bevor ich glaubte, falsch zu sein? »Dinge tun, die mich freuen, mich nicht definieren, im Moment sein...« Simones Antworten. Auch meine? Keine Ahnung. Auf jeden Fall weiß ich nur eins: Fremd sein kann offensichtlich jeder, nicht nur der Ausländer allein.

Die riskante Kante oder: das gelobte Land der Authentizität

Schlecht gelaunt schlendere ich durch die Straßen Wiens. Ich bin unterwegs ins Kino, habe aber noch reichlich Zeit.

Ja, Kino muss heute sein. Um mich wieder aufzubauen. Meine marihuanageschwängerte Erleuchtung hat nämlich einem nüchternen Stimmungstief Platz gemacht. Was, wenn ich süchtig bin, frage ich mich plötzlich. Nach nur einem Joint. Und jetzt leide ich unter Entzugserscheinungen. Wer weiß, vielleicht steckte in mir immer schon eine kleine Kifferbraut, die nun zum Leben erweckt worden ist? Frei nach Ödön von Horváth: Ich bin eigentlich ganz anders, ich kam nur bisher nie dazu.[22]

In meiner Fantasie sehe ich mich im kurzen Lederrock, die Haare verwildert, mit dunklen Rändern unter den Augen, einem Joint im Mundwinkel und einer Bierflasche in der Hand, lässig an eine mit Graffiti übersäte Mauer gelehnt. Verkommen, rebellisch, sexy und cool. Ja – so wollte ich immer schon sein!

Und was war ich stattdessen? Bürgerlich. Auch als junges Mädchen schon. Während Gleichaltrige mit Halluzinogenen herumexperimentierten, war meine Mutprobe: Schwarzfahren. In der Straßenbahn. Und nicht mal die habe ich bestanden – denn ich habe mir dann doch immer noch kurz vor dem Aussteigen einen Fahrschein gekauft. Ich habe noch nie etwas gestohlen, bin nach zwei Bier schon betrunken, ich hatte bis gestern keinerlei Kontakt mit verbotenen Substanzen und bin Vertreterin einer seltenen Spezies, die selbst bei ihrer Steuererklärung höchstens zugunsten des Finanzamtes schummelt.

Nicht einmal in meinem Beruf konnte ich bisher mein möchtegern-anarchistisches Ich ausleben: denn als Schauspielerin besetzt man mich auch nur als Kopftuchfrau oder als seriöse Akademikerin. Wahrscheinlich bin ich eben genauso wenig Rebellin wie Simone eine Sex-Drugs-and-Rock'n'Roll-Queen ist.

Simone! Der Gedanke an sie macht mich schon wieder wütend! Warum eigentlich? Ich dachte, darüber wäre ich hinweg! Ich sage es ungern, aber sie hat mir meinen Ausländer-Exklusivanspruch aufs Fremdsein genommen. Wenn ich das, worüber ich mich mein Leben lang definiert habe, nun mit den Simones dieser Welt teilen soll – was bleibt denn dann mir bitte noch?

Dabei hat sie einen Stamm, dem sie angehört, und lebt unter Ihresgleichen: Sie ist blond und blauäugig. Kurz: eine Eingeborene. Ich nicht. Und deshalb möchte ich mich hier revidieren und dezidiert festhalten: Nur wir Ausländer sind richtig fremd. Die Inländer, die sind höchstens – wie soll ich sagen? – ja: »falsch« fremd. Wir können uns das Fremdsein nicht aussuchen, die schon. Sollen sie sich halt weniger anpassen und mehr bei sich bleiben. Dann erledigt sich das Thema Fremdsein für die im Nu.

Endlich haben auch wir mal einen Heimvorteil. Wollen die so sein wie wir, müssen sie sich gefälligst an uns anpassen. Aber mehr als den Status »Fremde mit Eingeborenenhintergrund« können sie ohnehin nicht erreichen. Ende der Karriereleiter. Ha!

Warum?

Als Ausländer ist man – fast immer – in der Minderheit, man fremdelt an der Oberfläche (Hautfarbe, Sprache, Kleidung...) und wird ständig darüber definiert. Als Inländer ist man – fast immer – in der Mehrheit, fremdelt nur im Untergrund und fällt nicht auf. Großer Unterschied.

Sehr großer Unterschied. Denn was im Untergrund vor sich hin dümpelt, das kann man nicht kontrollieren. Geschweige denn, sich damit auseinandersetzen. Man weiß ja nicht mal, dass es existiert. So wie Simone nicht wusste, dass sie anders war, als sie war. Bis sich das Andersartige Bahn gebrochen hat in Form einer Panikattacke. Dann war der Schock natürlich groß. Sie hatte doch ihr Leben lang gepasst, mehr noch: sie war perfekt gewesen – und dann das?

Gott, bin ich froh, dass ich nur eine Ausländerin bin! Perfekt zu sein ist ja noch viel schlimmer! Als Ausländer weiß man wenigstens, dass man falsch ist, als Perfekter glaubt man fälschlicherweise, dass man richtig ist. Man passt ja schließlich so gut in das Bild, das die Gesellschaft von einem erfolgreichen Menschen entworfen hat. Und wenn man dann trotzdem unglücklich ist, stellt man nicht den eigenen Lebensentwurf, sondern das eigene Hirn in Frage: Irgendwie muss man falsch sein, wenn man sich falsch fühlt, obwohl man perfekt ist, denkt man sich dann. Wahrscheinlich.

Aber wenn Simone sich fremd fühlt, obwohl sie nicht fremd ist, wer kann dann sagen, dass ich mich vertraut fühlen würde, wenn ich Heimat hätte? Oder anders ausgedrückt: Wie sehr ist mein Fremdfühlen das Resultat meines Fremdseins in der Welt – und wie sehr ist mir die Welt fremd, weil ich am Ende fremd bin in mir?

Ich suche Heimat und finde nur Verwirrung. Was ist die Lösung? Keine Ahnung. OK, einen Schritt nach dem anderen. Ich ersetze mal das Wort »Fremdsein« durch »Anderssein«. Das hilft schon mal. Weil es den Radius erweitert, vom Ausländer auf – alle. Auf alle? Wirklich? Wenn wir davon ausgehen, dass jeder von uns ein einzigartiges Geschöpf ist, dann muss ja jeder anders sein als alle anderen. Und angenommen, jedes dieser einzigartigen Geschöpfe würde dann noch seine Andersartigkeit zulassen, dann hätten wir gar keine Mehrheit mehr auf der Welt, nur noch – »Einzelheiten«.

Die Realität sieht natürlich ganz anders aus. »Heute bedeutet Gleichheit Gleichförmigkeit in dem Sinne, dass man sich nicht von der Herde unterscheiden darf.« Worte von Erich Fromm.[23] Und die Herde mag das Andersartige ja meist gar nicht. Fühlt sich bedroht davon und vernichtet es gern. So stehen viele irgendwann vor den Fragen: Wie sehr passe ich mich meiner Herde an, wie sehr verbiege ich mich und wie sehr bleibe ich derjenige, der ich bin?

Der, der anders ist und leidet, und der, der sich anpasst und leidet. Und der, der so angepasst ist, dass er nicht einmal merkt, dass er leidet? Der stellt sich die Fragen nie. Dabei betreffen sie ihn am meisten.

Wenn ich also als Ausländerin mit den Inländern in einem Boot sitze, worum geht's dann eigentlich? Was ist unser gelobtes Land, das wir ansteuern sollten? Um uns dort von den Fesseln eines verkümmerten, uns selbst entfremdeten Daseins zu befreien und endlich... Bevor ich mir eine Antwort geben kann, habe ich mich schon in eine Vision gesteigert. Bin ich etwa noch stoned?

Ich sehe mich am Bootsrand stehen, Wind und Sturm trotzend, Meer und Regen ins Gesicht gepeitscht, auf dem

Weg ins gelobte Land der ... – und da ploppt ein Wort auf: »Authentizität«. Jetzt ist es raus und ich muss mich gleich übergeben ...

Warum eigentlich? Warum löst das Wort »Authentizität« Brechreiz in mir aus? Ich habe es zu oft gehört. Aus dem Mund von Menschen, die sich bemüßigt fühlen, die Welt über jede ihrer Stimmungsschwankungen in Kenntnis zu setzen. Ganz zu schweigen von denen, die unter dem Motto »Ich bin nun mal so. Ich verstelle mich nicht!« ihr schlechtes Benehmen, ihre Launen und Beleidigungen wie einen Mülleimer über andere ergießen.

Aber wer hindert mich daran, dieses Wort von meinen negativen Assoziationen zu entkoppeln und eine neue Definition zu erstellen? Ist ja immerhin mein Buch. Da kann ich doch endlich mal das tun, was ich will – oder?

Ok, dann definiere ich Authentizität wie folgt: das Ausleben der Andersartigkeit.

Auf meinem Authentizitätsbarometer befinden sich die Konformisten am unteren Rand. Und die, die ganz anders sind, als die Gesellschaft sie sich wünscht, und dazu stehen – die sind am oberen Rand.

Ich selbst befinde mich auf dem Barometer in der unteren Hälfte, aber dort im oberen Bereich. Bei der Markierung »Bürgerliche mit Fähigkeit zu eigenständigem Denken, wenn auch oft ohne Konsequenzen«. Der obere Rand ist natürlich mit »coole Kifferbraut« markiert.

Ganz ernsthaft, es könnte gut sein, dass sie mein wahres Ich ist. Warum sonst begleitet mich denn diese jahrelange Sehnsucht nach ihr?

Dann werde ich jetzt einfach mal rebellisch werden. Verabschiede mich von der Bürgerlichen in mir und küsse endlich die Kifferbraut aus ihrem Dornröschenschlaf wach. Denn letztendlich muss ich mich entscheiden: Will ich in der Gesellschaft integriert sein oder lieber in meinem eigenen Leben? Und da haben wir sie schon wieder, die Integrationsfrage – diesmal der anderen Art.

Gut gelaunt komme ich an der U-Bahn-Station an, suche nach dem Fahrplan und bleibe plötzlich ehrfurchtsvoll stehen: Mein Blick ist auf einen jungen Mann gefallen. Er hat eine bunte Stachelfrisur, Metallteile in diversen Hautpartien, schwere Springer-Boots und gefährlich tätowierte Arme.

Es gibt sie noch, die Punks – ich komme aus meiner Verwunderung nicht heraus. Der ist ja nicht nur ganz anders, als die bürgerliche Gesellschaft ihn will, sondern auch als die Rebellen-Nerds der Internetgeneration. Und er ist nicht deshalb anders, weil er gar nicht anders kann – etwa, weil er einen Geburtsfehler hat, hochintelligent oder einarmig ist –, sondern er ist es ganz freiwillig.

Er könnte passen, will es aber nicht. Auf meinem Authentizitätsbarometer nimmt er das Siegerpodest ein. »Bravo!«, will ich ihm fast applaudieren.

Schon als Jugendliche habe ich die Punks für ihre Verwegenheit bewundert. Und sie haben mich natürlich völlig ignoriert. Was hätten die auch mit einer kleinen, pummeligen Pickelnase mit einer Brille in der Größe von zwei Windschutzscheiben anfangen sollen? Ich war so anders als sie. Und bin es noch. Nicht mehr klein und pummelig. Aber spießig. Verglichen mit denen.

»Gnädige Frau, haben Sie ein bisschen Kleingeld für mich?«, spricht mich der Stachelmann freundlich an. Offensichtlich habe ich wieder einmal zu lange gestarrt.

Schnell fische ich aus meiner Tasche meine Geldbörse heraus, um sogleich bedauernd mit den Achseln zu zucken: »Sorry, hab kein Kleingeld.«

»Macht nix. Bei Ihnen mache ich eine Ausnahme und nehme auch das Große«, reagiert er prompt und grinst zurück.

Ich will vor ihm nicht geizig erscheinen und nehme einen 10-Euro-Schein zwischen die Finger. Dann merke ich, dass ich doch geizig bin. Viel zu viel, denke ich, zögere, blicke ein paarmal zwischen dem Geld und dem Stachelmann hin und her und höre mich plötzlich fragen: »Krieg ich dafür ein Bier?«

Hab ich sie noch alle? Oder hat da etwa die Kifferbraut aus mir gesprochen?

»Wenn du magst, auch zwei«, lädt mich Herr Stachelfrisur ein, mich zu ihm zu setzen.

Schon spüre ich, wie die Bürgerliche und die Kifferbraut an mir zerren – in entgegengesetzte Richtungen. Von außen muss das ziemlich dämlich aussehen. Ich wippe nämlich wie im Tanzschritt hin und her. Einmal zu dem Punker hin, einmal von ihm weg. Und plötzlich sehe ich, wie ich auf meinem Authentizitätsbarometer nach unten schnelle zu den Ultrakonformisten, da zieht mich die Kifferbraut in letzter Sekunde wieder nach oben, schleudert mich mit einem Satz nach vorn und ich falle fast in die Arme von Herrn Stachelfrisur.

Dann streiche ich meinen sauberen Mantel glatt, kicke den sichtbaren Dreck vom Boden weg, setze mich und komme mir fehl am Platz vor. Als Anarchistin bin ich einfach ungeübt. Wer weiß, versuche ich mir selbst Mut zu machen, vielleicht springt ja am Ende ein bisschen anarchistischer Geist von dem Unangepassten auf eine Angepasste wie mich über. Dann fällt mein Blick auf seine Haare und ich verziehe unwillkürlich das Gesicht. Das Einzige, was auf mich überspringen wird, sind seine Läuse, bekomme ich es mit der Angst zu tun und stopfe meine Locken vorsichtshalber unter meine Mütze.

Vielleicht sollte ich ihm erzählen, dass ich gestern einen Joint geraucht habe? Damit er weiß, dass auch ich keine Spießerin bin.

»Ich bin der Jimmi«, prostet mir der Stacheljunge zu. »Wie heißt du?«

»Proschat.«

»Großstadt?«, fragt er verwundert.

»Nein, Pro-schat. Pro – wie pro und contra – und schat wie französisch ›Katze‹, nur das t spricht man aus, oder das englische ›geschlossen‹, shut ... oder ...«

Ich sehe in sein leeres Gesicht.

»Ach, egal«, gebe ich resigniert auf.

»Ist das der Vor- oder der Nachname?«

So andersartig kann offensichtlich keiner sein, dass mein andersartiger Name ihn nicht vor ein Rätsel stellt.

»Der Vorname«, sage ich freundlich.

»Cool!«, sagt er leidenschaftslos und prostet mir zu.

»Und? Was machst du so?«, versuche ich ein bisschen Small Talk zu betreiben.

»Leben«, lacht mich Jimmi an.

»Cool«, sage ich aus Ermangelung eines anderen coolen Wortes und finde mich gerade selbst ziemlich cool; schließlich sitze ich hier mit einem Punk auf dem verdreckten Boden einer U-Bahnstation. Ich wünschte, jemand würde uns fotografieren.

Ob ich das jetzt mit dem Joint erwähnen sollte?

»Und was machst du?«, fragt Jimmi.

Ich will antworten, da unterbricht er mich schon.

»Anwältin«, sagt er und zeigt siegessicher mit dem Finger auf mich.

Ich schüttle überlegen den Kopf.

»Controllerin!«

Ich ziehe meine Augenbrauen zusammen und sehe ihn an, als ob er einen Vogel hätte.

»Lehrerin ... Politikerin ... Managerin ... Wissenschaftlerin ... Psychologin ...«

Ich schüttle wild den Kopf.

»Buchhalterin«, ruft Jimmi schließlich aus.

Ich halte abrupt inne:

»Sehe ich wirklich aus wie eine Buchhalterin?«, frage ich entsetzt. Nichts gegen Buchhalterinnen, aber ich und Zahlen? Da liegen ganze Galaxien dazwischen.

»Auf jeden Fall siehst du aus wie jemand, der in einer Lebenskrise steckt«, schließt er daraufhin das fröhliche Beruferaten ab und nimmt einen Schluck von seinem Bier.

Autsch! Ich dachte, ich wäre cool, dabei sieht man mir die Krise an. Ich verziehe den Mund, atme tief ein und aus und frage aufgesetzt lächelnd: »Wie kommst du jetzt da drauf?«

»Wenn jemand, der aussieht wie du, sich zu einem setzt, der aussieht wie ich, dann kann er nur eine Krise haben«, sagt er und klingt dabei wie die Reinkarnation von Freud.

»Betrügt dich dein Mann?«, fragt er dann, als ob er genau wüsste, was mein Problem ist.

»Hab gar keinen!«, schüttle ich etwas irritiert den Kopf.

»Echt? Habt ihr doch immer.«

»Wer wir?«

»Naja, ihr Frauen ... aus den besseren Kreisen.«

Klischees scheint es auch unter Punkern zu geben, stelle ich erstaunt fest.

»Vielleicht bin ich ja ganz anders, als ich scheine?«, frage ich etwas kokett.

Jimmi sieht mich von oben bis unten mitleidig an. »Du bist genau so, wie ich dich einschätze, Schätzchen«, lese ich in seinem Blick.

»Ich bin Schauspielerin«, trumpfe ich auf.

»Uiii, ein Kasperl«, fertigt mich Jimmi postwendend ab.

In bürgerlichen Kreisen ernte ich oft neugieriges Interesse, wenn ich mit meinem Beruf herausrücke, für jemanden wie ihn dagegen bin ich also eine Clownsfigur. Sehr ernüchternd.

»Sieht man dir nicht an«, schüttelt Jimmi entschieden den Kopf.

»Was?«

»Dass du Schauspielerin bist.«

»Die Krise siehst du mir an, aber nicht, dass ich Schauspielerin bin, weil ich aussehe wie eine Buchhalterin! Na, was haben wir noch auf Lager? Habe ich Narben? Bin ich hässlich?«, versuche ich verkrampft witzig zu reagieren.

»Nein, du bist sehr schön«, sagt er mit der unschuldigsten Selbstverständlichkeit und macht mich damit kurz sprachlos. Um gleich darauf zu fragen: »Hast du was machen lassen?«, dabei sieht er mich prüfend an.

»Was soll ich machen lassen haben?«

Statt eine Antwort zu geben, legt er seine Finger an beide Schläfen und Wangen, zieht sie auseinander und macht dabei ein erstarrtes Gesicht.

»Natürlich nicht!«, protestiere ich vehement und ärgere mich sofort über mich. Warum gehe ich auf so eine Frage überhaupt ein?

»Muss man in deiner Branche nicht immer jung und schön sein?«, zuckt er harmlos mit den Schultern.

»Vor allem muss man in meiner Branche gut sein«, kehre ich die ernst zu nehmende Künstlerin heraus und klinge wie ein trotziges Kind.

Natürlich muss man schön sein. Der Verfall wird registriert. Vor laufender Kamera. Vom Zuschauer und vom Sender. Und kommentiert. Detailliert und gnadenlos. Deshalb wird gebotoxt und gestrafft, was das Zeug – pardon – die Haut hält. Das darf aber keiner wissen. Gespritzte Jugend ist keine Jugend. In Würde altern wird gefordert. Altert einer aber wirklich, ist das auch nicht recht. Unlängst hat mir eine sehr bekannte Kollegin erzählt, dass sie in jedem zweiten Interview gefragt wird, warum sie sich nicht liften lässt. So sehr haben wir uns an entfaltete Gesichter gewöhnt, dass uns ein natürliches dann doch befremdet.

»Woher weißt du überhaupt, wie es in meiner Branche zugeht?«, wende ich mich wieder an Jimmi.

»Meine Mutter ist Medienanwältin«, gibt er mir gelangweilt zur Antwort, »die Kasperln sind bei uns ein und aus gegangen!«

Und mir vorwerfen, dass ich aus besseren Kreisen stamme! Bevor ich näher auf Jimmis Stammbaum eingehen kann, unterbricht er mich schon: »Bist du bekannt?«

Endlich, da haben wir sie ja. Die handelsübliche Frage.

»Nicht wirklich«, muss ich ihn leider enttäuschen.

»Bist du am Theater oder spielst du in Kinofilmen?«, will er weiter wissen.

»Im Fernsehen«, biete ich als dritte Alternative an.

»Spielst du in einer Soap oder so was?«

»Keine Soap. Eine Serie«, reagiere ich wie ein pawlowscher Hund, »ich spiele in keiner …«

»Und Besetzungscouch?«, fragt Jimmi ganz beiläufig »Erfahrungen damit gemacht?« Er betrachtet interessiert seine ungepflegten Fingernägel dabei.

Ich weiß gar nicht warum, aber der Typ will mich provozieren.

»Nein«, sage ich mit der allergrößten Gelassenheit und füge noch ein süffisantes »leider« hinzu.

Tatsächlich hat mir das eine Zeit lang Sorgen gemacht: »Warum macht mir denn keiner zweideutige Angebote? Bin ich etwa nicht sexy genug?«, fragte ich mich damals. Aber wahrscheinlich war es meine strenge Buchhalterausstrahlung, die die Männer abschreckte. So konnte ich nie den Beweis erbringen, dass ich »anständig« geblieben wäre, trotz unmoralischem Angebot. Oder auch nicht. Wer weiß?

»Besetzungscouch spielt heutzutage kaum mehr eine Rolle«, belehre ich ihn über meinen Berufsstand, »zumindest beim Fernsehen. Dort besetzt hauptsächlich die Quote. Und die hat keine Couch.«

»Wie bei den Römern«, lacht Jimmi.

Er macht das »Daumen hoch«- und »Daumen runter«- Zeichen.

»Kluges Bürschchen«, denke ich und stimme ihm zu: »Der Daumen der römischen Kaiser ist heute der Daumen der Zuschauer, an den Quotenmessgeräten, in der Marktforschung, auf Facebook etc. Wird alles ausgewertet von den Verantwortlichen.«

»So viele Menschen kann man nicht mit Sex bestechen«, sagt Jimmi trocken und bringt mich damit zum Lachen.

Der Schauspieler hat es echt nicht leicht. Zwischen ihm und seinem Publikum steht kein Buch, kein Bild, kein Instrument. Er ist sein eigenes Material – er selbst –, was er da anbietet. Wird es nicht gemocht, wird er nicht gemocht. Kein Puffer, durch den das »Gefällt nicht« gemildert werden könnte, bevor es auf ihn einschlägt. Und es hat Konsequenzen: Bei den alten Römern wurde man den Löwen zum Fraß vorgeworfen, der Schauspieler heute verliert seinen Job.

»Ihr Kasperln seid halt die Werbung für die Werbung.«

Ich sehe ihn fragend an.

»Geht es nicht nur darum, wie viel Geld der Sender für ein paar Sekunden Klopapierwerbung verlangen kann? Je höher die Quote, desto höher der Preis«, sagt er und grinst mich an.

Auch Unangepasste können verdammt blasiert sein, denke ich mir und grinse zurück. »Meine Jointgeschichte!«, fällt mir ein. Jetzt könnte ich damit rausrücken und punkten! Ich setze an – und halte inne. Irgendwie fehlt mir plötzlich die Lust. Stattdessen lehne ich mich zurück und beginne zu zweifeln. An meinem Beruf.

Wenn Authentizität bedeutet, sein Anderssein zuzulassen, habe ich mir den unauthentischsten Job ausgesucht, den es gibt: Anderssein und Massengeschmack? Nicht kompatibel.

Schon der Blick eines Einzelnen hat einen Einfluss auf uns. So neutral kann der gar nicht sein. Geschweige denn der Blick der Menge. Der muss einen doch verändern! Und ich setze mich diesem Blick freiwillig aus, beruflich.

Bin ich verrückt? Nein, nur naiv. Ich wollte draußen stehen, gesehen und geliebt werden. Meine kindliche Ursprungswunde wollte ich damit heilen und wiederhole seitdem nichts anderes als mein Kindheitstrauma. Gesehen zu werden heißt beurteilt zu werden. Wird man beurteilt, lebt man mit der Angst, nicht zu gefallen. Hat man Angst, nicht zu gefallen, ist man eine Marionette an den Strippen der anderen. Statt der Fellner hat mich heute der Daumen im Griff.

Jeder kann mich kritisieren. Angefangen beim Regisseur, über die Leute vom Sender, auch Fünfjährige und selbst der Papst. Der eine findet mich toll, der andere zum Davonlaufen. Und ich kann meinen Kritikern nicht einmal ein richtiges

Ergebnis auf den Tisch knallen und damit beweisen, dass ich mathematisch richtig gespielt habe. Kann mit keinem Patienten aufwarten, der nach einer schauspielerischen Herz-OP überlebt hätte, oder mit Luftschlössern, die wegen meiner Bauanleitung nicht eingestürzt wären. Die Kriterien, nach denen mein Spiel beurteilt wird, sind schwammig, subjektiv und nicht greifbar. Und ich habe so gut wie keinen Einfluss auf sie. Das macht ziemlich hilflos.

Auch dass Schauspielerinnen oft über ihr Äußeres definiert werden, macht mir Druck. Denn ich weiß, so unverhofft die Attraktivität in das Leben der pummeligen Pickelnase getreten ist, so sicher wird sie sich auch verabschieden. Ich sehe sie schon ihre Regale räumen und ihre Sachen packen. Meine Regale dagegen füllen sich langsam immer mehr: mit immer teureren Ölen und Cremes, Falteneliminierungselixieren und Anti-Aging-Produkten, solchen, die sanft von innen heraus wirken sollen. So sanft, dass man äußerlich gar nichts merkt. Und am Ende komme ich nicht daran vorbei: Die Alternative zu einem frühen Tod ist nun mal zu altern. Sie ist vergänglich, die Schönheit.

Nicht auf Fotos. Da kann man ja auf Teufel komm raus retuschieren. Riskante Kanten beispielsweise – so nannte eine Casterin mal die Kontur meiner Wangen. Mir persönlich gefiel sie. Aber sollte sie wirklich riskant sein? Was wenn anderen Castern auch als Erstes die Kante ins Auge fiel und sie daraufhin von meiner Besetzung wieder Abstand nehmen würden?

»Ist das nicht die mit der riskanten Kante? … Schnell weg, lass uns die Straßenseite wechseln.«

Was, wenn ich nie wieder einen Job bekommen würde? Oder schlimmer, nur noch als Kantengesicht besetzt werden würde? Ich rebellierte ein wenig, dann ließ ich sie doch retuschieren. Die Casterin hatte schon recht: Kanten können riskant sein. Im Leben – und in meiner Branche ganz besonders.

Für den Schauspieler kann es sich geschäftsschädigend auswirken, »anders« zu sein. Ein Hang zur multiplen Persönlichkeit ist dagegen von großem Vorteil. Denn mit seiner Darstellkunst rührt der Schauspieler die Zuschauer zu Tränen – gleichzeitig lässt er an seiner Elefantenhaut alle Kränkungen abprallen. Mit einer Hand bügelt er seine riskanten Kanten glatt, schielt dabei mit einem Auge auf die Zuschauerzahlen ... um am Ende mit seinem entfalteten Gesicht lediglich die Verkaufszahlen für Toilettenpapier oder andere Konsumartikel zu steigern. Dabei würde er am liebsten mit beiden Beinen auf dem roten Teppich stehen. Wie soll er da nicht schizophren werden? Geschweige denn authentisch sein?

Apropos roter Teppich. Die wenigen Male, die ich ihn entlangschritt, hätte ich beinahe einen Geschwindigkeitsrekord aufgestellt. Noch dazu einen mit dem unfreundlichsten Gesichtsausdruck und der unelegantesten Körperhaltung. Und ich habe es wirklich versucht! Mich nach jedem Schritt in eine Pose zu werfen und das Blitzlichtgewitter zu genießen. Am Ende sah ich dennoch aus wie eine vom technischen Personal, die gerade auf dem Weg ist, um die defekte Heizung zu reparieren. Man muss sie mögen, diese Scheinwelt der Sternchen, des Glitzers und Glamours, um so aufzutreten, dass man auch dort gefällt.

Und wie soll man überhaupt authentisch sein, wenn man seine eigene Andersartigkeit immer für die Andersartigkeit seiner Rollen hintanstellen muss? Man soll sich ja nicht selbst spielen, sondern einen Fremden. Nicht einmal sagen darf man, was man denkt, sondern nur, was der Drehbuchautor sich für einen ausgedacht hat.

Eindeutig, dieser Beruf ist im Weg. Auf dem Weg zu mir und meinem authentischen Selbst.

Ich wünschte, ich wäre Straßenbahnfahrerin, Archivarin..., selbst Buchhalterin wäre ich im Moment lieber als Schauspielerin. Kurz, ich sehne mich nach einem Beruf mit klar umrissenem Anforderungsprofil, in dem ich nicht gefallen muss, um meine Miete zu zahlen, sondern nur funktionieren. Dann vielleicht doch lieber nicht Buchhalterin. Wegen der Zahlen, Sie wissen schon.

Oder vielleicht sollte ich es einfach wie Jimmi machen?

Der ist zwar auch den Blicken von außen ausgesetzt. Zwangsläufig, bei einem Leben auf der Straße. Aber was hat er denn schon zu verlieren? Er will ja nicht gefallen. Im Gegenteil: Wenn er von uns Bürgerlichen kritisiert wird, ist das nur die Bestätigung dafür, dass er alles richtig macht.

Er muss keinem Massengeschmack entsprechen, pfeift auf ein genormtes Schönheitsideal, lebt in keiner Scheinwelt, sondern in der harten Realität – und ist dafür frei von Zwängen und Konventionen, in denen ich mich verfangen habe wie in einem Labyrinth.

Ist er schon dort, wo ich gern wäre? Im gelobten Land der Authentizität?

»Und wie ist deine Quote?«, fragt mich Jimmi unverhohlen.

Wäre ich blond und blauäugig, wäre sie mit Sicherheit besser. Als Schauspielschülerin hatte ich einmal eine Anfrage für eine Werbung, die in Saudi-Arabien ausgestrahlt werden sollte. Für Wackelpudding. Ich bekam die Zusage, kurz darauf die Absage. Der Puddingproduzent hatte sich umentschieden. Für eine blauäugige Blondine. Von ihr versprach er sich höhere Verkaufszahlen für seinen Wackelpudding als von mir. Sie sehen, selbst unter den Orientalen sind Blondinen bevorzugt. Und in Deutschland? Wurde ich schon mal aus einem Pressetermin ausgeladen. »Die ist ja nicht blond«, so die Begründung der Pressemenschen. Aber...

»... ich will mich nicht beklagen, ich kann von meiner Arbeit leben.«

»Ich auch«, nickt Jimmi mir zu.

»Du hast eine Arbeit?«, frage ich erstaunt.

»Ja, klar. Ich knacke die Zombies da draußen«, sagt er und zeigt auf die Menschenmenge auf dem Bahnsteig.

»Wie knackt man die denn?«

Jimmi grinst und sieht mich plötzlich an, als ob ihm schlecht wäre.

»Haben Sie etwas zu essen für mich – oder einen Euro?... Ich habe seit Tagen nichts im Magen«, spricht er mich mit schwacher Stimme an.

Bevor ich weiß, wie mir geschieht, wirft er sich in eine verführerische Pose: »Hallo schöne Frau, hätten Sie einen Euro für einen armen Jungen wie mich?«

Und übergangslos wird er zum Unschuldslamm: »Entschuldigung, können Sie mir ein paar Cent geben, ich möchte meine Mama anrufen.« Dann bricht er in Weinen aus: »Ich vermisse sie so.«

So schlüpft er mühelos von einer Rolle in die andere und bringt ein buntes Kaleidoskop seiner verschiedenen Persönlichkeiten zum Vorschein. Die Darbietung seines reichhaltigen Repertoires beendet er mit dem Satz: »Gnädige Frau, haben Sie vielleicht ein bisschen Kleingeld?«, setzt sein gewinnendstes Lächeln ein und verbeugt sich wie der Hauptdarsteller einer gefeierten Burgtheaterpremiere.

»Schmierenkomödiant«, werfe ich ihm an den Kopf und pfeffere ihm einen weiteren 10-Euro-Schein vor die Füße.

»Menschendarsteller«, berichtigt mich Jimmi, »ich gebe den Leuten, was sie brauchen, und bekomme, was ich will.«

Dann schenkt er mir eine Kusshand und hebt das Geld vom Boden auf.

»Und woher die Menschenkenntnis, Dr. Freud?«

»Beobachtung«, sagt Jimmi und deutet auf die »Zombies« auf dem Bahnsteig.

»Den lieben langen Tag beobachte ich. Wenn das keine Arbeit ist! Aber irgendwann hat man sie durchschaut. Spielen alle eine Rolle. Und die meistens auch noch schlecht.«

»Du spielst doch auch«, entgegne ich ihm.

»Ja, aber ich weiß es«, sagt er kurz und bündig, »die nicht!«, und setzt sich pfeifend auf seinen Platz.

Mein Held ist also gar nicht so anders als ich. Er ist auch Schauspieler. Im Leben. Wenn aber selbst die Rebellen nicht umhinkommen, sich zeitweilig dem Massengeschmack anzupassen, kann es dann überhaupt Authentizität nach meiner Definition geben?

»Die ganze Welt ist eine Bühne. Und alle Frauen und Männer bloße Spieler«, bemühe auch ich mal William Shakespeares schwer strapaziertes Zitat.[24] Es passt gerade so schön.

Nach der »Quote« schielt man in jedem Lebensbereich: Wie beliebt wir sind, erkennen wir an den »Gefällt mir«-Klicks auf Facebook. Wie erfolgreich wir sind, an der Sprosse der Karriereleiter, auf der wir balancieren. An der Anzahl der flachgelegten Liebesobjekte misst sich der Grad unserer Verführungskunst und an unseren akademischen Titeln unsere Intelligenz.

Und auch der rote Teppich ist überall ausgelegt: selbst hier am Bahnsteig. Manche stolzieren auf ihm dahin, stehen im

Licht und empfinden ihre Rolle als Nabel der Welt als gottgegeben. Andere drücken sich im Dunkeln am Rand herum und spielen auch im eigenen Leben nur als Statisten mit.

»Es spielt keine Rolle«, sagen wir im Alltagsgespräch und meinen damit: Es ist nicht wichtig. Also müssen wir, um wichtig genommen zu werden, eine Rolle spielen. Und weil wir so, wie wir sind, nicht genügen, spielen wir auch, was wir sind. Der Arzt beispielsweise, der seinen weißen Kittel und sein Stethoskop trägt wie ein König Zepter und Krone. Und während er den Gott in Weiß spielt, vergisst er mitunter, dass er sterbliche Patienten hat, die trotz seiner Göttlichkeit leiden. Männer in Anzug und Krawatte, die gewichtige Geschäftsmänner spielen. Und vor allem all die Erwachslinge, die vor lauter Erwachsensein zu seriösen Salzsäulen erstarren.

Was man für einen Eindruck hinterlässt, ist oft egal, Hauptsache, man hat die Aufmerksamkeit, auf der Bühne wie auch im Leben. Aus der Viertelstunde Berühmtheit, die uns Andy Warhol zugebilligt hat, haben manche ein Dauerprogramm gemacht. Sie wollen wahrgenommen werden, koste es, was es wolle. Aber werden sie tatsächlich wahr-genommen?

Oder ist es nicht gerade das, was wir versuchen zu vermeiden: unser wahres Gesicht zu zeigen? Viel eher wollen wir unser Gesicht wahren und setzen daher gebrauchsfertige Masken auf. An denen hängt dann praktischerweise auch eine Spielanleitung. Der kann man dann genau entnehmen, wie ein Clown, eine Mutter, ein Liebhaber ... zu sein hat. So stecken viele in ihren Lebensrollen fest wie Schauspieler ein Leben lang in der Provinz.

Und manchmal passiert es, dass man aus der Rolle fällt. Wie Simone und ich. Und dann fällt man meist tief.

Vielleicht sollte auch ich lieber aufhören, danach zu suchen, wer ich denn eigentlich bin, und anfangen, mich zu fragen, wen ich denn alles spiele. Die rücksichtsvolle Schauspielerin, die liebende Tochter, die aufmerksame Seelsorgerin, die reflektierte Freundin... Unter all den Rollen keine einzige Bösewichtin? Nein, ich habe mich selbst nur sympathisch besetzt. Ich will ja gefallen. Bescheidenheit, Rücksichtnahme, Reflexion... ehrenhafte Eigenschaften. Ja, und sie heben mich so schön von manch egozentrischem Kollegen ab, was wiederum mein schönes Ego hebt! Und ist das noch ehrenhaft? Oder spiele ich mir da selbst etwas vor?

Wie um alles in der Welt soll ich denn überhaupt echt sein bei der Vielzahl an Lebensrollen? Und wenn, in welcher von ihnen bin ich denn nun am echtesten? Oder muss ich in jeder gleich wahrhaftig sein? Um meinem authentischen Selbst, was immer das sein soll, treu zu bleiben?

Nicht jede Rolle kann einem liegen. Es gibt Figuren, die sind einem fremd. Ihr Seelenkostüm will man partout nicht anlegen. Dann knackt man sie irgendwann doch. Ein himmlisches Gefühl.

Andere, die fühlen sich an wie eine zweite Haut. Von Anfang an.

Und manchmal ist man schlicht und einfach falsch besetzt. Auf der Bühne temporär. Aber im Leben? Wie sehr passen die Rollen zu dem Leben, das ich führe – und wie sehr spiele ich Rollen, weil ich ein Leben führe, das nicht zu mir passt?

Und Jimmi? Ist er auf der Straße gelandet und damit in seinem eigenen Leben? Oder gibt auch er nur eine mittelmäßige Performance ab, anstatt in der Rolle seines Lebens zu brillieren?

»Bist du glücklich?«, frage ich Jimmi unvermittelt.

»Klar!«, sagt er knapp in einem Ton, der keinen Widerspruch duldet.

»Obwohl du auf der Straße lebst und um Geld bettelst?«

»Besser als so ein Spießerleben«, und wieder deutet er auf die Menschen am Bahnsteig.

»Nicht alle führen ein Spießerleben«, ermahne ich ihn zur Differenzierung.

»Aber die meisten ein ›Das macht man so‹-Leben.«

Ich sehe ihn fragend an.

»Meine Alten zum Beispiel«, fängt Jimmi an zu erzählen und der Ausdruck »Meine Alten« irritiert mich – passt nicht zu ihm, »die leben ihr ganzes Leben genau nach Betriebsanleitung. Mich haben sie wahrscheinlich auch so produziert und genau so wollten die mich auch erziehen.«

»Wie?«

»Nach Betriebsanleitung.«

»Und?«

»Schau mich an.«

»Misslungen?«

»Defekt! Von Anfang an. Da konnten die an mir schrauben und drehen, was sie wollten, ich blieb eine Mängelexemplar.«

Ich höre ihm zu und schweige.

»Die haben immer nur so gemacht«, lacht er bitter und zeigt: Daumen runter. »Quote hatte ich bei meinen Alten keine. Die wollten nie einschalten, wenn ich auf dem Programm stand.«

Jimmi sieht mich an in Erwartung einer Reaktion. Ich sehe zurück und warte, dass er weiterspricht.

»Die haben mich nicht ein einziges Mal wahrgenommen. So wie ich bin. Die hatten ein Konzept im Kopf, wie ihr Sohn sein sollte, und ich war der lebende Beweis dafür, dass ihr Konzept nicht aufgegangen war. Die haben immer nur Eltern gespielt, statt Eltern zu sein. Und heile Welt natürlich«, sagt Jimmi und deutet an, wie er sich den Finger in den Hals steckt, um seinem Ekel Ausdruck zu geben.

»War wohl nicht so heil – vermute ich?«, will ich ihn ermuntern weiterzureden, da antwortet Jimmi schon ziemlich vehement.

»Mein Alter hat meine Alte ein Leben lang beschissen. Die hat sich dann aus Verzweiflung die Möpse vergrößern und das Gesicht liften lassen. Hat aber auch nix genutzt. Er hat sie trotzdem nicht mehr gebumst. Das Konzept »Vorzeigeehepaar« ist nicht aufgegangen. Aber sie spielen sich und den anderen das Schmierentheater heute noch vor. Weil sie die Realität nicht wahrhaben wollen.«

»Das mit den Konzepten ist fatal«, gebe ich ihm recht.

»Auch Erfahrung damit gemacht?«

»Ja, mit meiner Fitnesstrainerin!«

»Hä?«

»Ich war mal die einzige Teilnehmerin in ihrem Kurs. Sie wollte ihn trotzdem abhalten. Für mich allein. ›Wow! Privatunterricht!‹, dachte ich mir. Doch dann sah sie mich nicht ein einziges Mal an. Sondern über mich hinweg. In die Ferne. Auf die nicht vorhandene Masse anderer Turnerinnen. Das hielt sie eine Stunde lang durch. Und ich mit ihr«, gebe ich eine Anekdote aus meinem Leben zum Besten. »Sie blieb eben dem Konzept ihrer Unterrichtsstunde treu.«

Jimmi klopft sich auf die Schenkel und lacht zu laut und zu lange. Überhaupt hat er sich, seitdem wir über seine Eltern gesprochen haben, merklich verändert. Als ob auch er eine Rolle spielt und es diesmal selbst nicht weiß. Wirklich authentisch wirkt der grad nicht.

»Geile Geschichte ... genau so sind meine Alten«, lacht er noch eine Weile vor sich hin, »die haben kein Brett vorm Kopf, die haben ein Konzept im Kopf. Die sind einfach blind dafür, was für ein Haus-Garten-Auto-ach-was-sind-wir-glücklich-Kotzleben die führen. Da scheiß ich drauf! Verstehst du?«

»Hmmm«, mache ich und nicke bedeutsam. »Mit 80 noch auf der Straße sitzen und den Leuten für ein paar Cent etwas vorspielen ist natürlich viel toller als der ganze Haus-Garten-Auto-Scheiß, nicht wahr?«, gebe ich ihm recht. Jetzt hält er mich sicherlich für eine Oberspießerin.

Jimmi zuckt demonstrativ mit seinen Schultern und wirkt dabei wie ein pubertierendes Kind.

»Und keiner geregelten Arbeit nachgehen, weil man gegen das Establishment ist. Aber das Geld von denen nehmen, die für das Establishment arbeiten. Auch sehr konsequent«, setze ich noch eins drauf.

»Hauptsache, ich werde nicht wie meine Eltern. Alles andere ist mir scheißegal.«

»Auch ein Konzept.«

»Was?«

»Nicht werden zu wollen wie die Eltern.«

»Aber ein gutes, wenn es sich dabei um meine Eltern handelt«, sagt er und es fehlt nur noch, dass er ein »Ätschebätsch« anhängt.

Ich betrachte ihn eine Weile von der Seite.

»Ich glaube, du wärst ein guter Therapeut«, unterbreche ich irgendwann die Stille.

»Echt?«, fragt Jimmi überrascht und sichtlich stolz, versucht das aber gleich zu überspielen. »Wie kommst du denn auf so einen Blödsinn?«

»Du hast sie alle durchschaut«, zitiere ich ihn und zeige auf die Menschenmenge am Bahnsteig.

Jimmi nickt ganz ernst und sieht ein bisschen selbsteingenommen in die Ferne.

»Nur bei mir hast du versagt.«

»Versagt?«

»Mit dem Durchschauen.«

»Wieso, ich habe dir gesagt, dass du eine Krise ...«

»Ich bin keine Buchhalterin und schon gar nicht verheiratet«, unterbreche ich ihn.

Er will etwas erwidern, dann verzieht sich sein Mund zu einem Lächeln, »Aber du bist auch eine Ausnahme, Großstadt«, sagt er dann anerkennend.

»Ach, ich habe nur eine Krise«, antworte ich schnell und bin verlegen.

»Ich wünschte, meine Mutter hätte mal die Krise«, er lächelt mich an und sieht so traurig aus dabei. »Die würde sich nie zu mir setzen wie du.«

Ohne nachzudenken, nehme ich ihn in den Arm. Jimmi weiß nicht, wie ihm geschieht. Sein Körper wird ganz steif. Mir ist das egal. Auch wenn ich seine Läuse kriege, ich drücke ihn an mich, halte ihn ganz fest und will ihm geben, was er von seiner Mutter braucht. Für einen Augenblick wenigstens.

»Du bist klüger und eloquenter als so mancher Klugscheißer, den ich kenne, Jimmi. Du gehörst nicht auf die Straße, du gehörst auf die Uni«, flüstere ich ihm ins Ohr. Dann löse ich die Umarmung und sehe in sein hochrot angelaufenes Gesicht.

»Damit du später mittelalten Frauen wie mir aus der Krise helfen kannst«, lächele ich ihn verschmitzt an.

Wir sehen uns an und schweigen. Es gibt nichts zu sagen. Für einen Moment haben wir uns gegenseitig wahrgenommen, so wie wir sind. Jenseits der Bürgerlichen und des Rebellen, jenseits unseres Alters, unserer Nationalität, jenseits unseres Andersseins, jenseits aller Rollen, die zwischen uns stehen.

Eine Weile sitzen wir so da, schauen auf die Menschen vor uns und trinken unser Bier.

»Was hast du eigentlich für eine Krise?«, fragt er plötzlich ganz im Therapeutenton.

»Ach, lange Geschichte«, winke ich ab.

»Ich weiß, was immer hilft! Bei jeder Krise«, sagt er plötzlich und grinst wie ein Kind, das einen bösen Streich ausgeheckt hat.

»Ja?«, frage ich neugierig.

Dann greift er zu seinem Rucksack, holt etwas heraus und hält es mir in der geschlossenen Hand hin.

»Was ist das?«

Er öffnet die Hand und ich muss unwillkürlich lachen. Jimmi versteht offensichtlich nicht, was ich an einem Joint so lustig finde.

Ich blicke ein paarmal zwischen Joint und Jimmi hin und her, sage schließlich »Nein danke« und schließe seine Hand, »ich glaube, das ist nicht meins.«

»Habe ich mir schon gedacht. Bist nicht der Typ dafür!«

»Hast mich eben doch durchschaut.«

BFF und HMITW

Ich sitze in der U-Bahn auf dem Weg zum Kino und schüttle innerlich den Kopf. Über mich. Mein glorioses Authentizitätsbarometer! Das muss ich wohl neu eichen. Nein, bessere Idee: Ich schmeiß es gleich weg. Bürgerliche, Kifferbraut, Rebell ... sind doch auch nur irgendwelche Rollenkonzepte, in die wir uns hineinpressen.

Und Jimmi? Ich passe mich an, um zu gefallen – er rebelliert, um zu missfallen. Beide richten wir uns nach den Erwartungen der anderen. Im Grunde: kein Unterschied. Also nix mit meiner These »Je ›anderser‹, desto authentischer«. So drücke ich innerlich auf »Löschen« und im Nu ist meine hochwissenschaftliche Arbeit der letzten Stunden in den Papierkorb befördert. Der Nobelpreis muss warten.

Vielleicht geht es gar nicht ums »Anderssein«, sondern mehr ums »Eigensein«: das zu finden, was wirklich zu mir gehört, ohne mir dabei Gedanken zu machen, ob ich damit den Punkern imponiere, den Bürgerlichen recht bin oder irgendeinem Möchtegern-Ich entspreche. Dafür müsste ich erstmal meine Sensoren von draußen nach innen richten. Aber wer weiß, was mich da erwartet? Möchte ich das wirklich erfahren?

Ich will lieber etwas anderes erfahren. Dringend. Wie es meinem Kind geht. Weil mir Jimmi nicht aus dem Kopf geht.

Besser gesagt, seine Mutter. Nein: ich. Ich geh mir nicht aus dem Kopf. Als Mutter. Nicht von Jimmi natürlich, sondern von Lea, meiner Tochter.

Alles klar?

Bei mir nicht. Hab ja eine Krise. Aber jetzt mache ich mir obendrein auch noch Sorgen. Nicht um mich, um Lea. Ob es ihr gut geht? Ob sie glücklich ist? Wie spricht sie über ihre Mutter? Und umarme ich sie auch oft genug?

Heute Vormittag erst habe ich mit ihr telefoniert und für morgen Abend bin ich mit ihr verabredet. Am Telefon klang sie fröhlich und ausgelassen. Wenn sie ein Problem hätte, würde sie es mir sagen, sie redet über fast alles mit mir. Fast. Eben. Vielleicht mag sie mich nicht und hat mir gerade das nicht gesagt.

Ok, jetzt bin ich offensichtlich völlig meschugge. Dabei war doch mein Mutterdasein eines der wenigen nicht verminten Gebiete meines Lebens. Ich hatte schon lange keine Selbstzweifel mehr auf diesem Terrain. Das war früher mal ganz anders. Mit Recht. Denn Lea könnte heute auch auf der Straße sitzen wie Jimmi. Aber sie tut es nicht, versuche ich mich zu beschwichtigen. Erfolglos. Daher zücke ich mein Handy und rufe sie an. Einmal, zweimal, dreimal. Sie geht nicht ran.

Dann steige ich kurz entschlossen aus der U-Bahn aus und mache mich auf den Weg zu ihr. Was ist denn schon dabei? Ich bin keine Glucke, wirklich nicht. Ich möchte mich nur mal schnell vergewissern, dass mein Kind glücklich ist. Mehr nicht. Danach geh ich ins Kino. Ehrlich!

»Mama!«, entfährt es ihr überrascht, als ich vor ihrer Tür stehe. Sie hat einen Bademantel an und einen Handtuchturban auf dem Kopf. Offensichtlich kommt sie gerade aus der Dusche. Das erklärt, warum sie ihr Handy nicht gehört hat.

»Ich hab dich lieb!«, sage ich, nehme sie überfallartig in den Arm und erdrücke sie fast.

Lea zieht mich in die Wohnung, ich hänge noch immer wie ein Sack an ihr. Sie schließt die Tür hinter uns.

»Hast du was getrunken, Mama?«, fragt sie irritiert und schiebt mich von sich.

Oh Gott! Benehme ich mich wirklich so komisch?

»Ein Bier!«, sage ich so seriös wie möglich. »Warum?«

»Alles klar!«

»Was?«

»Du bist betrunken!«

»Lea, bitte, das ist lächerlich. Kein Mensch wird von einem Bier betrunken.«

»Du schon. Dir fehlt doch so ein Enzym.«

»Mir fehlt verdammt noch mal kein Enzym!« Jetzt fängt sie auch schon wie meine Mutter an.

»Midlifecrisis?«, bietet sie mir trocken ein weiteres Erklärungsmodell für mein eigenartiges Verhalten an.

Offensichtlich ist es mir auf die Stirn tätowiert: »Achtung, Frau in Krise!« Egal, ich will Lea auf keinen Fall mit meinen Problemen belasten. Daher senke ich den Kopf, sage ertappt: »OK, ich gebe es zu: betrunken«, und zucke resigniert mit den Schultern.

»Wusst' ich doch!«, antwortet Lea prompt, als ob sie ohnehin nicht den geringsten Zweifel daran gehabt hatte.

»Ich hab's ziemlich eilig, Mama...«, sagt sie dann bedauernd und will damit andeuten, dass sie keine Zeit für mich hat.

»Macht nix!«, unterbreche ich sie und setze mich ungefragt auf ihr Bett. »Lass dich nicht stören. Ich bleib ein wenig und schau dir einfach zu.«

Lea zieht eine Augenbraue hoch. Das macht sie, wenn ihr etwas nicht passt. Dann läutet ihr Handy und ich bin vergessen. Wie immer, wenn ihre Freunde ins Spiel kommen.

Geschäftig läuft sie durch ihre Einzimmerwohnung, streicht sich ein Peeling ins Gesicht, zupft sich die Augenbrauen und schmiert sich unterschiedliche Produkte in ihr Haar. Gleichzeitig führt sie diverse Telefongespräche, vereinbart Treffpunkte, stellt Kontakte her, koordiniert und organisiert. Dazu dröhnt laute Technomusik durch die Wohnung. Multitasking – meine Tochter scheint es erfunden zu haben.

Ich beobachte sie und kann es nicht glauben. War es nicht erst gestern, als ich schwanger mit ihr war? »Ein zweites Herz schlägt in mir«, erzählte ich damals beinahe jedem, der mir in die Quere kam. Ich war überzeugt, an einem Mysterium beteiligt zu sein. Als erste Frau seit Menschengedenken.

Profane Begleiterscheinung des Mysteriums: 22 Kilogramm Gewichtszunahme. Ich kam mir vor wie ein kurzatmiges Rhinozeros. Ich befürchte, genauso sah ich auch aus. Obendrein hatte ich Rückenschmerzen, lang anhaltende Übelkeit und Stimmungsschwankungen, die meine nähere Umgebung regelmäßig in Angststarre versetzten. Das alles brachte mich wieder auf den Boden der Realität zurück. Auch die Erkenntnis, dass sich ein fremdes Wesen in mir eingenistet hatte, sich an mir nährte, meinen Körper in noch nie dagewesene Zustände brachte und ohne mich zu fragen eigene Regeln und Gesetze aufstellte. Ich war wie eine Einheimische, im eigenen Land von einer Zugereisten überrumpelt.

Und dann der große Tag. Die Geburt. Ein schmachvoller Feldzug – für mich. Ich hatte wenig gemein mit den Frauen in den weich gezeichneten Geburtsvideos, die man uns im Schwangerschaftsvorbereitungskurs gezeigt hatte. Die ploppten zur Fahrstuhlmusik ihr Baby raus, als gäbe es keine leichtere Übung, und machten den Eindruck, sie könnten direkt im Anschluss noch auf eine Cocktailparty gehen. Ich dagegen schrie mir die Seele aus dem Leib und machte, gelinde gesagt, einen ziemlich unmystischen Eindruck. Weder davor noch danach habe ich Schmerzen dieser Art erlebt und im Gegensatz zu der Mehrzahl der Mütter habe ich sie auch nicht vergessen.

Und dann war Lea da. Endlich. Nach beinahe 24 Stunden. Ein rot angelaufener Frosch mit schwarzen Haarbüscheln an den Ohrläppchen. Und es gab nicht den geringsten Zweifel: Ich hatte das hässlichste Kind der Welt geboren. Sie müsste mir versprechen, immer eine Langhaarfrisur zu tragen, flüsterte ich ihr zu. Ich hingegen versprach ihr, sie vor allen Anfeindungen und Verletzungen des Lebens zu schützen – und heute weiß ich, ich habe es nicht getan. Der Gedanke gibt mir einen Stich und längst verarbeitet geglaubte Schuldgefühle tauchen plötzlich wieder auf.

Heute ist sie eine schöne 19-jährige Studentin mit einem eigenwilligen Kleidungs- und noch eigenwilligerem Musikstil. Sie wirkt selbstsicher, kraftvoll und patent. So wirke ich auch, wenn ich nicht gerade in der Krise stecke – und bin es dennoch oft nicht.

»Bist du glücklich, Lea?«, frage ich sie so unvermittelt, wie ich auch Jimmi gefragt habe.

Lea sieht mich an, als hätte sie eine Begegnung der dritten Art. Bevor sie etwas sagen kann, läutet wieder ihr Handy. Keine Chance mehr auf eine Antwort.

Auch wenn es nicht gleich auffällt, ich habe eine besondere Verbindung zu meinem Kind. Das behaupten wahrscheinlich viele Mütter. Aber ich kann mit einem eigenartigen Vorfall aufwarten.

Der 11.09. ist nämlich gar nicht mein richtiges Geburtsdatum. Bei der Übertragung meiner Geburtsurkunde vom

Persischen ins Deutsche hat der Übersetzer sich um einen Monat geirrt. In Wirklichkeit bin ich am 11.10. geboren. Ich habe mich nie um eine Richtigstellung bemüht. Konnte ich denn ahnen, dass dieses Datum traurige Berühmtheit erlangen würde? Genauso wenig, dass es zu meinem persönlichen Glückstag werden sollte, denn Lea wurde tatsächlich am 11.09. geboren. Nicht nur, dass meine Tochter an meinem offiziellen falschen Geburtsdatum auf die Welt gekommen ist – noch dazu stand auf dem rosa Bändchen, das man ihr nach der Geburt um ihr Handgelenk gebunden hatte, der 11.10. statt des 11.09. Sie verstehen? Also mein richtiges Geburtsdatum. Die Hebamme hatte sich verschrieben. Als ich das sah, durchfuhr mich ein Schauer. »Ich halte meine eigene Reinkarnation in den Armen!«, schrie ich heraus und war überzeugt: Das nächste Mysterium klopft an die Tür.

Reinkarnation hin oder her, Lea und ich haben eine – die Spiris würden sagen – karmische Beziehung. Irgendetwas muss meine Kleine angestellt haben in einem ihrer früheren Leben. Wieso sonst ist ihr die Aufgabe zugeteilt worden, mich zu erziehen? Keine leichte Angelegenheit, auf jeden Fall. Früher zumindest, denn ich gehörte zu den schwer erziehbaren Müttern. Ich habe viele Fehler begangen. Leider. Könnte ich die Zeit zurückdrehen, würde ich alles daransetzen, meine Fehler wiedergutzumachen. Kann ich aber nicht. Die Zeit ... und so.

Was für eine Verantwortung aber auch, dieses Kinderkriegen! Die kleinen, hilflosen Wesen werden aus ihrer Heimat, der Geborgenheit der Fruchtblase, vertrieben und in eine Welt hinausgepresst, die ihnen vollkommen unbekannt ist.

Wenn der Tod das ausländischste Ausland ist, dann ist der Säugling der Urausländer schlechthin. Er ist ja nicht nur vollkommen fremd, mit den Gesetzmäßigkeiten, Gepflogenheiten,

Sitten und Regeln der Erdenbürger unvertraut, sondern nicht mal richtig fertig gebaut. Er zuckt noch unkontrolliert herum und ohne die Zuwendung der einstigen Urausländer und heutigen Vollintegrierten, der Erwachsenen, könnte er nicht überleben. Und wie die grausamen Experimente des Stauferkönigs Friedrich II. belegen[25], braucht er neben der körperlichen Zuwendung auch die emotionale, sonst stirbt der liebebedürftige kleine Frosch.

Und wenn man ihn nun ganz doll liebt? Hindert einen ja doch nicht daran, Fehler zu machen.

Wie auch immer, ich kriege es nicht in meinen Kopf: Diese junge Frau, die eineinhalb Köpfe größer ist als ich, ein von mir unabhängiges Leben führt, war mal in mir. Und für einen Moment würde ich sie am liebsten wieder schrumpfen. Da das nicht geht, schließe ich die Augen und versuche mich zu erinnern. Und dann spüre ich ihn wieder, den kleinen, molligen Körper dieses Kindes, das Nacht für Nacht in meinen Armen einschlief. Ich kann sie sogar riechen. Der unschuldigste, schönste und vertrauteste Duft der Welt. Selbst ihr Schnarchen vermisse ich. Sie hörte sich an wie ein Sägewerk auf Hochtouren.

Bevor ich weiter in Erinnerungen schwelgen kann, landet irgendetwas auf meinem Kopf. Ich mache die Augen auf und sehe, es ist eine Bluse. Dann folgt ein T-Shirt, ein Kleid, Rock, Hose, Strümpfe ... Lea probiert unterschiedliche Outfits aus, was ihr nicht zusagt, wird im hohen Bogen durch die Luft geschmissen. Bis sie sich entschieden hat, bin ich eingegraben in einem Haufen von Kleidungsstücken, vermutlich dem gesamten Inhalt ihres Kleiderschrankes. Sie merkt es nicht mal.

Leas Unordnung. Sie macht mich wahnsinnig. Ich will sie schon maßregeln, dann lasse ich es sein. Sie ist ja erwachsen, rede ich mir selbst gut zu. Und das hier ist ihre Wohnung, nicht meine. Da habe ich nichts zu sagen. Jaaa, ich weiß! Fällt mir trotzdem schwer. Warum? Weil ich auch unordentlich bin. Ähnlich wie sie. Ich will meine eigenen Schwächen nicht unbedingt in meinem Kind widergespiegelt sehen, ist doch klar. Das war früher noch viel schlimmer. Da wollte ich partout, dass meine Tochter ganz anders wird als ich. Das wurde sie auch, aber auf andere Art anders, als ich es mir vorgestellt hatte. Nämlich aufsässig. Damit brachte sie mich an meine Grenzen. Gott sei Dank.

Viele Jahre meines Mutterdaseins war ich überfordert. Andere Mütter hingegen schienen perfekt. Sie engagierten sich im Elternverein, nähten Kostüme für Theaterabende, backten Kuchen, organisierten Flohmärkte und vieles mehr. Ohne die leiseste Anstrengung und mit dem größten Vergnügen. So kam es mir vor. Ich kann weder backen noch nähen, habe eine angeborene Abneigung gegen Vereine – und Flohmärkte waren auch nie so mein Ding. Zudem wussten die Vorzeigemütter auch, welche Bücher altersgerecht, welche Fernsehsendung pädagogisch richtig, welche Sportart und welche Einschlafmusik für ihr Kind förderlich waren. In allem waren sie sich so sicher. Ich nicht. In der Hierarchie der Supermütter besetzte ich den untersten Platz.

Ich wollte es aber auch richtig machen, orientierte mich daher an den Mutterprofis, erzog nach Anleitung der Elternratgeber, erwartete ein perfektes Kind und bekam ein Problem: Je mehr ich mich in eine perfekte Mutterrolle presste, desto mehr weigerte sich Lea, ein artiges Kind zu sein. Wie ein hochempfindlicher Seismograf schlug sie aus, wenn ich nicht authentisch war. Also oft und meist im roten Bereich.

Und so bekam ich in regelmäßigen Abständen Anrufe, Warnungen und Vorladungen von Leas Schule. Andere Eltern beklagten sich über mein Kind. Immerhin war sie für einen beträchtlichen Teil der Missetaten an der Schule verantwortlich. Und ich für mein schlimmes Kind.

Sie brachte sich in Schwierigkeiten und versetzte mich in Sorge. Ich wollte nicht, dass sie angefeindet und verletzt, vor allem nicht, dass sie zur Außenseiterin wurde. Dabei übersah ich eine Kleinigkeit: Mein Kind hatte nicht die geringste Begabung zum Außenseitertum. Was den anderen Eltern nämlich den Angstschweiß auf die Stirn trieb, war Leas Einfluss auf ihre Kinder. Die wollten gern mit ihr befreundet sein, buhlten um ihre Gunst. Sie imponierte ihnen. Den Braven mitunter am meisten. Je mehr Lea imponierte, desto aufmüpfiger wurde sie auch.

Welche Ironie des Schicksals. Ausgerechnet ich hatte also ein subversives Element auf die Welt gebracht. Meinen Gegenentwurf, keinen Außenseiter, dafür einen Rebellen.

Hatte ich ein Leben lang erfolgreich vermieden, unangenehm aufzufallen, besorgte das nun Lea für mich, indem sie auffiel. Und ich konnte nicht mal davonlaufen. War ja mein Kind. Also musste ich dringend etwas verändern: Lea. Die war aber resistent.

So entschied ich mich, professionelle Hilfe in Anspruch zu nehmen. Immerhin konnte ich Lea einige Male dazu bewegen mitzugehen, einmal sogar, sich über ein paar Tage einer therapeutischen Gruppe von »schwirigen« Kindern anzuschließen. Das Resultat war immer das gleiche: Die Psychologen bestätigten meinem Kind ein für ihr Alter absolut untypisches Empathievermögen. Sie schaffte sogar, was den Therapeuten selbst nicht gelungen war: Einen Jungen, der sich nicht waschen wollte, brachte sie dazu, unter die Dusche zu gehen. Freiwillig, ohne Gewaltanwendung. Nicht nur einmal, ab dem Zeitpunkt tagtäglich. Sein Umfeld dankte es ihr.

Das war Lea: Dem einen brachte sie einfühlsam das Einmaleins der Körperhygiene bei, andere wiederum trieb sie zur Weißglut. Ihre Lehrer, die Therapeuten und mich.

Eines Tages hatte sie mich dann so weit. Ich kapitulierte und entschied, ihre Erziehung in professionelle Hände zu übergeben. Lea war einverstanden. Und so landete sie mit 14 Jahren auf einem Internat in Schottland, wo seinerseits schon Prinz Charles Schüler gewesen war. Wenn die dort mein Kind nicht zur Besinnung bringen konnten, dann konnte es auch der liebe Gott nicht, war ich überzeugt.

In den ersten Wochen bekam ich tagtäglich Nachrichten von ihr. In Form von SMS und Mails. Angefangen bei »Die spinnen, die Briten! Hol mich hier raus!« über »Lea nach Hause« bis zu »Bitte, Mama, ich halte es hier nicht mehr aus!«.

Sie müsse durchhalten, schrieb ich dann knapp und bündig zurück. Es sei nur zu ihrem eigenen Besten. Eines Tages würde auch sie das begreifen. Dann brach ich regelmäßig in Tränen aus. Denn so abgebrüht ich tat, so sehr zweifelte ich. Meine Tochter hatte eine Heimat gehabt, im Gegensatz zu mir. Das war Wien. Und ich hatte sie ihr genommen. Einmal, als ich mit ihr nach Berlin gezogen war – ich glaube, das waren die schlimmsten drei Jahre ihres Lebens –, ein weiteres Mal, als ich sie nach Schottland schickte. Ich hatte sie zur Fremden gemacht, schlimmer noch: sie unter Fremden allein gelassen. Und so befürchtete ich, würde Lea auch Prinz Charles' Schicksal erleiden. Nein, nicht zur ewigen Thronfolgerin Englands mutieren, sondern gemobbt werden. Denn das wurde der arme Prinz während seiner Zeit auf diesem Internat. Habe ich erst später erfahren. Unter anderem mit Schuhen beworfen. Einer dieser Schuhe ist in einem der Unterrichtsräume der Schule sogar ausgestellt. Britischer Humor: schwarz eben.

Und wieder lag ich nächtelang wach im Bett, nicht weil das Kind neben mir, sondern weil es so weit weg von mir schnarchte. Einige Male war ich knapp davor, in den nächsten Flieger zu steigen und sie wieder zu holen, immer konnte ich mich gerade noch zurückhalten. Das Internat war richtig, redete ich mir dann gut zu. Dort bekam Lea eine klare Struktur und Grenzen gesetzt. Die konnte ich ihr nicht geben. Und die Distanz tat uns gut. Wir konnten Kraft tanken und wer weiß, hoffte ich damals: vielleicht würden wir uns dann eines Tages neu begegnen, jenseits von alten, eingefahrenen Mustern.

Aber bekanntermaßen nimmt man sich ja mit, egal wohin man geht. Mitsamt der Muster. Und so dauerte es nicht lange, und wieder wanderte Lea auf der Beliebtheitsskala nach oben. Was Prinz Charles nicht gelungen war, erreichte meine Tochter mit Leichtigkeit: Ihre Kommilitonen bewarfen sie nicht mit Schuhen, sondern buhlten wieder einmal um ihre Gunst. Gleichzeitig begann ich erneut Mails und eingeschriebene Briefe zu erhalten, diesmal von der Schulleitung in Schottland. »Es tut uns leid, Ihnen mitteilen zu müssen, dass Ihre Tochter ... One-Pence-Stücke mit Superkleber auf den Boden ihres Zimmers geklebt ... die Gesangsbücher im Kompost vergraben ... gemeinsam mit ein paar Jungs den Weihnachtsbaum verschleppt ... betrunken zum Unterricht ... das Fahrrad einer Lehrkraft im Gebüsch ...«

Die Liste ließe sich noch weiter führen. Lea war wieder zu Kräften gekommen. Oder wie es ein Freund von ihr mal bezeichnet hatte: Die alten Künste kamen wieder.

Anfänglich beantwortete ich die Briefe noch brav: »Mit Bedauern nehme ich zur Kenntnis und bin bestürzt, dass ...«. Irgendwann gab ich es auf. Ich konnte ohnehin nichts daran ändern. Und insgeheim freute ich mich. Ich wollte mich lieber über Lea ärgern, als sie bemitleiden zu müssen.

Einige Male wurde sie vom Unterricht suspendiert, viele Male sanktioniert, aber sie wurde nicht hinausgeschmissen. Das rechne ich der Schule hoch an. Man gab Lea nie das Gefühl, dass sie falsch war – nur das, was sie tat, war nicht in Ordnung. Verstieß sie gegen die Regeln, musste sie die Konsequenzen dafür tragen. Blödsinn zu machen gehört zur Entwicklung von Jugendlichen dazu, davon gingen die Lehrer an dieser Schule aus. Und sie verstanden es als Teil ihrer Aufgabe, den Blödsinn zu ahnden. So hatte alles seine Ordnung. Der Direktor der Schule, ein englischer Gentleman mit rosa Winnie-Puuh-Socken, erwies sich als großer Pädagoge. Vielleicht war er auch nur ein weiser, alter, liebender Mann. Der Fisch stinkt vom Kopf, sagt man – in diesem Fall duftete er.

Während Lea gegen strenge britische Regeln verstieß, hing ich in Berlin in den Seilen. Ich war k.o. geschlagen als Mutter. Und da ich nun nichts mehr zu verlieren hatte, konnte ich auch ehrlich sein – zu mir selbst. Und so kam es, dass mir langsam ein Licht aufging: Ich hatte meine eigenen Ängste auf Lea projiziert und versucht ihr meine Überlebensstrategie an die Hand zu geben: Anpassung. Meine Tochter war aber nicht meine Reinkarnation. Sie hatte ihre persönlichen Ängste, Probleme und Überlebensstrategien.

Je mehr ich mich bemüht hatte, mein Kind passgerecht zu machen, desto mehr hatte ich ihr signalisiert: So wie du bist, bist du nicht richtig. Worunter ich selbst ein Leben lang gelitten hatte, unbewusst hatte ich es weitergegeben an sie. Weil ich wie Jimmis Mutter war – oder wie meine Fitnesstrainerin. Ich hatte auch ein Konzept im Kopf: wie Mütter und Töchter zu sein haben.

Wenn ich aber hinsah, Lea tatsächlich ansah, ohne den Drang, sie verändern zu wollen, dann konnte ich sie wahrnehmen. Als ein junges Mädchen mit großartigem Humor, eigenständigen Gedanken, das für Schwächere eintrat, ihre Freunde nie verpfiff, sehr sensibel – und verletzt – war, weil ich sie nicht angenommen hatte, wie sie ist. Und noch etwas sah ich: Sie hatte mich nie aufgegeben. Jeder Akt der Rebellion, jeder Schrei, jedes Schimpfwort, jeder ihrer Schläge in meine seelische Magengrube waren ein Zeichen dafür, dass sie um mich kämpfte. Um meinen wahrhaftigen Blick. Unermüdlich, egal wie stur ich auch blieb.

Eltern sind eine höchst eigenartige Spezies. Vielleicht liegt es daran, dass mit den Kindern unsere eigenen Traumata und Sehnsüchte an die Oberfläche treten. Wir gehen erneut zur Schule mit ihnen, sind mit Leistungsdruck, Noten und Lehrern konfrontiert. Und dann können unsere Kinder fatalerweise zu unseren Hoffnungsträgern werden, oft ohne dass wir es merken. Was wir nicht erreicht haben, könnten sie ja schaffen. Und mit jedem Sieg und mit jeder Auszeichnung unserer Kinder haben auch wir Eltern es geschafft. Glauben wir.

Deswegen können Eltern oft so erbarmungslos sein. Spielplätze beispielsweise waren oft Kampfplätze für mich. Die Rivalität zwischen den Erwachsenen wird dort besonders gern über die Bande – die Kinder – gespielt. Die Sprösslinge werden durch reale und imaginäre Zielgeraden geschoben, gezogen oder getragen. Und da das Kind ja später allein bestehen muss, werden schon mal die kindlichen Ellbogen angespitzt, damit sich das Kleine bei Bedarf auch selbst als Waffe einsetzen kann.

Alles nichts gegen die alljährlich wiederkehrenden Kindergeburtstagsfeiern. Vor keiner Premiere am Theater war ich so nervös wie vor dem Einfall der Heerscharen an Kindern, die an diesem Tag meine Wohnung bevölkerten. Denn ich befürchtete: Vermasselte ich dieses wichtige Ereignis, hatte meine Tochter noch wochenlang daran zu tragen, so beliebt konnte sie gar nicht sein. Und die Konkurrenz der backenden, nähenden und alle Kinderspiele aus dem FF beherrschenden Supermütter war hart. Denen konnte ich nur ein Essen vom Cateringservice und einen extra für den Tag gebuchten Animateur entgegensetzen. Trotzdem noch schweißüberströmt und mit zitternden Knien. Hatte ich den Tag erfolgreich in meinem Kalender abgehakt, kam ich mir vor wie nach einer geglückten Himalajabesteigung.

Davon war ich befreit, nachdem meine Tochter auf dem Internat war. Kein Konkurrenzkampf mehr mit anderen Eltern. Kam ich nun dennoch mit Müttern ins Gespräch, seien es Kolleginnen, Frauen im Supermarkt oder meine Augenärztin, konnte ich getrost die Spielregeln brechen, die vorschrieben, mit den Trümpfen seines Kindes hausieren zu gehen und die Niederlagen unter den Teppich zu kehren. Ich hörte mir die Sprösslingshymnen in aller Ruhe an und schilderte daraufhin meine mütterliche Bruchlandung mit allen dazugehörigen Details. Ich wollte mein Kind nicht über den Klee loben, sondern zu ihr stehen, so wie sie war – denn wie sie war, war sie richtig. Die Reaktionen waren fast immer gleich, in folgender Reihenfolge: 1.) Irritation bis Entsetzen – 2.) ungläubiges Staunen, noch mit etwas Misstrauen gepaart (die führt doch was im Schilde?! Wie kann man bloß so ehrlich sein?) – 3.) o.k., dann bin ich es auch, ehrlich.

Und zu meiner Überraschung zerbröckelten die perfekten Mutterfassaden oft vor meinen Augen, bis nur noch nacktes, von der Mühsal der Kinderaufzucht gerupftes Mutterfleisch zu sehen war. Und sie begannen zu erzählen, freimütig und ungebremst: Wie sehr sie sich selbst aufgegeben hatten und nur noch für ihre Kinder lebten. Welch große Angst sie hatten zu versagen. Von ihren Unzulänglichkeiten, ihren Sehnsüchten und ihrer Erschöpfung. Und sie waren dankbar, dass sie es endlich durften, ohne verurteilt zu werden. Und ich war auch dankbar, denn ich sah, ich war nicht allein.

Damals hatte ich etwas Wesentliches begriffen: Wollte ich Frieden mit meiner Tochter finden, musste ich erst mal Frieden schließen mit mir selbst.

Und so fand ich meine mütterliche Selbstsicherheit, wo ich sie nie vermutet hätte: in meiner mütterlichen Unzulänglichkeit. Oder besser gesagt, indem ich zu ihr stand, denn so stand ich zu mir, wie ich eben war. Und es kristallisierte sich heraus, Lea war nicht nur mein Gegenentwurf, sie war auch mein Gegengewicht. Je weniger ich mich in ein »richtiges« Mutterkonzept presste, desto weniger rebellisch war mein Kind.

Kein Internat der Welt hätte in Ordnung bringen können, was ich vermasselt hatte. Das konnte nur ich. Und dennoch half es. Es gab uns Zeit und Raum für Veränderung. Der Tag kam, an dem auch Lea das bestätigte.

»Danke, Mama, dass du mich nach Schottland geschickt hast«, sagte sie an ihrem 16. Geburtstag zu mir. »Es war die richtige Entscheidung.« Mein Herz machte einen Hochsprung, drehte eine Pirouette, landete sanft wieder an seinem Platz und grinste noch viele Tage glücklich vor sich hin. Meine Tochter hatte mir damit ihre Absolution gegeben.

Heute haben wir eine entspannte und innige Beziehung, Lea und ich. Wir lachen viel. Vor allem über mich. Und dennoch, meine Unsicherheit ist offensichtlich nicht verschwunden: Gerät mein inneres Gleichgewicht ins Schwanken, tritt sie sofort wieder zutage.

Wer weiß, was meine Tochter ein Leben lang an meinen Fehlern zu tragen hat, frage ich mich. Der Gedanke macht mich ganz traurig. Und wieder fühle ich, dass ich sie brauche. Ihre Absolution.

»Weißt du eigentlich, wie lieb ich dich habe?«, frage ich sie, als sie in Mantel und Mütze vor mir steht.

»Bis zum Mond und wieder zurück, Mama«[26], kommt prompt die Antwort, während sie die Tür aufmacht und mir bedeutet, vorzugehen.

»Jetzt sei mal ernst, Lea. Ich meine ...«
»Du hast sie!« Lea sperrt ab. »Eindeutig!«
»Was?«, frage ich.
»Die Midlifecrisis!«
»Quatsch, ich bin nur betrunken!«
»Das auch!«
»Was bitteschön weißt du schon von ...«
»Ich weiß viel von dir, Mama. Immerhin habe ich dich schon mal von innen gesehen!«

<hr />

Vertieft in unser Gespräch über Innen- und Außenansichten von Müttern und Töchtern sind wir vor dem »Café Bartuschek« gelandet. Als ich aufblicke, legt sich ein Lächeln auf meine Lippen.

»Woher kennst du ...?«, frage ich Lea verwundert und zeige auf das Kaffeehaus.

»Wir treffen uns manchmal hier«, antwortet sie unbeeindruckt und zuckt mit den Schultern.

Mein ehemaliges Schulschwänz-Café ist heute Treffpunkt meiner Tochter mit ihren Freunden. Hab ich's nicht gesagt? Karmisches Mutter-Tochter-Band!

»Willst du nicht ›Hallo‹ sagen?«, fragt Lea und deutet nach innen.

»Ich? Nein!«, wehre ich ab.

»Sind alle da: Sarah, Matias und Dunja«, insistiert sie weiter.

Leas zweite Familie. Dunja kennt sie seit der Kindergartenzeit, Sarah und Matias seit dem Gymnasium, alle vier sind durch dick und dünn miteinander gegangen. Über all die Jahre und trotz vieler räumlicher Trennungen.

»Du brauchst Gesellschaft, Mama!«, sagt Lea.

»Kurz«, fügt sie dann noch deutlich hinzu, »und keinen Alkohol!«, warnt sie mich noch, nimmt mich bei der Hand und zieht mich hinein. Ich leiste überwindbaren Widerstand.

Ich gehöre nicht zu den Müttern, die mit den Freunden des Kindes abhängen. Ich muss nicht ewig jung bleiben. Aber das Café Bartuschek war mal mein Revier. Und offensichtlich ist es ein Klassiker. Liegt vielleicht an Frau Bartuschek. Die hat immer schon die Generationen verbunden. Und tut es anscheinend heute noch, als guter Geist.

Wir betreten das Lokal und wieder fühle ich mich wie auf einer Zeitreise in meine Vergangenheit. Vergilbte, alte Tapeten an den Wänden, abgewetzte, rotsamtene Sitze, ein alter Ofen, überall Fotos von der einstigen und heutigen österreichischen Prominenz, alles etwas vergammelt – und ganz schrecklich gemütlich.

Sarah und Dunja haben uns schon entdeckt und winken uns zu. Gott, wie erwachsen die aussehen. Wie lange habe ich sie nicht gesehen? Ein Jahr mindestens.

Was für eine bunte Runde. Dunja, indische Kampfveganerin, Sarah, Intellektuelle aus Wien-Floridsdorf, mit einer überdimensionalen Brille und etwas matronig. Matias, zwei Meter großer Finne mit blondem Wuschelkopf. Bei ihm weiß ich nie, ob er dauerbekifft oder einfach nur dauerlieb ist. Und wenn, hat das Kiffen seinen Gehirnzellen nicht geschadet: Er ist Stipendiat an einer englischen Elite-Uni und studiert Wirtschaft – mit Bestnoten. Alle sind zwischen 19 und 21.

Sie begrüßen Lea mit Küsschen, mich mit überraschten Blicken. Dann werden ein paar Höflichkeitsfloskeln mit mir ausgetauscht. Auf Deutsch. Miteinander reden sie Deutsch und Englisch. Manchmal in einem Satz. Beherrschen beide Sprachen perfekt, waren ja alle auf internationalen Schulen. Was für ein Glück! Die Zweisprachigkeit, meine ich. Verzögert sogar den Ausbruch von Alzheimer, behauptet der Neurowissenschaftler Manfred Spitzer.[27] Vielleicht sollte ich auch mal meine Englischkenntnisse auffrischen? Nur für den Fall ...

Wir waren leider nicht so international, meine Freunde und ich. Lauter Wiener und eine Ausländerin: ich. Aber im letzten Schuljahr, als wir unsere Tage immer häufiger bei Frau Bartuschek verbrachten, statt in die Schule zu gehen, spielte die Nationalität ohnehin keine Rolle mehr. Wir waren mit einem ganz anderen Problem beschäftigt: dem Leben.

Manchmal saßen wir den halben Tag bei einem kleinen Braunen da, rauchten Kette und lamentierten über die Sinnlosigkeit unseres Daseins. Wir kamen uns sehr tiefgründig vor, in Wahrheit waren wir nur selbstmitleidig. Das wussten wir aber nicht. Vielleicht, weil Frau Bartuschek uns so ernst nahm. Zumindest gab sie uns das Gefühl.

Wenn nicht viel los war, setzte sie sich an unseren Tisch, im Arbeitsmantel, die grauen Haare zu einem lockeren Knoten gebunden, und hörte uns zu. Dann erzählten wir von unseren doofen Eltern, die uns nicht verstanden, den noch dooferen Lehrern, die uns quälten, dem Leistungsdruck, dem wir uns ausgeliefert fühlten, den Politikern, die unsere Zukunft zerstörten – und unseren Herzen, die die einzige wahre, nie wiederkehrende große Liebe gebrochen hatte.

Nachdem wir uns alle ausgeweint hatten, stützte sich Frau Bartuschek am Tisch ab, hievte unter leisem Stöhnen ihre alten Knochen hoch, strich dem ihr am nächsten Sitzenden über die Haare und sagte: »Ihr habtsas ned leicht, gell, ihr jungen Leit«*, und ging. Wir nickten bedeutend. Endlich verstand uns jemand. Dann drehte sich Frau Bartuschek auf halbem Weg wieder zu uns um und fragte: »Brauchts no was?«

Unisono schüttelten wir die Köpfe: Wir hatten kein Geld. »Miassts eh ned«**, antwortete sie darauf immer und verschwand hinter ihrer Theke. Und oft standen wir nach einer Weile auf und gingen dann doch in die Schule. Was war geschehen? Frau Bartuschek hatte uns Raum, Zeit und ihre Aufmerksamkeit geschenkt, mehr nicht. Das allein kann oft Wunder bewirken.

Heute fragt eine junge Frau, nicht im Arbeitsmantel, sondern in Jeans und weißer Bluse, nach unserer Bestellung. Die Jugend ordert Alkohol, ich einen Topfenstrudel und heiße Schokolade. Aus nostalgischen Gründen: Schon damals hatte ich mir immer am Anfang des Monats, als der Geldbeutel noch voll war, genau diese Kombination geleistet. Gegen Ende des Monats war es besagter kleiner Brauner, wenn es ganz schlimm kam, auch nur ein Glas Leitungswasser.

Meine Erinnerungen machen mich ganz sentimental. Bevor ich wieder einmal feuchte Augen bekomme, hole ich mich schnell wieder in die Realität zurück, blicke zu Lea und ihren Freunden – und werde wieder sentimental. Die jungen Leute, sind die nicht genauso wie wir damals? Der Lebenskreislauf dreht und dreht sich, alles kommt wieder, alles wiederholt sich... Ich setze meinem gerührten Lächeln noch ein seeliges Mutternicken hinzu, um bald darauf mein Lächeln wieder herunterzuklappen: Nein, die sind sowas von anders,

---

* Ihr habt es nicht leicht, ihr jungen Leute.
** Ihr müsst sowieso nicht.

als wir es waren, stelle ich konsterniert fest. Jeder von ihnen hat inzwischen sein Smartphone ausgepackt und touchscreent darauf herum, dass die Finger beinahe rauchen. Haben die einen Vogel? Treffen sich in meinem Café Bartuschek und gucken sinnentleert in ihre Handys! Wir mögen zwar selbstmitleidig gewesen sein, aber immerhin haben wir uns untereinander ausgetauscht, Konversation betrieben. Ich schüttle schulmeisterhaft den Kopf.

Da gluckst Dunja wie aufs Stichwort laut auf, wendet sich Lea zu und zeigt ihr etwas auf ihrem Smartphone. »Waaaaaaaaahnsinn!«, flötet daraufhin Lea. »Ich will auch!«, quengelt die neugierig gewordene Sarah und versucht über den Tisch einen Blick auf Dunjas Handy zu erhaschen. Lea zeigt es ihr kurz, beide prusten los, daraufhin nimmt Sarah ihr Handy und tippt darauf ein. »Geh mal schnell auf ...«, gibt sie Matias Anweisung. Der tut wie ihm befohlen, tippt und lächelt sein Display an. »Leit mir mal ... ich schick dir gleich ... ich poste das ... google mal ... lad herunter ...«

Ach so, beginne ich zu verstehen, die Jugend kommuniziert doch, einfach nur anders als wir.

Ich will auch mitmachen, fische mein iPhone heraus und frage: »Wie heißt die Website noch mal?«, vertippe mich zehnmal – und ehe ich die richtige Adresse eingegeben habe, sind die schon zehn Seiten weiter, bei einem ganz anderen Thema angelangt. Um mitzumischen, muss man erst mal mitkommen, nehme ich zur Kenntnis und packe mein iPhone wieder ein.

Schon wieder hinke ich hintennach und komme mir vor wie ein Analphabet. Der rasende Fortschritt der Technologie bewirkt auch einen rasend wachsenden Unterschied zwischen mir und – den anderen. Der heutigen Computergesellschaft. Ich habe das Gefühl, ich verliere den Anschluss. An die Erfordernisse der Zeit, an die Jugend, auch an meine Tochter. Ich verstehe sie manchmal nicht.

»Sry make i asap bb+hf« zum Beispiel. Der Text einer SMS, die ich mal von Lea bekommen habe. Und ein ganzer Satz. Hätten Sie es erkannt?* Ich nicht. »Sry verwählt!«, kam gleich im Anschluss die nächste Nachricht. »Sry??? ich verstehe nur Bahnhof!«, schrieb ich zurück. Die SMS, stellte sich heraus, war für eine Freundin gedacht gewesen, nicht für mich.

Dass Briefeschreiben für die Jugend ein Relikt aus der Antike ist – hinlänglich bekannt. Aber warum um alles in der Welt schreiben sie nicht mehr ganze Worte, geschweige denn Satzzeichen? Wie sollen Menschen mit diesem Sprachgefühl jemals Shakespeare verstehen? Oder muss man den heutzutage auch frei in Netzjargon übersetzen?: 2b o n 2b FAQ.**

Warum verkürzt man Worte eigentlich? Spart man sich wirklich so viel Zeit damit? Und wenn, was macht man dann mit der geschenkten Zeit? Löcher in die Luft starren, ein Gespräch mit seinem Vorderzahn führen, unterirdische Maulwurfgänge suchen oder die Nasenhaare flechten? All das wichtige Zeug, das liegen bleibt, weil man ja Nützliches zu tun hat? Die Jugend sitzt weiterhin vor dem Computer, mit oder ohne verkürzte Worte. Und wir Alten sind gestresst. Je schneller unsere Kommunikation, unsere Computer, unsere Autos, unsere Flugverbindungen werden, desto weniger Zeit haben wir. Man hat sie uns nämlich nicht geschenkt, man hat sie uns genommen. Weil wir in der gleichen Zeit einfach nur mehr erledigen müssen.

Früher dauerte alles viel länger: An Informationen heranzukommen war oft mühsam und vieles musste oder wollte

---

* »Sorry, mach ich, as soon as possible, bis bald und have fun.«
** to be or not to be. Frequently asked question.

man sich dann auch tatsächlich merken. Heute? Eine Frage von Sekunden. Es wird einfach gegoogelt, und wenn gegoogelt wird, bekommt das Hirn das Signal »Muss ich mir nicht merken«. Je mehr geistige Arbeit wir aber auslagern, desto weniger leistet unser Hirn. Es erleidet das Schicksal eines erschlafften Muskels. Es schrumpft. Zu viel Zeit vor dem Computer und dem Smartphone lasse uns verblöden, so die These von Manfred Spitzer[28], vor allem die jungen Leute. Dann nutzt die Zweisprachigkeit auch nichts, wenn die digitale Demenz sie bereits in der Blüte ihrer Jugend ereilt.

Das Hirn verkleinert sich – der Daumenmuskel wächst. Bei Jugendlichen mit exzessivem SMS-Schreibverhalten. Hat man mir erzählt. Aber was fängt man nun mit überproportional gewachsenen Daumen bei den neuen Touchscreenhandys an? Eindeutig zu schnell mutiert. Jetzt gilt es die Zeigefinger zu verdünnen, damit man sich auf den Smartphones nicht mehr vertippt.

»Sarah, wie läuft's im Studium?«, frage ich, in der Hoffnung, die kleine Runde in ein Gespräch zu verwickeln und sie so vor ihrem Schicksal als Schrumpfköpfe zu retten. Sarah blickt von ihrem Handy auf, sagt »Gut!«, wartet höflichkeitshalber eine Sekunde ab und wendet sich wieder ihrem Telekommunikationsgerät zu. Dasselbe wiederholt sich mit Dunja. Bei Matias verläuft das Gespräch ganz anders. Der lächelt nur, dafür wartet er eine Sekunde länger als die Mädchen, bevor er mir seine Aufmerksamkeit wieder entzieht. Lea frage ich nicht einmal. Ich kenn sie doch. Sie würde nicht einmal aufblicken. Und ein Satz von ihr hätte die gefühlte Länge von Tolstois Krieg und Frieden. Nicht weil sie so lange spricht, sondern weil sie so viele Pausen einlegt. Multitasking? Funktioniert hier nun wohl nicht. Man kann sich nur auf eine Sache konzentrieren, auf das Handy oder auf die Mutter. Wofür sich Lea entscheidet, ist klar.

Bevor ich weiter in Gedanken über die Jugend von heute herziehen kann, stellt mir die Kellnerin einen warmen Topfenstrudel vor die Nase. Vergessen ist mein Kind, vergessen ihre Freunde, vergessen das ganze Kaffeehaus. Langsam erlege ich ein mundgerechtes Stück von dieser Köstlichkeit, lege es auf meine Zunge wie auf einen Altar, schließe die Augen und stoße einen tiefen Seufzer aus. Das Leben kann so einfach sein. Ein Bissen von meiner Lieblingsmehlspeise und ich bin glücklich.

Die Süße überflutet meine Geschmacksnerven und ich leiste im Stillen Abbitte. Meine Wiener Wurzeln. Und ich habe sie doch. Keine dünnen Fäden, richtig dicke Seile. Ich bin hier aufgewachsen, mit der Kaffeehaushauskultur, der Wiener Küche, dem Schmäh und dem Grant. Wien hat mich geprägt, ist mir vertraut und ein Teil von mir. Ich höre ihn so gern, den Wiener Dialekt, und ich erlebe sie so gern, diese wunderschöne Stadt. Nicht nur den Fellners bin ich hier begegnet, sondern auch den Bartuscheks und anderen großartigen Menschen. Meine ältesten Freunde sind Wiener und Wienerinnen. Kathi, Hannes, Brigitte ... Mit ihnen habe ich unvergessliche Stunden verbracht, habe Nächte durchgelacht und ich weiß: Wann immer ich sie brauche, ich kann auf sie zählen. Auch das ist Wien. Das vergesse ich leider zu oft.

Damit bestrafe ich nicht diese Stadt, ich bestrafe nur mich. Ich werde mich bessern, gelobe ich mir, befördere ein weiteres Stück Strudel in mich hinein und höre in meinem Rücken jemanden laut »Lea« rufen.

Alle vier blicken von ihren Handys auf, schauen in Richtung Tür und strahlen. Mehr als zwei Sekunden. Den möchte ich jetzt sehen, der ihre Aufmerksamkeit so gewinnen kann.

Wahrscheinlich ein Roboter. Ich drehe mich um und erblicke ... da haben wir es wieder! ... Wie sagt man da noch ...? Ach, wurscht! Ich sag's einfach: einen braunen Mann. Sehr attraktiv.

Matias, Dunja und Sarah stehen auf und begrüßen ihn überschwänglich, Lea bleibt sitzen. Der junge Mann drängt sich zu ihr, sie lächelt ihn an, er lächelt breit zurück, umarmt sie – etwas zu lang, wie ich finde –, er will sich gerade setzen, da fällt sein Blick auf mich.

»My Mom«, stellt mich Lea vor.

»Peter Davis. Nice to meet you«, spricht der junge Mann im allerschönsten britischen Akzent und gibt mir die Hand. Wir führen ein wenig Small Talk. Wie schön, es spricht jemand mit mir! Ich erfahre, dass er ein Jahr in Wien verbringt, um seine Deutschkenntnisse zu verbessern.

Dann lehnt er sich zurück, seufzt tief aus, schüttelt den Kopf, zeigt auf seine zitternden Hände und erzählt, dass er gerade etwas ganz Schlimmes erlebt hätte.

Wir sind ganz Ohr. Er ist noch zu aufgewühlt, um zu reden. Nachdem er einen ordentlichen Schluck von Leas Wein genommen hat, beginnt er dann doch zu berichten. Von Christian, seinem Mitbewohner. Der hat vorhin in der Küche ihrer WG betrunken randaliert, ist dann zusammengebrochen und hat unentwegt »Ich will nicht mehr leben!« geschrien. Anlass für diesen Ausbruch: Christian hatte Sex. Zum ersten Mal. Ein Grund zur Freude, sollte man meinen. Nicht für ihn. Er kommt aus erzkatholischem Haus und hatte mit einem Jungen geschlafen. Wieder einer, dessen Seele zerreißt, weil er nicht dem Konzept seiner Eltern entspricht, denke ich.

»One of my friends is now with him«, schließt Peter seine Geschichte ab. Lea bietet ihm noch mal ihr Glas Wein an, er trinkt es auf einen Zug aus. Wir sitzen alle etwas betreten da. Was macht man in so einer Situation? Müsste ich nicht ein erwachsen-intelligentes Statement abgeben, als Älteste am Tisch? Ich setze an zu einer Beleuchtung des Themas Anderssein »im Spiegel der gesellschaftlichen Umbrüche unseres Jahrhunderts und der unterschwelligen Veränderungen der...« und stelle fest: Keiner hört zu. Die sind ganz woanders. Bei ihren Smartphones. Wo sonst? Sie suchen im Internet nach Schwulenforen, Selbsthilfegruppen, psychologischer Unterstützung, stoßen auf diverse Schwulenbewegungen, schicken ein paar Mails ab und innerhalb kurzer Zeit haben sie eine Menge Informationen gesammelt, mit denen sie beginnen, konkrete Strategien zu Christians Unterstützung zu entwickeln.

Prä-dement und dennoch ziemlich funktionstüchtig. Die tun was. Mit den ihnen zur Verfügung stehenden Möglichkeiten. Und sie diskutieren. Leidenschaftlich.

Angefangen bei dem Thema »Homosexualität und Kirche«, weiter über »Sein, Schein und Wahrhaftigkeit von Religionen im Allgemeinen«, bis hin zu anderen marginalen Themen unserer Zeit.

»Man muss im Kindergarten anfangen«, stellt Lea in den Raum, »von klein auf muss man lernen, das Andersartige zu respektieren...«

»Respekt und Achtung vor allem Lebendigen«, fordert nun Dunja ein, »auch vor Tieren und Pflanzen.«

»Das Geld trennt uns«, mischt sich Matias' Stimme leise dazwischen.

Wir hätten kein Solidaritätsgefühl mehr... Man müsse die innere Einstellung ändern, trägt Sarah, die Psychologiestudentin, zur Diskussion bei... und im Nu sind alle Weltprobleme gelöst. Nur Quantenprobleme, die haben sie mir zu wenig beleuchtet.

Unsere Jugend sei unerträglich, unverantwortlich und entsetzlich anzusehen – das sage nicht ich, das soll Aristoteles gesagt haben. So schließt sich der Kreis doch, alles wiederholt sich. Nicht weil die Jugend so ist wie wir, sondern weil wir offensichtlich werden wie alle Alten. Seit den alten Griechen ist das Lamentieren über die Jugend modern.

Ich weiß, warum. Zumindest bei mir. Wenn ich mich ausgeschlossen fühle oder den Anschluss verliere, wenn ich überfordert bin oder mir dumm vorkomme, wenn ich mich als Fremde fühle in der modernen Zeit, dann kralle ich mich an meinen alten Werten fest und finde Gefallen darin, über die Jugend zu nörgeln.

Dabei gibt es so vieles, was mich an den jungen Menschen an diesem Tisch erfreuen kann. Wie unbekümmert sie beispielsweise ihre Meinung äußern. Manchmal ist sie klug, ein andermal naiv. In meinen Augen. Aber das macht nichts, Hauptsache, sie nehmen sich selbst ernst.

Fremdenfeindlichkeit spielt für Lea und ihre Freunde keine Rolle. Hat es nie. Seit dem Kindergarten sind sie an das Nebeneinander von verschiedenen Kulturen gewöhnt. Sie stehen füreinander ein, sie wollen etwas verändern, sie sind hoffnungsfroh. Kann man nur hoffen, dass sie es auch bleiben. Trotz Klimakatastrophe, Wirtschaftskrise, Ressourcenknappheit, hässlicher Daumen... Wenn alles früher so viel besser war, warum haben wir den Jungen so viel Mist hinterlassen, frage ich mich?

Und es gibt sie auch gar nicht: »die Jungen«. Genauso wenig wie es uns »Alte« gibt. Frau Bartuschek hat es uns gezeigt. Sie war der lebende Beweis dafür, dass Alter nicht vor Verständnis und Neugier schützt. Nie gab sie uns das Gefühl, etwas besser zu wissen. Sie wusste nur andere Dinge als wir, aus einer anderen Zeit. Sie war einfach schon länger da, wir noch relativ neu auf der Welt. Deswegen hatte sie etwas, was uns fehlen musste: Lebensweisheit. Wir waren die Jugend, sie die Oma unserer Zeit. Ein ganz natürliches Miteinander. Generationskonflikt? Gab es nicht zwischen Frau Bartuschek und uns. Jeder war an seinem Platz und jeder wurde vom anderen respektiert.

Ich will ihn auch nicht. Den Generationskonflikt. Dafür muss ich nicht zur Berufsjugendlichen mutieren, beruhige ich mich selbst, nur bei mir bleiben und neugierig sein. Auf die Jungen und ihr Anderssein.

Und die Absolution, nach der ich gesucht habe? Wenn ich es recht bedenke, ich brauche sie nicht. Denn würde ich heute sagen, ich habe in Leas Erziehung keine Fehler gemacht, dann hätte ich den größten Fehler gemacht. Nämlich den, meine Fehler nicht zu erkennen. Und so kann ich aus ihnen lernen und in Zukunft keine, o.k.: andere Fehler machen.

Ja, ich habe dazugelernt. Selten, wenn mir die Dinge gelangen. Schon gar nicht, wenn ich glücklich war. Meist aber, wenn ich gegen Wände gefahren bin und mir eine blutige Nase geholt habe. Immer und immer wieder. Als ich sie mir gebrochen hatte, kam mir ein leiser Anflug vom Hauch eines Zweifels, dass ich vielleicht doch den falschen Weg eingeschlagen hatte.

Und trotzdem wünsche ich mir, dass Lea keine Fehler macht, niemals leidet, 24 Stunden am Tag, 365 Tage im Jahr, ihr ganzes Leben lang glücklich ist, nein, mehr noch: als euphorischstes Tochtermysterium seit Menschengedenken in die Weltgeschichte eingeht. Ja! Das will ich.

Ich bin Mutter. Ich muss irrational sein. Halte ich das Unglück meines Kindes aus? Viel weniger noch als meines. Ich liebe meine Tochter. Bis zum Mond und zurück und unendlich mal hin und her. Aber darum geht es ja nicht. Nicht ausschließlich. Es geht um etwas anderes. Etwas viel Schwierigeres. Um das, was Frau Bartuschek so gut konnte. Sie hat uns angenommen. Ohne zu urteilen. Ohne voreiligen Trost. Ohne uns verändern zu wollen. Auch nicht unser Unglück. Das gab uns Raum, uns selbst zu verändern. Und dann sind wir eben aufgestanden und sind doch zur Schule gegangen. Das war die Veränderung, die in dem Moment möglich war. Nicht mehr und nicht weniger.

Meine Tochter ist kraftvoll, selbstsicher und patent, genauso wie sie mitunter schwach, unsicher und verloren ist. Wie fast jeder andere Mensch auch. Ganz normal. Bei allen anderen sehe ich es ein, bei meiner Tochter macht es mir Angst. Vielleicht muss ich einfach lernen, die Angst zu ersetzen. Durch Vertrauen. Wenn schon Daumenmuskeln an ihren Anforderungen wachsen, dann wächst auch meine Tochter an ihren Lebensaufgaben. Und dazu gehöre auch ich. Bin nun mal ihre Mutter. Von der karmischen Elternabgabebehörde ihr zugeteilt worden. Und die werden sich schon was dabei gedacht haben. Denke ich.

Immerhin sieht sie überhaupt nicht mehr aus wie ein Frosch. Haarbüschel hat sie auch keine mehr an den Ohren. Also das Gröbste hätte sie schon geschafft. Und dennoch wird Lea noch gegen einige Wände fahren, wünschenswerterweise weniger oft als ich, sie wird Fehler machen und aus ihnen hoffentlich lernen und vielleicht sogar aus meinen an ihr. Und dann macht sie es besser. Eines Tages. Bei ihren Kindern. Oder anders.

Vielleicht nehme ich mich als Mutter auch einfach zu wichtig. Bin ja nun wirklich nicht die Einzige, von der Leas Wohlergehen abhängt. Im Gegensatz zu mir hat sie auch einen Vater, der für sie da ist, eine Großmutter, zu der sie aufschaut, Tanten und einen Onkel... Vor allem ist sie eingebettet in einen großartigen Freundeskreis. Auf den kann sie sich verlassen. Sie muss sich nicht verbiegen, um dazuzugehören. Sie wird geschätzt und gemocht, so wie sie ist.

Noch etwas hat sie, stelle ich gerade fest. Na hoppla! Einen Verehrer.

Lea und Peter haben sich aus der kleinen Runde ausgeklinkt und sind sehr beschäftigt. Da wird tief in die Augen geguckt, mitunter aufmerksam zugehört, geflüstert, um dann wieder zu scherzen und laut aufzulachen. Zwischendurch werden »unabsichtlich« kleine Berührungen ausgetauscht. Ihre Körpersprache bedarf keinerlei Decodierung: Da sind zwei ziemlich entflammt füreinander.

Ich schmunzle in mich hinein. Anbahnung einer Liebesgeschichte. Normalerweise erzählt mir Lea nur davon, jetzt sitze ich daneben. Weiß nicht, ob ihr das recht ist. Ich weiß nicht mal, ob mir das recht ist.

Ich wende meinen Blick dezent von den Turteltauben ab, kratze die letzten Bröserln meines Topfenstrudels vom Teller und ordere die Rechnung für alle. Die Jugend zieht anschließend noch durch die Clubs. Und ich ins Kino? Nein, ich geh schnurstracks ins Bett. Während ich meinen Mantel anziehe, verschwindet Lea auf die Toilette und Peter rückt nach auf den Platz neben mir.

»Sie sind also Mom von Lea«, sagt er und nimmt mich unter die Lupe.

»Ja«, bestätige ich, weil es da wirklich nicht den geringsten Zweifel gibt.

»Sie hat viel von Ihnen erzählt«, fährt er fort und sieht mich weiterhin prüfend an.

»Ach ja?«, frage ich.

»Oh ja!«, antwortet er in einem Ton, der sowohl Gutes als auch Schlechtes bedeuten kann.

»Und Sie kennen meine Tochter ... woher?«

»Vom Dancing. Ich habe sie gesehen und ...« Er macht eine Handbewegung, die so etwas wie »Zack-Bum-Beng« heißen soll – vermute ich.

»Lea ist etwas Besonderes«, fügt er noch hinzu, falls ich nicht verstanden haben sollte, was er meint.

»Ich weiß«, gebe ich ihm Recht.

»Und sie hat ganz besondere Beziehung zu Ihnen. Sie beide sind BFF, sie hat gesagt.«

»BFF?«, frage ich verwundert zurück. Was mag das wohl sein?

Er bleibt mir die Erklärung schuldig, denn Lea kehrt zurück und drängt sich zwischen uns.

»So Mama, husch, husch! Bettzeit für dich«, sie umarmt mich rasch und schiebt mich Richtung Ausgang. Sie will jetzt allein sein mit ihren Freunden, ich habe hier nichts mehr verloren. Ich verabschiede mich von den anderen und sie lassen mich wissen, dass sie sich wirklich gefreut haben, mich wiederzusehen. Ich will es ihnen glauben.

Als ich an der Theke vorbeigehe, bleibe ich abrupt stehen und drehe mich um. Da steht Frau Bartuschek, im weißen Arbeitsmantel, ihre Haare zu einem lockeren Knoten gebunden, und lächelt mich an. Ich schicke ihr eine Kusshand und langsam beginnt sie zu verblassen, bis sie endgültig verschwunden ist.

Klopf ... Klopf ... Klopf ...

Ich öffne die Augen, schaue auf die Uhr: 4:55 Uhr. Mitten in der Nacht. Wer um alles in der Welt klopft um die Zeit an meine Hotelzimmertür? Wahrscheinlich ein Gast, der sich im

Zimmer geirrt hat, denke ich und versuche weiterzuschlafen. Es klopft wieder. Diesmal lauter. Ich lege mir den Bademantel um, stolpere verschlafen zur Tür, öffne sie einen Spalt und sehe meine Tochter dort stehen. Müde und ziemlich zerzaust. Sie kommt offensichtlich direkt aus einem Club.

»Lea!«, entfährt es mir überrascht.

»Ich hatte Sehnsucht nach dir«, sagt sie, drängt mich beiseite, kommt rein und drückt mir eine Alupackung in die Hand.

»Was ist das?«, frage ich verwundert.

»Topfenstrudel. Vom Café Bartuschek«, sagt sie und verschwindet im Badezimmer.

»Magst du doch so gern«, höre ich sie noch rufen. Gerührt öffne ich die Packung und ein trauriger Topfenbrei blickt mir entgegen. Ich möchte nicht wissen, wo der heute Abend schon überall war. Lea – das Herz am richtigen Fleck und eine Wahnsinns-Chaotin. Ich folge ihr und sehe, wie sie ohne zu fragen meine Zahnbürste benutzt, meine Abschminklotion verschüttet, die Wattepads am Boden verstreut, Zahnpastaspritzer auf dem Spiegel hinterlässt ... innerhalb weniger Minuten ist mein Badezimmer in ein Schlachtfeld verwandelt. Dann fischt sie sich aus meinem Koffer ein Seiden-T-Shirt und zieht es an. Ihre Sachen bleiben genau da liegen, wo sie sie fallen gelassen hat, mitten im Zimmer. Anschließend legt sie sich in mein Bett. Spätestens jetzt habe ich begriffen, sie schläft bei mir.

Ich blicke auf das Chaos um mich und zucke mit den Schultern. So ist sie eben, meine Kleine. Dann verstaue ich den Strudelbrei in der Minibar, bahne mir den Weg durch ihre Kleider, schlüpfe unter die Decke, lege meinen Arm um sie und atme tief ein. Und für einen Moment ist die Zeit doch zurückgedreht. Denn da ist er wieder. Der unschuldigste, schönste und vertrauteste Duft der Welt. Lea legt den Kopf an meine Brust und schließt die Augen. Wie damals, als kleines Kind, sie fühlt sich geborgen und sicher bei mir.

»Bist du glücklich, Mama?«, fragt sie mich, ohne die Augen zu öffnen.

»Warum fragst du?« Ich streichle sanft über ihre Haare.

»Ich hatte heute den Eindruck, etwas stimmt nicht mit dir.«

»Deswegen bist du gekommen?«

»Du bist doch auch immer da..., wenn ich dich ... brauche«, spricht sie im Zeitlupentempo. Sie hat Mühe, sich wach zu halten.

Ich küsse sie auf die Wange und atme ihren Duft noch einmal tief ein.

»Er ist nett«, flüstere ich ihr dann zu.

»Wer?«

»Peter.«

Lea lächelt über das ganze Gesicht.

»Black Beauty. Sehr ... sehr ... sehr ... nett!«

»Black Beauty«, wiederhole ich schmunzelnd und denke: politisch völlig inkorrekt, aus dem Mund meiner Tochter eine reine Liebeserklärung. Da haben wir es wieder: Das Herz ist nicht korrekt und schon gar nicht politisch, es ist leidenschaftlich und im Falle von Lea frech.

»Was heißt eigentlich BFF?«, frage ich sie, bevor sie ganz ins Traumland entgleitet.

»Best friends forever«, sagt sie.

Und nach einer langen Pause: »Warum?«

Doch da schläft sie nun doch endgültig ein. Und ich spitze die Ohren. Ganz, ganz leise zwar, aber ich kann es hören: Lea schnarcht.

Noch einmal küsse ich sie auf die Wange und bleibe noch lange wach liegen. Ich will nicht schlafen, ich will es genießen. Denn für heute Nacht bin ich nicht nur BFF, sondern auch HMITW.

Happiest mother in the world.

Von Filzpantoffeln und großen Gefühlen

Mein letzter Abend in Wien. Morgen geht's wieder nach Berlin. Und übermorgen zurück ans Set. Ich sitze in meinem Hotelzimmer auf der Couch und warte. Auf die Angst. Die kommt aber nicht. Das macht mich ziemlich nervös.

Immerhin werde ich in wenigen Stunden wieder an den Tatort zurückkehren, wo die Krise ihren Anfang genommen hat. Werde mit den Menschen konfrontiert sein, die mich in einer meiner schwächsten Stunden gesehen haben. Werde Farsi sprechen müssen und es nicht können. Werde wieder peinlich sein, versagen und die nächste Demütigung kassieren...

Nutzt alles nichts. So sehr ich mich auch bemühe. Die Panik will sich nicht einstellen. Vor einer Woche saß ich im Flieger und habe geheult. Und heute? Hat sich eine beängstigende Ruhe in mir ausgebreitet. Oder ist das etwa die Angststarre?

Ich gebe auf und mache mich diesmal wirklich auf den Weg ins Kino. So wie andere zum Therapeuten gehen, schaue ich mir einen guten Film an, um meine Nerven zu beruhigen. In diesem Fall vielleicht eher, um sie zu beunruhigen.

Und so lande ich in meinem Lieblingskino, kaufe mir ein Ticket für »A Single Man«[29], sinke in den Sitz und spüre ein leichtes Kribbeln im Bauch. Endlich. Ein bisschen Aufregung.

Nicht wegen des morgigen Drehtags, sondern wegen des Films hier und heute.

Die Saallichter verlöschen, die Leinwand ist erleuchtet, ich wende mich hingebungsvoll den kommenden Ereignissen zu ... da höre ich es neben mir rascheln. »Pscht ...«, zische ich meiner Chips mampfenden Nachbarin so scharf entgegen, dass sie zusammenschreckt und ihre Chipstüte unter ihren Sitz fallen lässt. Kino ist heilig. Da isst man nicht und da raschelt man nicht. Basta.

Mit großen Augen sitze ich dann da wie ein kleines Kind. Gleich werde ich wie Alice im Wunderland in den Kaninchenbau fallen und in einer fremden Welt ausgespuckt werden. Darf teilnehmen an fremden Schicksalen, auf fremden Achterbahnen mitfahren, kurz, in fremden Seelenlandschaften versinken. Kann es etwas Schöneres geben?

Dabei habe ich den Film bereits sieben Mal gesehen. Er handelt von einem schwulen englischen Literaturprofessor namens George Falconer, im Los Angeles der 1960er-Jahre. Sein Lebenspartner ist acht Monate zuvor bei einem Autounfall ums Leben gekommen. Zu Beginn des Filmes beschließt George Falconer, sich umzubringen. Stattdessen passiert aber etwas anderes. Sein geplanter Tod verändert seinen Blick auf die Welt. An einem Tag. Und er erkennt, wie wertvoll alles ist, erlebt wahre Begegnungen, wird glücklich und stirbt. Von allein. Ohne sein Zutun.

Und ich werde auch glücklich. Immer wieder. Durch diesen Film. Warum eigentlich? Was hat eine persisch-österreichisch-deutsche Schauspielerin auf Heimat- und Identitätssuche mit einem schwulen englischen Literaturprofessor der 1960er-Jahre zu tun?

Vielleicht bin ich einfach nur verliebt. In Colin Firth, den Hauptdarsteller. Wie ein Backfisch. Peinlich, ich weiß.

Da ist er auch schon. Auf der Leinwand natürlich. Ich kann mich nicht sattsehen an ihm. Wie eine Anthropologin verfolge ich die Mikrobewegungen in seinem Gesicht und stehe vor einem Rätsel: Wie geht das? Wie kann ein Mensch in die Haut eines anderen schlüpfen und sie annehmen, als wäre es seine eigene? Wie kann ein Schauspieler die wahrhaftigsten Gefühle in mir hervorrufen, obwohl er selbst seine Gefühle nur spielt? Und ich vergesse dabei, dass ich selbst Schauspielerin bin.

»Eine Welt, in der es keine Zeit für Gefühle gibt, ist eine Welt, in der ich nicht leben will«, höre ich George Falconer auf der Leinwand reden und es kommt mir vor, als spräche er direkt zu mir.

Ja, genau: das ist es! Kino lädt jede Zelle meines Körpers mit Gefühl auf. Das kann mir meine Realität nicht bieten. Nicht jeden Tag und nicht auf Dauer. Die Handlung auf der Leinwand ist verdichtet, mein Alltag zerstreut – und noch dazu von Routine, Durchschnittlichkeit und lauer Temperatur geprägt. Die kleinen Themen halten ihn okkupiert wie fremde Mächte ein besetztes Land. Und so dreht sich mein Tag um den nächsten Termin beim Zahnarzt, das Reklamieren von Kaffeemaschinen und Überlegungen, wie viel Wasser meine Topfpflanzen vertragen. Selbst in Beziehungen habe ich meine Gefühle oft portionsgerecht abgepackt und etikettiert. Mit denen rücke ich dann zu bestimmten Anlässen heraus. Immer angemessen. Immer zurückhaltend.

Wie und wer ich bin – das weiß ich noch immer nicht. Ich weiß nur eins: wenn ich fühle, und wenn ich meinen Gefühlen traue, mich darauf einlasse, dann gibt es keine Antworten mehr, weil ich keine Fragen mehr stelle. Alles wird einfach, weil alles in Ordnung ist. Selbst das Schlimme darf sein, weil ich auch darin eingebettet bin in einem Netz mit anderen, denen Schlimmes widerfährt. Ich bin nicht allein. Ob ich dann authentisch bin? Was kümmert's mich, wenn ich fühle. Nur fühle ich eindeutig zu wenig im Leben.

»Das Einzige, wofür sich die ganze Sache gelohnt hat, das waren die wenigen Male, die ich mit einem Menschen tatsächlich eng verbunden war«, reagiert George Falconer wie aufs Stichwort und bestätigt von der Leinwand aus meine Gedanken.

Wen wundert es, dass ich verliebt bin? In George Falconer, alias Colin Firth oder umgekehrt. Aber auch in Meryl Streep, Cate Blanchett, Michael Caine und all die anderen, die mich fühlen lassen, was ich in meinem Alltag nicht fühlen darf. Sie machen mich emotional potenter. Durch sie und in den Geschichten, die sie mir erzählen, fühle ich mich oft eher erkannt und verstanden als von so manch einem Menschen, mit dem ich Tisch und Bett geteilt habe.

Colin und ich haben eine sehr intime, aber einseitige Beziehung. Er zieht sich vor mir aus, vor allem seelisch, ich sehe ihm dabei angezogen zu, körperlich und seelisch. Ich muss mich nicht verstellen, damit Colin mich mag. Auch nichts von mir preisgeben. Colin erkennt mich, ohne mich zu kennen. So traurig das ist, es erleichtert auch vieles.

Aber nicht nur mit ihm bin ich verbunden, ich bin es auch mit den Fremden, die neben mir sitzen. Wir haben uns hier zusammengefunden und überlassen gemeinschaftlich unsere Gefühle der Obhut von Schauspielern. Was spirituelle Menschen nach jahrelangem Meditieren für ein paar Sekunden erleben, erlebe ich da zwei Stunden lang: mein ganz persönliches All-eins-Sein. Und das ganz ohne »Om«.

Gerechtigkeit, Tod, Leidenschaft, Wahrheit, Liebe... davon handeln die Geschichten. Und sie betreffen uns alle. Egal ob wir weinen oder lachen. Egal welche Nationalität, Hautfarbe und welchen sozialen Status wir haben, ob wir reich oder arm, gebildet oder unwissend, alt oder jung sind. Jede gute Geschichte verbindet uns. Auch den schwulen Literaturprofessor der 1960er-Jahre mit der persisch-österreichisch-deutschen Schauspielerin. Weil uns jede wahre Geschichte mit uns selbst verbindet.

Der Film nähert sich dem Ende und ich fiebere den letzten Worten von George Falconer entgegen. Wie von selbst bewegen sich meine Lippen synchron zu seinen und formen die Worte, die aus seinem Mund zu hören sind: »Ein paarmal in meinem Leben habe ich Momente absoluter Klarheit erlebt. Für wenige Sekunden ertränkt dann die Stille den Lärm und ich fühle anstatt zu denken... Von diesen Momenten habe ich gelebt. Sie holen mich zurück in die Gegenwart und ich erkenne, dass alles ganz genauso ist, wie es sein soll«, spricht er. Und stirbt.

※

Die Saallichter sind bereits angegangen. Der Abspann läuft noch. Mein Körper sitzt da, meine Seele verweilt noch auf der anderen Seite des Kaninchenbaus und ist beseelt. Da werde ich von meiner Nachbarin wieder in die Realität geholt, sie will an mir vorbei zum Ausgang.

Ich blicke auf und bemerke, dass sie ganz rote Augen und eine rote Nase hat. Die Frau muss ja noch exzessiver geheult haben als ich. Ich schiebe meine Beine zur Seite und mache ihr den Weg frei. Sobald sie an mir vorbeigegangen ist, springe auch ich auf, nehme die Chipstüte, die sie unter ihrem Sitz vergessen hat, und eile ihr nach.

Die Frau ist in meinem Alter und ohne Begleitung. Ich könnte sie ansprechen, ihr ihre Chips geben, vielleicht kämen wir dann ins Gespräch. Das wäre eine Chance auf eine wahre und tiefe Begegnung, jenseits von höflichem Händeschütteln und sinnlosem Small-Talk-Gequatsche. Immerhin haben wir gerade gemeinsam geweint. Um das Schicksal von George Falconer. Vielleicht sind wir Seelenverwandte. Oder so.

Während es in mir so fantasiert, sind wir bereits am Ausgang angelangt. Die letzte Möglichkeit, die Frau anzusprechen. Ich hebe meine Hand mit der Chipstüte, öffne meinen Mund und – bekomme kein Wort heraus. »Unangemessen«, geht mir durch den Kopf, »das tut man nicht.«

Und ich habe es wieder getan. Bin meinen Gedanken gefolgt und nicht meinen Gefühlen. Stumm sehe ich zu, wie meine potenziell beste Freundin entschlossenen Schrittes in der Dunkelheit verschwindet. So wie alle anderen auch, mit denen ich gerade ein »Wir sind all-eins«-Erlebnis gefeiert habe. Am Ende bleibe ich all-ein zurück – im Lichte der in Neonbeleuchtung prangenden Worte »A Single Man« – und komme mir vor wie eine verdammte »Single Woman«.

Ich fasse in die Tüte, stopfe mir ein paar Chips in den Mund und mache mich mampfend auf den Weg ins nächste Kaffeehaus. Ins Hotel will ich jetzt nicht. Da ist es zu einsam.

Ich betrete das Café Hummel und lasse den Blick im Raum herumschweifen. An einem Tisch sitzt eine alte Frau mit Hut und verrutschtem Lippenstiftmund. Vor ihr ein Achtel Rotwein, dahinter eine Ahnengalerie von leeren Gläsern. Ihrem Gesichtsausdruck nach zu urteilen steht noch Familienzuwachs an.

In einer Ecke sitzt ein Mann mit einer Frau. Sie sehen aneinander vorbei an die jeweils gegenüberliegende Wand und schweigen.

Abseits von allen hält sich einer versteckt, der hortet keine Weingläser, sondern Tageszeitungen. Sein konzentrierter Blick lässt ahnen, dass er zwar im Kaffeehaus sitzt, um zu lesen, aber um lesen zu können, das Kaffeehaus ausblenden muss. Die Grenze, die er zwischen sich und den anderen zieht, ist so spürbar, dass ich einen großen Bogen um ihn mache.

Jeder hier ist eine Insel, inmitten von vielen und dennoch allein. Da könnte ich genauso gut auch in meinem Hotelzimmer sitzen. Ich entscheide mich, dennoch zu bleiben und in Gesellschaft einsam zu sein.

Die großen Gefühle! Ihretwegen habe ich diesen Beruf gewählt. Konnten Schauspieler solche Emotionen in mir auslösen, wie musste es erst sein, sie selbst zu fühlen, zu zeigen – und damit in anderen zu wecken! Mein ganzes Leben wäre fortan, so stellte ich es mir vor, nur von Liebe und Leidenschaft getragen. Die Sehnsuchtsfantasie einer pummeligen Pickelnase mit einer Brille in der Größe von Windschutzscheiben – Sie erinnern sich?

Der Beruf hat mich getäuscht. Oder ich mich selbst. Ich dachte, die Schauspielerei wird Leidenschaft in mein Leben bringen, dabei hat mein Leben Alltag in die Schauspielerei gebracht. Verstehen Sie mich nicht falsch, ich halte mich nicht für eine schlechte Schauspielerin. Ich beherrsche mein Handwerk, bin professionell, gut einsetzbar und sehr funktionstüchtig – abgesehen von meinem Set-Erlebnis vor einer Woche. Unter den vielen gehöre ich zu den relativ Erfolgreichen. Lebe immerhin schon seit Jahren von diesem Beruf. Was von mir erwartet wird, das liefere ich ab. Oft wird jedoch fürs Fernsehen nicht allzu viel erwartet. Aber ein Chirurg trennt ja auch nicht jeden Tag siamesische Zwillinge, sondern entfernt in der Regel vor allem eine Menge entzündeter Blinddärme. Dieser Gedanke tröstet mich etwas.

Colin Firth dagegen, der trennt – um mal beim Chirurgenbeispiel zu bleiben – in jeder seiner Rollen siamesische Zwillinge. Manchmal glaube ich, der übt einen anderen Beruf aus als ich. Zumindest jongliert er mit Gefühlen herum, wie ich sie selbst oft als Zuschauerin erlebt habe, selten als Akteurin.

Das erste Mal in meiner Zeit bei Thomas Breitner, einem Schauspielcoach, bei dem ich vor zwanzig Jahren Unterricht nahm. Anfänglich hasste ich ihn, dann verliebte ich mich in ihn. Eine lange Geschichte.

Wenn ich es recht bedenke, war meine Heimatsuche selbst beruflich immer das Thema, um das ich kreiste: Aber auch in meinen Rollen irrte ich in meinen Anfangsjahren herum. Im besten Fall wie ein Tourist, im schlimmsten wie ein Asylbewerber, dem gerade der Ablehnungsbescheid vor den Latz geknallt wurde.

Ich war mir meiner eigenen Gefühle so unsicher, wie sollte ich da Sicherheit finden in fremden Figuren? Egal, was ich spielte, ich stellte vor allem ein Fragezeichen dar, das Bestätigung beim Regisseur suchte: Hatte ich dem entsprochen, was er wollte? War er zufrieden mit mir? War ich auch eine brave Schauspielerin? So wiederholte ich in meinem Beruf, womit ich außerhalb meines Berufes überlebt hatte: Ich spielte auf fremden Bühnen statt auf meiner eigenen. Ich passte mich an, folgte den Anweisungen des Regisseurs, der Kollegen, des Intendanten, der Inspizientin, meiner Mitbewohnerin ... und hätte ich einen Hund gehabt, ich wäre wohl auch seinen Anweisungen gefolgt. Waren die Anweisungen gut, war ich gut, waren sie schlecht, versagte ich eben. Aber niemals wäre es mir in den Sinn gekommen, sie zu hinterfragen, zu überprüfen, zu messen. Woran denn auch? An meinem eigenen Maßstab? Ich hatte keinen.

Das hat sich geändert. Ich zähle zwar nach wie vor zu den pflegeleichten Schauspielerinnen, die umsetzen, was Regisseure von ihnen verlangen, aber mittlerweile weiß ich sehr gut, welche der Anweisungen stimmig sind und welche nicht. Heißt noch lange nicht, dass ich auch danach handle. Leider.

Das habe ich Thomas Breitner zu verdanken: meine Gefühle wahrzunehmen. Als Schauspielerin. Zumindest weitaus mehr als vor meiner Begegnung mit ihm.

Ein eigenartiger Kerl, dieser Thomas Breitner. So etwas wie ein Guru. Einer, der sich nicht an Konventionen hielt. Ein echter Rebell. Nicht wie Jimmi. Keine bunten Haare noch sonst ein äußeres Zeichen unterschieden ihn von anderen. Nur seine Unerbittlichkeit, der zu sein, der er war, ob es den anderen passte oder nicht. Wie konnte ein Mensch sich seiner selbst so sicher sein, kam ich aus dem Staunen nicht heraus. Er war mir nicht geheuer. Weil er so unnahbar war, und so direkt. Er legte keinen Wert auf Höflichkeitsfloskeln. Schon gar nicht auf Small Talk. Seiner Kritik gab er keinen schönen Anstrich. Und Lob? Gab es nicht bei ihm. Er war furchteinflößend. Weil er nicht einzuordnen war. Und dennoch hatte er viele Jünger, die sich um ihn scharten, in der Hoffnung, schauspielerisch erweckt zu werden.

Ich gehörte auch dazu. Ich war Mitte 20. Und ich wurde geschunden in seinem Unterricht. Aber ich wurde auch belohnt. Mit Glücksmomenten, wie ich sie ganz sicher nie davor und selten danach in diesem Beruf erlebt habe.

Womit sich andere Schauspiellehrer oder Regisseure längst zufriedengegeben hätten, mehr noch, wovon sie begeistert gewesen wären, das ließ er nicht durchgehen. Man blitzte bei ihm so lange ab, bis man endlich seinen ganz eigenen, wahrhaftigen Ton gefunden hatte.

Ich fand ihn nicht. In der Rolle der Medea. Egal wie sehr ich mich abmühte. Thomas Breitner blieb unerbittlich, gnadenlos, monströs ... und trieb mich damit an den Rand des Wahnsinns. Und dann passierte ein Wunder. Ich kann mich nicht mehr erinnern, wie, aber mit einem Mal hatte ich die Medea geknackt. Und plötzlich gab es keine Antworten mehr, weil ich keine Fragen mehr stellte. Alles war leicht, weil alles in Ordnung war. Und selbst Medeas Unglück und Schmerz fühlten sich richtig und gut an.

Unerbittlich, gnadenlos, monströs. So war er, der Thomas Breitner. Und wie Gurus nun mal sind, auch sehr, sehr sexy. Die Unnahbaren eben. Die sich nicht um den Finger wickeln lassen, ein Rätsel bleiben, undurchschaubar, die aber dafür einen selbst durchschauen. Ich weiß nicht, wie es ihnen geht, meine Damen, mich macht so etwas schwach. Und sehr verliebt. Im Fall von Thomas Breitner ohne die geringsten Konsequenzen. Leider.

Was aus ihm wohl geworden ist? Seit damals habe ich nichts mehr von ihm gehört.

Ich hole mein iPhone hervor und gebe seinen Namen auf Google ein. Und siehe da, Thomas Breitner ist auf Facebook. Nicht nur einer, mehrere sogar. Auf keinem der Fotos kann ich ihn jedoch erkennen. Aber bei einem Profil ohne Foto steht als Berufsbezeichnung Schauspielcoach. Soll ich ihm eine Nachricht schicken? Einfach so? Als spätes Dankeschön? Für die Glücksmomente ...

Habe ich schon bei der Frau mit der Chipstüte gekniffen, kann ich ja jetzt mal mutig sein. Was habe ich schon zu verlieren?

»Lieber Herr Breitner, Sie werden sich nicht an mich erinnern. Ich mich dafür an Sie als einen sehr außergewöhnlichen Lehrer. DANKE für eine ziemlich einzigartige Zusammenarbeit. Mit freundlichen Grüßen, Proschat Madani«, schreibe ich und drücke auf »Senden«.

Ich habe die Nachricht kaum abgeschickt, da kommt schon eine Antwort.
»Wo bist du?«
Warum will er das wissen?
»In Wien. Morgen Berlin.«
»Komm«, schreibt er postwendend zurück und darunter seine Adresse.
Ich starre auf mein iPhone, als ob das Gerät mir gleich erklärt, was diese skurrile Konversation bedeuten soll.
»Wissen Sie überhaupt, wer ich bin?«, frage ich ihn.
»Medea«, kommt als Antwort.
»Komme«, schreiben meine Finger automatisch zurück.

Ich sitze im Taxi. Die Panik, die sich vorhin nicht einstellen wollte – jetzt ist sie da. Meine Wangen sind heiß und mein Herz schlägt wie wild. Wilder noch als bei Colin. Das emotionale Gedächtnis ist ein Hund. Fühle mich wie vor zwanzig Jahren. Werde ich denn nie erwachsen?

Ich dachte, der kann sich gar nicht an mich erinnern, und jetzt lädt mich der Mann zu sich nach Hause ein. Was mag das bedeuten? Ich wage es gar nicht zu denken. Aber vielleicht… war er auch… nein, das kann nicht sein… aber vielleicht ja doch… in mich verliebt? Und wartet seit damals darauf, sich mir zu offenbaren?

Ich steige aus dem Taxi und bleibe wie angewurzelt stehen. Da ist er. In schwarzen Hosen und schwarzen Hemd, genauso, wie ich ihn in Erinnerung hatte. Er kommt langsam auf mich zu. Unerbittlich und gnadenlos. Bevor ich begreife, wie mir geschieht, hat Thomas mich gepackt, drückt mich an sich und unsere Lippen verschmelzen miteinander, als ob sie seit zwanzig Jahren auf nichts anderes gewartet hätten. Dann reißt er sich von mir los, sieht mir tief in die Augen und sagt: »19,50 Euro!«

»19,50 Euro?«, frage ich hingebungsvoll, in dem Moment schrecke ich derart zurück, dass ich in den Sitz pralle, nach vorn federe und knapp vor dem Gesicht des Taxifahrers wieder zum Stehen komme. Der sieht mich an, als sei ich geistesgestört.

Oh Gott! Habe ich jetzt etwa den Fahrer geküsst? Nein, habe ich nicht. Ich habe nur geträumt.

»Entschuldigung«, stammle ich verschämt, zahle, steige aus und stehe vor einem Sozialbau der 1960er-Jahre. »Falsche Adresse«, stelle ich fest, wende mich zum Taxi, der Fahrer sieht mich auf sich zukommen, steigt aufs Gaspedal und zischt auf Nimmerwiedersehen von dannen.

Ich blicke mich um. Gottverlassene Gegend. Dann inspiziere ich lustlos die Klingelschilder und halte abrupt inne. Da steht tatsächlich sein Name. Mein cooler Schauspielcoach wohnt in so einem uncoolen Haus? Skeptisch drücke ich die Klingel. Noch bevor ich wieder losgelassen habe, summt es und die Tür geht auf.

Ich betrete das Haus und der Geruch von altem Bratöl schlägt mir entgegen. Ich steige in den wackligen Aufzug, der fährt mich in den zweiten Stock und als die Tür sich öffnet, sehe ich an der gegenüberliegenden Seite einen Mann.

In schwarzem Hemd und braunem Wolljackett, schwarzen, an den Knien ausgebeulten Hosen und Birkenstocksandalen, die großen Füße in braunen Socken erblicken lassen. Der Mann hat graues, schütteres Haar, ordentlich nach hinten gekämmt. Seine langen Arme hängen bewegungslos an ihm herunter, seine Haltung ist hoch aufgerichtet – er steht da voller Erwartung. Auf mich.

Wer ist das?

Zögerlich steige ich aus dem Fahrstuhl und bleibe stehen. Einen Moment sehen wir uns ausdruckslos an. Dann bewege ich mich langsam auf den Fremden zu. Mit jedem Schritt nimmt das Unfassbare immer mehr Form an. Dieser Senior könnte tatsächlich mein Exguru sein. Als ich vor ihm stehe, gibt es keinen Zweifel. Thomas Breitner. Nur zwanzig Jahre später. Diese Kleinigkeit hatte ich in meiner Fantasie nicht in Betracht gezogen.

Die Konfusion lässt sich nicht aus meinem Gesicht schütteln. Um es zu überspielen, werfe ich mich in eine schauspielermäßige Pose und will gerade den fürchterlichen Satz »long time no see« flöten, da hat mich der Mann schon gepackt und drückt mich an sich. Meine Arme spreizen sich wie von selbst zu beiden Seiten von mir weg und ich verharre in einer Art Lähmung, während mein früherer Schauspiellehrer mich an sich presst, als gäbe es kein Morgen. Unerbittlich, gnadenlos, und sehr, sehr unsexy.

Langsam löse ich mich aus meiner Schreckstarre, bewege meine rechte Hand nach unten und patsche ihm ein paarmal auf den Rücken.

Daraufhin lässt er mich los, nur seine Hände halten noch meine Oberarme fest. Sein Blick ist nach unten gerichtet, sein Brustkorb wölbt sich unter seinen schnellen Atemzügen. Irgendwie wirkt er – wie soll ich sagen – bewegt? Fassungslos sehe ich ihn an und frage mich, wie alt er wohl ist? 65, 70?

Thomas Breitner hat sich offensichtlich wieder etwas gefangen, er geht vor in die Wohnung, deutet auf den Kleiderständer, »Wenn du ablegen möchtest«, bleibt stehen, bevor er um die Ecke biegt und fragt: »Tee?«

Alkohol wäre mir lieber, aber ich nicke und sage ja. Ich hänge meinen Mantel auf, dann fällt mein Blick auf ein paar Filzpantoffeln. Ich zögere, sehe zur Decke, schüttle den Kopf, ziehe meine Schuhe aus, die Pantoffeln an und schiebe mich in das Wohnzimmer, das nach dem Entree nicht weiter überrascht: klein, karg, spießig. Beige Möbel, beiger Couchtisch mit gemusterter Steinplatte, Raufasertapete und Barockabstelltischchen. Wo bin ich hier gelandet? Und was um alles in der Welt will mein Exguru von mir? Nach dieser unangemessenen Umarmung!

Von einem leidenschaftlichen Liebesabenteuer hatte ich eben noch fantasiert, jetzt sitze ich auf dem Kunstledersofa eines alten Mannes, der mir gleich Kräutertee servieren wird. Dann fällt mein Blick auf meine Filzpantoffel. Mein Leben ist die reinste Komödie, denke ich und beginne unwillkürlich zu lachen. Ich kann gar nicht aufhören. Auch nicht, als Thomas Breitner mit einem Tablett vor mir steht.

»Entschuldigung ... es ist nur ...«, stammle ich vor mich hin, »ich habe mir etwas ... ganz anderes vorgestellt.«

»Was?«, fragt Thomas Breitner irritiert.

»Ich weiß nicht ... ich hatte da eine Fanta... eine Vision ... ich ...«

Dann sehe ich ihm in die Augen und kann nicht anders.

»Ein Liebesabenteuer«, prustet die Wahrheit aus mir heraus. Und beim Aussprechen dieses Wortes muss ich noch heftiger lachen. Die Situation ist zu absurd.

»Mit mir?«, fragt Thomas Breitner und weicht zurück.

Dass mich die Aussicht auf eine heiße Liebesnacht mit ihm in dieser Spießerwohnung hier abturnt, o.k.. Aber warum sieht **er** mich jetzt so erschrocken an?

»Ja. Mit Ihnen«, betone ich etwas trotzig.

»Wie kommst du denn auf so etwas?«, fragt Thomas Breitner beinahe angeekelt.

Ich muss mir augenscheinlich keine Sorgen machen wegen der Umarmung. Der Mann will definitiv nichts von mir.

»Keine Ahnung. Aber ich verstehe sowieso nichts mehr. Seit einer Woche steht mein Leben praktisch kopf«, sage ich und zucke gottergeben mit den Schultern.

»Aha?«, fragt Thomas Breitner und scheint sich langsam aus seiner Schreckstarre zu lösen. Er stellt das Tablett ab, setzt sich und sieht mich dabei so forschend an, als ob er in meinem Gesicht etwas Wichtiges suchen würde.

Dann nickt er mir auffordernd zu.

Ich sehe ihn an, dann auf den Boden, dann wieder zu ihm, versuche anzusetzen und stelle fest: Ich weiß gar nicht, wie das geht. Ich rede normalerweise nicht von mir. Schon gar nicht von meinen Problemen. Und am allerwenigsten von irgendwelchen Krisen. Ich bin gewöhnt, alles mit mir selbst auszumachen. Viel eher höre ich zu, leidenschaftlich und empathisch. Nehme auch hier lieber an Schicksalen und Geheimnissen der anderen Anteil, statt eigene zu lüften. Das ist sicherer. Je weniger ich von mir preisgebe, desto weniger kann ich verletzt werden. Manchmal fühle ich mich dann einsam, ich gebe es zu. Aber das nehme ich in Kauf.

Thomas Breitner sitzt ruhig da, sieht mich an und wartet. Er hat mich schon in ganz schwachen Stunden erlebt, erinnere ich mich. Und so gnadenlos er auch war: er hat mich nie verletzt. Also beginne ich zu erzählen, stockend zunächst, dann immer sicherer. Von meinen akribischen Vorbereitungen zu Fariba Pahani und meinem noch akribischeren Versagen am Set. Von Knödelliebhabern, die in die Achse des Bösen gesteckt werden, und von Afrikaner 1 und 2. Ich erzähle von meiner Mutter, die Heimat hat und eine Fremde geblieben ist, und meinem Vater, dem Heimatvollen, der Angst vor der Fremde hatte. Von Simone, die perfekt war und jetzt keine Zähne mehr bohren kann. Und von Jimmi, der rebellieren muss, weil seine Mutter ihn nicht umarmt. Von Topfenstrudeln und chaotischen Töchtern und dass Colin Firth ständig siamesische Zwillinge trennt, wohingegen ich mich mit Blinddarm-OPs befasse...

»... aber ich war auch einmal Colin Firth. Als Medea. Bei Ihnen. Aber jetzt sind Sie... Ja, wer sind Sie eigentlich? Aber was kümmert's mich? Ich weiß ja nicht einmal, wer ich bin. Wissen Sie's?«, beende ich meinen Monolog und blicke Thomas Breitner an, als ob er mir nicht eine Tasse Tee, sondern die Lösung aller Lebensrätsel eingießen wird.

Er hat mir die ganze Zeit sehr aufmerksam zugehört. Als er merkt, dass sich das Duracellhäschen vor ihm tatsächlich leer geredet hat, senkt er seinen Blick zu Boden und lächelt still.

»Ich gratuliere dir«, sagt er schließlich wie ein stolzer Vater zu seinem Kind.

»Wozu?«, frage ich erstaunt.

»Zur Krise!«

»Na super, dass mir jeder die Krise an der Nasenspitze ansehen kann«, echauffiere ich mich.

»Du hast mir gerade etwas mehr als deine Nasenspitze gezeigt.«

Wo er recht hat, hat er recht. Ich habe mich gerade nackter ausgezogen als Colin auf der Leinwand, quasi bis auf meine Seelenorangenhaut. Fühlt sich irgendwie gut an. So befreit.

»Damals warst du auch in einer Krise.«

»Wegen Ihnen wollte ich die Schauspielerei aufgeben«, bestätige ich ihm.

»Was hast du stattdessen?«

»Die beste Vorstellung meines Lebens gegeben?«, murmele ich etwas unverständlich in mich hinein.

»Gott, warst du schlecht als Medea.«

»Ich war schlecht?«, frage ich überrascht.

»Am Anfang.«
»Ja, weil Sie mir nicht gesagt haben, was ich spielen soll.«
»War nicht meine Aufgabe.«
»Haben die anderen aber gemacht.«
»Wer die anderen?«
»Die anderen Schauspiellehrer und Regisseure.«
»Papageienschule«, sagt er abfällig.
»Na und? Am Ende waren wir alle glücklich. Lehrer und Papagei. Und bei Ihnen? Hatte ich die Krise.«
»Ohne Krise keine Erleuchtung.«
»Erleuchtung mit Retourticket«, pampe ich zurück.
»Warum?«
»Haben Sie mir überhaupt zugehört? Ich hatte mich überhaupt nicht im Griff als Schauspielerin vor einer Woche!«

So, da hat der Herr Exguru mal keine Antwort parat.

Für einen Moment ziehen wir uns beide in uns selbst zurück und schweigen.

Dann ist es Thomas, der diesmal die Stille mit einem leisen Glucksen unterbricht.

»Erinnerst du dich, wie du als Medea auf allen vieren gekrochen bist?«, er schüttelt sich bei dem Gedanken vor Lachen.

»… und dann habe ich mich von einer Ecke des Zimmers in die andere geschleudert«, kommen die Bilder auch in mir wieder hoch, »hab mir den Kopf an der Wand angeschlagen …«

»… und bist regungslos liegen geblieben. Ich dachte schon, du wärst tot.«

»Damals habe ich mir gewünscht, ich wäre tot gewesen. Gott, war das peinlich.«

»Du hattest irgendein Konzept im Kopf. Wolltest die Medea besonders wild, hemmungslos und verrückt spielen«, amüsiert sich Thomas noch immer über mich.

»Eine Frau, die die Nebenbuhlerin beseitigen lässt und die eigenen Kinder ermordet, ist ja wohl schwerlich ein braves, sittsames Mauerblümchen«, entgegne ich ihm bockig.

»Du warst einfach nicht bei dir, Mädchen. Nicht die Spur«, ist sein Resümee.

»Aber dafür in Grillparzers Geburtshaus.«

Thomas zieht die Augenbrauen hoch und versteht nicht.

Ich habe ihm meine Seelenorangenhaut gezeigt. Was habe ich noch zu verlieren?

»Nachdem Sie mir keine Spielanweisung gegeben haben, musste ich sie mir eben woanders holen.«

»In Grillparzers Geburtshaus?«, fragt er und klingt, als ob er mich gleich einweisen lässt.

»Ich dachte, das hilft. Auch die Tonnen Sekundärliteratur, die ich gelesen habe.«

»So kann man ein Nachschlagewerk spielen, aber nicht die Medea...«

»... haben Sie mir damals auch schon gesagt.«

Und ich habe es wieder getan, fällt mir in dem Moment auf. Zwanzig Jahre später. Habe mich auf Fariba Pahani genauso vorbereitet wie damals auf die Medea. Dabei hätte ich doch wissen müssen, dass das zum Scheitern verurteilt ist.

»Und dann wolltest du aufgeben«, sagt Thomas Breitner und seine Miene verfinstert sich mit einem Mal.

»Ja, und plötzlich gaben Sie mir dann doch Anweisungen.«

»Ganz gegen meine Prinzipien.«

»Du spielst nicht. Vor allem denkst du nicht. Du fühlst nur. Du bist Medea. Allein. Ohne Publikum. Was immer kommt, du lässt es zu«, äffe ich ihn nach und mit einem Mal ist mir, als wenn ich wieder durch den Kaninchenbau sause ... und diesmal ist es meine eigene Vergangenheit, in der ich auftauche: Ich sehe mich auf einem Stuhl sitzen. Thomas Breitner steht lässig an die Wand gelehnt, offenbar fest entschlossen, mich nicht aufstehen zu lassen, bevor ich zur wahrhaftigen Medea mutiert bin. Und wieder fühle ich ihn, den Krampf, der mich damals in Besitz nahm. Die Hitze, die sich in meinem ganzen Körper ausbreitete, die Schweißausbrüche, die darauf folgten. Nichts machen, nur sein. Meine Sensoren von außen nach innen richten. Das konfrontierte mich. Mit mir selbst. Und ich wollte davonlaufen. Vor Thomas Breitner. Aber am allermeisten vor mir selbst.

»Sie haben mir Angst gemacht«, sage ich wie unter Hypnose.

»Ich weiß«, höre ich meinen Exguru antworten.

Und plötzlich fiel mir ein, dass ich den Beruf ohnehin aufgeben wollte. Was hatte ich also zu verlieren gehabt? Der Gedanke entspannte mich langsam und ...

»... eine seltsame Stille überkam mich. Irgendwann«, erzähle ich laut weiter.

»Und dann?«

»Passierte etwas Eigenartiges«, ich wundere mich, wie ich das über die Jahre vergessen konnte, »je mehr ich mich entspannte, desto weniger wollte ich.«

»Ja?«

»Und plötzlich kamen Bilder ... ohne mein Zutun. Zuerst zögerlich. Wie Gefangene auf ihrem ersten Freigang. Dann immer klarer ... wie im Kino.«

»Ja?«

»Ich sah einen Jungen, mit dunklen, lockigen Haaren. Und einen anderen, mit muskulösen Ärmchen und einem entschlossenen Blick: Medeas Kinder.«

»Deine Kinder.«

»Und einen großen, stattlichen Mann.«

»Jason, dein Mann.«

»Und daneben Kreusa, langbeinig und blond ... Komisch ...«, sage ich verwundert.

»Was?«

»Kreusa sah aus wie Simone.«

»Mmhh.« Thomas Breitner zieht die Augenbrauen hoch. Er hat natürlich keine Ahnung, wer Simone ist.

»Und noch etwas ist eigenartig.«

»Ja?«

»Ich war nicht eifersüchtig, auch nicht wild, hemmungslos und verrückt. Nicht einmal Rachegefühle hatte ich.«

»Nein?«

»Ich war nur schrecklich müde ... und verwirrt ... Aber das geht doch gar nicht ... Eine müde, verwirrte Medea – das ist falsch, das kann nicht sein.«

»Es gibt kein Richtig oder Falsch, es gibt nur die Medea, die du in dir fühlst. Deine Medea. Wie immer sie auch ist. Müde und verwirrt. Du musst sie zulassen. Lass dich selbst zu«, höre ich Thomas Breitner mir zuflüstern, so wie er es mir auch damals zugeflüstert hat.

Und ich schließe meine Augen, versinke in mich selbst wie in eine fremde Seelenlandschaft und überrasche mich dort. Wie in einem Spiegel im Spiegel sehe ich mich wie vor zwanzig Jahren da sitzen. Mit geschlossenen Augen. Und wie damals träume ich auch jetzt **meine** Bilder und fühle **meine** Gefühle.

»Jetzt steh auf, habe ich zu dir gesagt. Und du bist aufgestanden und warst Medea.«

Wie in Trance erhob ich mich damals und sprach meinen Monolog. Mit einem Mal hatte die Anstrengung, das Suchen, das Nebenmirstehen ein Ende gefunden. Medea war eingerastet in mir wie ein geöltes Türschloss. Müde und verwirrt. Und dennoch mit dem Schmerz eines Menschen, der seine Heimat und damit sich selbst verloren hatte. Und plötzlich hatten wir sie beide wiedergefunden. Heimat. Medea in mir und ich in ihr.

»Du warst die Medea geworden, die nur du sein konntest. Einzigartig. Wie **du** bist.«

Ich öffne die Augen und sehe in Thomas Breitners Gesicht. Liebevoll lächelt er mich an.

»Ich glaube, das war der Moment, in dem ich mich in Sie verliebt habe, Herr Breitner.«

Stille.

»Ich hatte keine Ahnung, dass du ...«

»Wie denn auch? Ich hätte mir die Zunge abgebissen, bevor ich Ihnen meine Zuneigung gezeigt hätte.«

»Und das war der Moment, als du mich gerettet hast, Proschat.«

Gerettet? Wovon redet er?

»Ich kam mir vor wie ein Versager.«

»Sie?«, frage ich erstaunt.

»Ich sah, was in dir steckt, sah, wie sehr du dir selbst im Weg stehst, und konnte dir nicht helfen«, sagt er aufgewühlt, als ob ihn dieses Dilemma noch immer plagte.

»Hättest du die Schauspielerei aufgegeben, hätte ich meinen Beruf aufgegeben ... ich hatte solche Panik, dich nicht zu knacken. Du warst so ziemlich die härteste Nuss, die mir je untergekommen ist.«

»Ich hatte keine Ahnung, dass Sie ...«

»Wie denn auch? Ich hätte mir lieber die Zunge abgebissen, als meine Angst zuzugeben.«

»Dann waren wir uns wohl ähnlicher, als wir beide damals wussten.«

Thomas nickt.

»Ich war nie der selbstsichere Guru, als den ich mich ausgegeben habe. Ich war eine Mogelpackung wie du. Ich wusste das. Du nicht«, sagt er und gießt sich eine weitere Tasse Tee ein. Sehr behutsam und konzentriert. Dann blickt er auf und sieht mich entschlossen an.

»In einem Punkt sind wir allerdings sehr unterschiedlich.«

Ich sehe ihn fragend an.

»Du musst jetzt stark sein, Proschat.«

Alarmiert horche ich auf.

»Sitzt du auch sicher?«

Verdammt, was macht er es so spannend!

»Ich bin schwul.«

Stille.

»Sie sind – was?«

»Immer gewesen«, stellt er klipp und klar fest.

Einen Moment sehen wir uns stumm an und prusten dann gemeinsam los.

»Das hat man Ihnen nie angesehen!«

»Was hat man mir denn schon angesehen?«

»Gar nichts. Sie waren ein Rätsel. Unnahbar. Undurchschaubar.«

»Ja. Unnahbar und cool. Ich weiß. Nutzte aber alles nichts.«

»Was?«

»Gegen die Einsamkeit.«

Er steht auf, geht zur Kommode, holt ein Foto und hält es mir hin. Es zeigt Thomas Breitner mit einem anderen, älteren Mann in Wanderkleidung.

»Peter. Vor fünf Jahren ist er gestorben. Krebs. Das Foto ist aus unserem letzten Urlaub miteinander.«

Seine Gesichtszüge fallen in sich zusammen.

»Mehr als zwanzig Jahre waren wir zusammen«, sagt er und versenkt sich in das Bild aus guten Zeiten.

»Mein Lebensmensch. Mein Seelenverwandter. Bei ihm konnte ich sein, wie ich bin.«

Ich betrachte den einsamen, alten Mann und mir wird klar, hier ist er, der echte Single Man, nicht auf der Leinwand, sondern leibhaftig vor mir. Nicht so schön wie Colin Firth, auf keinen Fall so schick wie er. Aber auch ein Mensch, dem das Herz gebrochen worden ist. Und wie es so ist mit den wahren Geschichten: sie bewegen mich. Wie im Kino, so auch im Leben.

»Nachdem Peter gegangen war ...«, erzählt Thomas, während er noch immer auf das Foto blickt, »schien alles so sinnlos.«

Dann streicht er zärtlich über das Bild seines Geliebten und stellt es wieder auf die Kommode zurück.

»Dann dachte ich an meine Schüler. Auch an dich«, er blickt mich lächelnd an. »Weißt du, mein Leben lang habe ich nichts anderes gemacht, als anderen das Sprungtuch auszubreiten und ihnen Mut zu machen, zu springen. Sie selbst zu sein.«

Er sieht in die Ferne und für einen Moment scheint er der Welt abhandengekommen zu sein.

»Und Sie selbst sind nie gesprungen«, hole ich ihn wieder zurück.

»Solange Peter da war, musste ich nicht«, sagt er traurig, dann wendet er sich mir zu: »So sind Lebenskrisen nun einmal. Sie verändern den Blick auf die Welt. Entweder geht man an ihnen zugrunde oder man springt.«

Dann fängt er an zu lachen: »Ich bin vielleicht nicht mehr so cool wie früher, kein Guru und kein Rebell, aber mein Leben fühlt sich viel leichter an, seitdem ich mich nicht mehr verstelle.«

Dann zeigt er um sich und zuckt gottergeben mit den Schultern. »Spießer und Angsthase. Das darf ich jetzt sein.«

»Und die Einsamkeit?«, frage ich vorsichtig.

»Die ist da«, antwortet er prompt, als ob es an ihr nichts zu rütteln gäbe, »aber ich habe gelernt, damit umzugehen.«

Dann senkt er den Kopf und sieht mich von unten an.

»Bin auf Facebook, wie du gesehen hast, lade Ex-Schülerinnen zu mir nach Hause ein und umarme sie fest. Nicht mehr unnahbar, dafür ziemlich unangemessen, was?«

Ich stehe auf, gehe zu ihm, nehme ihn in den Arm, als ob es kein Morgen gibt. Unerbittlich, gnadenlos und sehr, sehr liebevoll.

»Danke«, sagt er ganz leise.

»Wofür?«

Er antwortet nicht. Aber er patscht mir liebevoll auf den Rücken und beide wissen wir, was er meint.

»Ich lade übrigens nicht jeden zu mir nach Hause ein«, wendet er ein.

»Nicht jeden?«

»Du bist meine Medea«, sagt er und aus seinem Mund klingt das wie eine Liebeserklärung. Endlich. Nach zwanzig Jahren.

»Und Sie sind mein Guru – und ein Rebell.«

»Ja?«, fragt er ungläubig.

»Ein Schauspielcoach, der so spießig ist wie Sie, passt in kein Konzept der Welt. Wenn das nicht rebellisch ist!«

»Und das findest du ziemlich sexy, nicht wahr?«

»Nein, ziemlich gnadenlos!«

Es ist kalt. Und es schneit. Ich sehe hinauf zum Sternenhimmel, schließe die Augen und lasse die dicken Flocken auf mein Gesicht fallen. Dann blicke ich zu dem Fenster im zweiten Stock. Das Licht geht aus. Mein Single Man legt sich jetzt wohl schlafen. Unser Kreis hat sich geschlossen. Nach zwanzig Jahren. Noch einmal winke ich ihm innerlich zu, ziehe meinen Mantel eng um mich und mache mich auf den Heimweg. Zu Fuß, durch die gottverlassene Gegend – und komme mir selbst gar nicht mehr verlassen vor.

Die großen Gefühle. Ich habe sie gesucht. Im Kino und in meinem Beruf. Manchmal habe ich sie gefunden, manchmal nicht. Dabei sind sie in so vielen alltäglichen Begegnungen möglich. Mit meiner Mutter im Hotel, mit meinem Vater in Gedanken, neben Knödelliebhabern im Flugzeug, mit Stachelmännern auf der Straße, meiner Tochter in den Armen und mit Spießern im Sozialbau. Und immer kann ich mich entscheiden: Lasse ich sie zu oder halte ich sie zurück? Bin ich bereit, etwas von mir preiszugeben, oder behalte ich die Kontrolle? Halte ich an einem Bild von mir fest oder bin ich bereit zu springen?

Ins Ungewisse, um am Ende Gewissheit zu finden in mir.

Es gibt kein Richtig oder Falsch. Kein »wie **man** die Medea spielt«, nur ein: wie **ich** sie spiele. Die verschiedenen Rollen sind nur leere Rahmen, ausfüllen muss ich sie selbst. Mit mir. Meine Medea unterscheidet sich von allen anderen Medeas der Welt. Und ich selbst unterscheide mich von Rolle zu Rolle und ziehe mich dennoch durch jede Figur.

Ein guter Schauspieler verstellt sich nicht, er entdeckt sich. Er schlüpft nicht in die Haut eines Fremden. Er findet den Fremden in sich. Er erkennt sich und gibt sich zu erkennen und findet so zu sich und damit zum anderen. Das war Thomas Breitners Lektion. Vor vielen Jahren.

Ich hatte sie nur leider vergessen. Zu sehr war ich im Berufsalltag verloren, war mehr damit beschäftigt zu machen, anstatt zu sein, zu erfüllen, anstatt zu erfühlen, und als Schauspielerin zu funktionieren, anstatt mich selbst zu entdecken. Dieser

Beruf steht mir im Weg auf dem Weg zu mir selbst, habe ich vor Kurzem noch behauptet. Und es stimmt. Ebenso kann er der Weg zu mir selbst sein. Je nachdem, wie ich es sehen will.

Nicht nur vor der Kamera will ich eine bessere Schauspielerin sein. Auch sonst. Will lernen, die Proschat zu sein, die nur ich sein kann. Egal, ob ich in einem weltbewegenden Kinofilm spiele oder in einer Soap, an der Kasse im Supermarkt anstehe, die Hummeln auf meiner Terrasse beobachte ... Jeder Moment gibt mir die Freiheit, mich zuzulassen, statt mich in ein Konzept zu pressen. Auf meiner eigenen Achterbahn zu fahren und mich von mir selbst überraschen zu lassen: So bin ich also? Und auch so? Na, da schau her! Und noch viele gibt es in mir, die ich noch nicht kenne. Die Reisende, die ich immer sein wollte, die Fallschirmspringerin, die ich bisher noch nie war, die Gärtnerin, die Buchhalterin, die Kifferbraut ... ups, jetzt geht die Fantasie wieder mit mir durch.

Sollte ich mich jemals wieder fragen, wer ich bin, dann weiß ich: Ich bin wahrscheinlich nicht bei mir. Weil ich schon wieder denke, statt zu fühlen, mich suche, statt mich loszulassen. Habe ich den Anker in mir ausgeworfen, kann ich mich gar nicht verlieren. Dann habe ich sie gefunden, die Heimat, in mir. Und fühle mich nicht mehr so fremd, egal wo ich bin.

Ich fische mein Handy aus meiner Tasche und schreibe eine SMS.

»In jedem Augenblick so sein, wie wir in dem Augenblick sind. Dann sind wir, wie wir sind, ohne zu wissen, wer wir sind. Ich glaub, jetzt hab ich's. Danke, Sex-Drugs-and-Rock'n'Roll-Queen.«

Ich gehe und lausche dem Klang meiner Schritte. Fühle den kalten Wind in meinen Haaren, höre das Schlagen meines Herzens, spüre, wie mein Brustkorb sich mit jedem meiner Atemzüge hebt. »... und ich erkenne, dass alles ganz genauso ist, wie es sein soll.« Mir geht's wie George Falconer, bevor er stirbt. Ich bin im Augenblick. Bei mir. Nur, ich lebe weiter. Hoffentlich.

Es piepst. Eine SMS.

»Keinen blassen Schimmer, wovon du sprichst! Bist du auf Droge, Quasimodo?«

Stimmt. Ich bin ganz high.

Am Set 2

*D*rrrrrrrr...
Drrrrrrrr...
Drrrrrrrr...

Fünf Uhr. Ich schlage auf den Wecker ein, meine Augen auf, und schon hüpft mein Herz wie ein aufgeschrecktes Huhn. Was für eine Adrenalinattacke! Brutaler Weckton. Ich sollte ihn ändern. Meiner Gesundheit zuliebe. Mich sanft in den Morgen gleiten lassen, begleitet von zwitschernden Vögeln, Wasserfallrauschen, ruhiger Musik... Ja und wenn mich das dann in den Tiefschlaf lullt statt in den Wachmodus reißt? Und das heute, an meinem ersten Drehtag nach Krisenbeginn! Nicht auszudenken!

Früh aufzustehen ist eine Qual. Im Winter: die reine Folter für mich. Erinnert mich an meine Schulzeit. Wie oft lag ich da und habe mir inbrünstig ein Erdbeben oder eine plötzliche Epidemie herbeigesehnt. Draußen die Drachen, Monster und die Fellner, unter der Decke Wärme, Geborgenheit, Frieden. Wer kann es mir verdenken, dass ich lieber die Menschheit in Panik gesehen hätte, als das Paradies zu verlassen?

Allzu viel hat sich da wohl seit meiner Kindheit nicht geändert. Außer, dass ich jetzt erwachsen bin. Angeblich. Also: raus in die feindliche Welt. Und so atme ich tief ein, schließe die Augen, ziehe meine Schultern hoch, meine Muskeln zusammen, werfe die Decke zur Seite und will gerade todesmutig aus dem Bett springen, da stoppt mich – eine innere Kraft? Jedenfalls bleibe ich mit meinem Hintern in der Luft hängen. So verharre ich eine Weile, schwinge wie ein Jo-Jo rauf und runter und denke nach: Muss ich denn wirklich um fünf Uhr aufstehen, wenn ich erst um sieben Uhr abgeholt werde? Muss ich mich bis aufs Äußerste duschen, bis aufs Äußerste meine Haare waschen, einen Espresso nach dem anderen in mich hineinschütten und mich auf meinem Meditationskissen herumwälzen? Wie weit hat mich das an meinem letzten Drehtag gebracht? Schnurstracks in die Krise.

Mit voller Wucht lasse ich mich wieder zurück ins Bett plumpsen, ziehe die warme Decke über mich, sehe aus dem Fenster hinaus und – sehe nichts. Es ist nicht nur eiskalt, es ist auch noch stockdunkel.

Diese verflixten Muster! Wirken wie ein Magnet. Wenn man nur einen Augenblick lang unaufmerksam ist, wird man von ihnen verschluckt wie von einem schwarzen Loch und taucht erst bei der nächsten Krise wieder auf.

»Das Leben muss anstrengend sein.« Ein Glaubenssatz. In meinem Kopf. Keine Ahnung, wer ihn da reingesetzt hat. Aber wenn ich ihn nicht beherzige, befürchte ich sofort, bestraft zu werden. Vom Leben selbst. So in der Art wie: ich wache in der Früh auf und habe eine Glatze ... oder: ich gehe spazieren und ein Ast erschlägt mich ... oder: mir schmeckt plötzlich kein Topfenstrudel mehr. Vollkommener Humbug, ich weiß. Vor allem das mit dem Topfenstrudel. Aber alte, eingefahrene Muster sind wie ein Netz neuronaler Autobahnen. Ich bin ständig auf ihnen unterwegs – ohne Geschwindigkeitslimit. Schwer, mich selbst dabei einzuholen, um mich zu zwingen, rechts ranzufahren.

Dabei hatte ich ihn doch, diesen George-Falconer-Moment. War deckungsgleich mit mir, leicht, im Augenblick und hatte eine Menge verstanden: Welt, Universum, Gott ... die kleinen Dinge halt. Ja, aber ich war nicht konsequent genug. Ich hätte den Löffel abgeben müssen. Dann würde mir jetzt die Nacherleuchtungsdemütigung erspart bleiben. Nicht schön, sich selbst dabei zuzusehen, wie man von ausgeleierten Gedanken dirigiert und von Gefühlen heimgesucht wird, die man entsorgt geglaubt hatte. Vor meinem Erleuchtungserlebnis wäre mir das nicht mal aufgefallen, jetzt schon. Aber hatte ich es mir denn nicht selbst prophezeit? Die Rückkehr in den heimatlichen Hafen wird nicht von heute auf morgen stattfinden. Weitere Irrungen und Wirrungen stehen auf dem Fahrplan.

Die ganze letzte Woche war also nur eine Aufwärmübung, mehr nicht. Jetzt heißt es springen. Auch ohne Sprungtuch. Und nicht nur einmal, sondern sicher noch ganz oft. Meine Aufgabe ist es, mich zu entmustern.

Das Im-Bett-Liegen fühlt sich gar nicht so entspannt an, wie ich es mir wünschte.

»Ich will ja nichts sagen, aber hast du schon mal auf die Uhr geschaut? Wegen einer verrückten Woche willst du deinen bewährten Glaubenssatz aufs Spiel setzen? Wirklich? Und was, wenn du es zu leicht nimmst und versagst? Nie wieder einen Job bekommst, unter der Brücke landest, elendiglich zugrunde ...?« Fürsorglich reden meine Gedanken auf mich ein und bereiten mir Sorgen.

Biester!

Ich entscheide mich zu springen, indem ich liegen bleibe. Mein persönlicher Marshmallow-Test besteht darin, bis sechs Uhr das Bett nicht zu verlassen – also meinem Drang zum »Aufspringen und Funktionieren« zu widerstehen.

Und so liege ich da, starre an die Decke und wälze mich hin und her. Wilder noch, als ich es sonst auf dem Meditationskissen tue. Wenn ich so weitermache, habe ich bald meine Matratze platt gewalzt.

»Musik!«, schießt es mir durch den Kopf. »Die hilft, zur Ruhe zu kommen!«

Ich schnappe mir die Fernbedienung, schalte den CD-Player ein, es ertönt »Spiegel im Spiegel« von Arvo Pärt. Engelsmusik. Ich drücke auf »Repeat« und lasse mich wieder zurückfallen.

Fariba Pahani. Mein persisches Verhängnis. In wenigen Stunden werde ich mich in sie verwandeln müssen. Der Gedanke verursacht sofort einen leichten Migräneanfall bei mir. Ich greife zu den Worten meines Exgurus wie zu einer Kopfschmerztablette. »Du spielst nicht. Vor allem denkst du nicht. Du fühlst nur«, flüstere ich mir zu und versuche dabei wie Thomas Breitner zu klingen. Tu ich auch, nur wie Breitner für Arme. »Du bist Fariba. Allein. Ohne Publikum. Egal, was kommt...«, spreche ich im Militärton weiter. Und lasse es dann bleiben. Funktioniert nicht. Und genau das funktioniert. Das »Bleibenlassen«. Irgendwann.

»Wu Wei« eben. »Nichts wollen« oder »Tun im Nichtstun«. Sie erinnern sich? Das, was meine Mutter in Unruhe versetzt. Mich versetzt es in Gelassenheit. Wenn es mir denn mal gelingt, so etwa zweimal im Jahr. Und macht mich kreativ. Noch immer sehe ich zwar aus dem Fenster ins Nichts. Aber mein inneres Auge folgt bereits den Bildern, die Gestalt in mir annehmen.

Ich sehe Fariba in ihrer kleinen Wohnung in Marzahn... mit Farsaneh von Behörde zu Behörde laufen... nachts in ihrem Bett... von alten Zeiten träumend... im Iran... sehe Menschen, die reden und lachen... Sonnenblumenkerne knacken... tanzen...

Eine unstillbare Sehnsucht nach Heimat nistet sich in mir ein.

Und das erste Mal fühle ich Fariba und denke sie nicht mehr. Langsam werde ich ganz schwer ... Faribas Schwere, geht es mir durch den Sinn. Ich schließe die Augen ... atme ... tief ... ein ... und ... chrrrrrrrr... chrrrrrrrr... chrrrrrrrr...

⊱✿⊰

»Wann habe ich denn bloß den Weckton umgestellt?«, frage ich mich, als ich langsam aufwache und Engelsmusik höre. Ich öffne die Augen und sehe durch das Fenster den Himmel, aus dem es wieder einmal dicke Flocken schneit. Es wird langsam hell. Was für ein schöner Wintertag. Als ob die Zeit und mit ihr die Welt stehen geblieben wäre. Paradiesisch, denke ich, und schließe sanft lächelnd die Augen.

Hell? Ich reiße die Augen weit auf. Wieso wird es eigentlich schon hell? Ich greife nach dem Wecker – 6.50 Uhr – und springe wie von der Tarantel gestochen aus dem Bett. Wie erwartet, das Leben hat mich bestraft! Ich habe verschlafen. Hatte ich vorhin eine Adrenalinattacke, habe ich jetzt einen Adrenalinschock.

»Mist, Mist, Mist ...« brüllend bin ich mit einem Satz unter der kalten Dusche, zehn Sekunden später wieder draußen, ziehe frische Unterwäsche, aber ansonsten die Sachen vom Vortag an, putze ein Mal die obere, ein Mal die untere Zahnreihe, blitzföhne meine Haare und sehe aus, als ob man mich an eine 220-Volt-Steckdose angeschlossen hätte. So stürze ich aus der Wohnung, falle die Treppen mehr hinunter, als dass ich sie laufe, und habe plötzlich auch noch Gegenverkehr: meine Nachbarin. Ich versuche ihr auszuweichen, sie mir auch, so trippeln wir eine Weile von rechts nach links, wieder zurück ... bis ich mich entschließe, sie über den Haufen zu rennen. Tatsächlich komme ich nach fünf Stockwerken ohne Knochenbrüche unten an und hechle vor mich hin, als ob ich die Treppen hinaufgelaufen wäre.

Und da sehe ich ihn. Durch die Glasscheiben der Tür. Djamshid. Er steht an seinen Wagen gelehnt und sieht in die Ferne. Seine Zigarette hält er zwischen Zeigefinger und Daumen, führt sie zum Mund, zieht daran und macht dabei ein Gesicht, als ob Rauchen wahnsinnig anstrengend wäre. Er sieht ziemlich cool dabei aus. Ob er das weiß? Mit Sicherheit.

7.05 Uhr. Ich werfe den Kopf in den Nacken, strecke die Brust raus, ziehe den Bauch ein, begebe mich locker lässig nach draußen, schenke Djamshid ein joviales Nicken, entschuldige mich beiläufig für meine Verspätung und bin kurz davor, ihm vor lauter Coolness einen Nasenstupser zu geben, da kommt mein beschwingter Schritt ins Stocken und ich zum Stehen. Warum sieht der mich so komisch an? Von oben bis unten? Grinsend? Ich folge seinem Blick und stelle fest: Ich habe nicht nur meine Jacke falsch zugeknöpft, ich habe auch zwei verschiedene Stiefel an.

»Steigen Sie ein, Khoshgele«, sagt er schließlich und öffnet mir die Wagentür. Zügig tripple ich zum Auto und setze mich rein, betont gleichgültig. Djamshid schnippt seine Zigarette weg, geht hüftenschwingend um den Wagen, steigt ein, startet den Motor und fragt: »Lange Nacht?«

»Langer Morgen«, antworte ich, während ich meine Jacke richtig zuknöpfe.

Dann sieht er ein paarmal belustigt zwischen Fahrbahn und mir hin und her und bemerkt: »Sie tragen ja eine Brille.«

Ich blicke auf, fasse hin und lasse die Hand wieder fallen: Auch das noch! Ich habe vergessen, mir die Linsen einzusetzen. Jetzt sieht mich die Welt, wie sie mich schon lange nicht mehr zu Gesicht bekommen hat: als Brillenschlange.

Ich blicke starr auf die Fahrbahn. Aus dem Augenwinkel beobachte ich, wie Djamshid mich beobachtet. Nach wie vor amüsiert. Djamshid, nicht ich.

»Ungewöhnliche Kombination«, gibt er schließlich seinen Senf zu mir ab.

Ich stülpe meine Lippen vor und würdige ihn keines Blickes.

»Sie sehen so seriös aus mit der Brille!«

Ich reagiere nicht.

»Und dann...«, er spricht nicht weiter.

»Ja?«, frage ich nach einer Weile ungeduldig zurück.

»Tingeltangel-Bob«, erwidert er begeistert und deutet auf meine Haare.

»Tingeltangel-Bob?« Ich betone dabei jede Silbe, um ihm zu verstehen zu geben, dass er wohl nicht alle Tassen im Schrank hat.

»Ja, Sie sehen aus wie ein seriöser Tingeltangel-Bob. Man kann Sie nicht einordnen. Wie diese Vexierbilder. Mal so, mal so.«

Er schwenkt seine Hand hin und her, um mir auch anschaulich zu demonstrieren, was er damit meint, als ob ich nicht wüsste, was Vexierbilder sind.

Das ist also das Resultat der letzten Woche: Aus der pünktlichen attraktiven Frau ist ein verspäteter seriöser Tingeltangel-Bob geworden. Bravo!

»Und?«, fragt Djamshid unvermittelt, als ob er das Thema wechseln wollte.

»Was und?«

»Wie geht es Ihnen? Was haben Sie letzte Woche so gemacht?«

»Geweint«, sage ich trocken.
Djamshid sieht mich überrascht an.
»Und umarmt«, füge ich der Ordnung halber noch hinzu.
»Hauptsächlich.«
»Geweint?«
»Das mögt ihr doch, ihr Perser, weinende Frauen«, entgegne ich ihm, »und solche, die Ghormeh Sabzi kochen können. Am besten beides gleichzeitig.«
»Stimmt. Wir mögen Frauen mit Gefühl. Keine Eisblöcke.«
Er lacht.
Zur Demonstration dreht er die Musik lauter. Eine weibliche Stimme singt einen dieser orientalischen Schmachtgesänge.
»Oh du, deine wunderschönen Worte ... bringen mich näher zu mir selbst. Ich und die Spatzen in diesem Haus haben uns so an dein Antlitz gewöhnt ...«[30]
»Hier. Gefühl. Pures Gefühl. Hören Sie?«, deutet er auf den CD-Player, singt hingebungsvoll mit, sieht mir dabei tief in die Augen und wirft seine Schultern im Takt der Musik rauf und runter.
»Ich kenne das Lied«, rufe ich plötzlich aufgeregt wie ein kleines Kind.
»Googoosh!«, ruft er zurück, als ob jeder auf der Welt die Sängerin kennen müsste. »Eines ihrer bekanntesten Lieder!«
»Nein, nein, ich kenne es von meiner Tante.«
»Ihre Tante ist Sängerin?«
»Nein, sie hat es nur meinem Vater vorgesungen. Damals, im Iran.«
»Die Spatzen und ich werden sterben, wenn du nicht zu Hause bist...«, singe ich jetzt mit und nicke bestätigend. Es ist das Lied, eindeutig. Wer könnte auch einen so irren Text vergessen.

Nun setzt auch Djamshid wieder ein. So trällern wir gemeinsam Googooshs bekanntestes Werk und sind als persisches Schlagerduo nicht zu toppen.

»Sie waren im Iran?«, unterbricht Djamshid unser Ständchen auf einmal. »Wann?«

»Vor neun Jahren«, antworte ich.

»Warum haben Sie dort nicht Ihre Muttersprache gelernt?«

Jetzt kommt der Typ mir schon wieder mit meiner Muttersprache!

»Ich habe meinen sterbenden Vater besucht. Sorry, dass ich nicht nebenbei noch einen Farsi-Kurs belegt habe«, gebe ich pampig zurück, schalte den CD-Player aus und sehe aus dem Fenster.

»Das tut mir leid«, höre ich Djamshid ernst sagen.

Nach einer Weile fügt er noch mitfühlend hinzu: »Sind Sie noch sehr traurig?«

»Nach neun Jahren?«, denke ich verwundert und zucke mit den Schultern, ohne meine Blickrichtung zu wechseln. »Ich kannte ihn kaum.«

Djamshid schweigt, endlich. Und ich nutze die Gelegenheit, meinen Gedanken nachzuhängen. Bilder von damals entwickeln sich in mir wie in einer Dunkelkammer. Ich sehe mich Sonnenblumenkerne knacken, und meine Verwandten lachen über mich, weil ich es nicht kann. Meinen Vater mit unserem Familienfoto in der Hand. Weinend. Und ich zur Salzsäule erstarrt neben ihm. Die Perser fröhlich tanzend und mich stocksteif und arrogant auf dem Stuhl sitzend. Und in jedem dieser Bilder ist er deutlich zu sehen: mein angestrengter Versuch, nicht die Kontrolle zu verlieren. Und jetzt bin ich es doch: ein bisschen traurig.

»Ich möchte gar nicht daran denken ...«, holt mich Djamshid wieder zurück – und redet nicht weiter.

»Woran?«, frage ich genervt.

»Dass meine Eltern auch einmal...«

Na hoppla, unser »Ich-bin-so-cool-Macho« wird sentimental!

»Egal, wie viele Probleme man mit ihnen hat, sie sind unsere Eltern, nicht wahr?«, wendet er sich Zustimmung suchend zu mir.

»Sie haben Probleme mit Ihren Eltern?«

Ich erinnere mich doch noch sehr gut an seinen Elternbeweihräucherungsmonolog.

»Ach«, sagt er und schüttelt resigniert den Kopf, »heute Morgen erst hatte ich einen Riesenstreit mit meinem Vater.«

»Er kann nichts dafür«, verteidigt er ihn sogleich, »lebt halt in der Vergangenheit. Da war er wer. Hier in Deutschland? Da ist er niemand. Das ist hart für ihn. Sehr hart.«

Das Schicksal, das wohl auch meinen Vater ereilt hätte, wenn er damals mit uns gekommen wäre.

»Aber in der Vergangenheit zu leben, das macht unglücklich. Das Leben findet jetzt statt. Hier und jetzt«, Djamshid wird vehement, als ob ich ihm widersprochen hätte.

»Spricht noch immer gebrochen Deutsch! Nach 30 Jahren!« Er schüttelt verärgert den Kopf.

»Die haben uns nicht eingeladen«, fährt er dann fort und deutet in der Gegend herum, »aber aufgenommen. **Wir** müssen uns anpassen, nicht sie.«

Djamshid, der Iranverfechter, spricht von Anpassung und klingt wie ich – im Streitgespräch mit meiner Mutter? Bin ich im falschen Film?

»Anpassung kann auch gefährlich sein! Man verliert sich leicht dabei«, belehre ich ihn und klinge nun selbst wie meine Mutter.

»Die ganze Evolution baut auf Anpassung auf. Und wenn Sie mich fragen, hat die sich ziemlich bewährt.«

Bevor ich etwas einwenden kann, fährt er fort.

»Oder ein anderes Beispiel: Ein Grashalm gibt bei jedem Windstoß nach und richtet sich danach wieder auf. Warum? Einerseits fest verankert im Boden, andererseits total anpassungsfähig. Ein Grashalm wird nicht einmal von einem Sturm gebrochen. Ein Baum schon«, erklärt er fachmännisch und schwingt daraufhin selbst wie im Rausch, als ob das die wissenschaftliche Bestätigung seiner These wäre.

»Ja und?«

»Richtige Anpassung ist intelligent. Genauso wie richtige Integration. Weil die **mit** dem Leben geht und nicht dagegen. Mit dem, was gerade von einem gefordert ist. Da verliert man sich nicht. Man gewinnt nur dazu. Vorausgesetzt, man ist gut verwurzelt«, klärt er mich auf.

»Was gewinnt man denn?«

»Neue Kombinationen!« Dann grinst er breit und zeigt auf sich. »Schauen Sie mich an!«

Ich verstehe nicht.

»Ich vereine das Beste der Perser mit dem Besten der Deutschen!«, flötet er und zuckt dabei einmal mit dem rechten, dann mit dem linken Brustmuskel.

Mir fehlen die Worte.

»Aber mein Vater will mich nur persisch haben«, wird er abermals ernst.

Wir haben das Machofahrwasser wieder verlassen. Gott sei Dank.

»Dabei wollte ich nur meinen Anteil der Miete zahlen.«

Anteil der Miete? Die beste Kombination aller Welten wohnt also noch bei seinen Eltern?

»Er wollte das Geld nicht nehmen«, erzählt er, ahmt seinen Vater nach und spricht mit Akzent: »Djamshid, mein Sohn, wir sind persische Familie. Nicht wie gefühllose Deutschen, die Kinder mit 16 auf die Straße setzen. Bei uns es gibt nischt Dein und Mein. Nur Unser!«

»Und?«

»Wie immer«, er zuckt kraftlos mit den Schultern. »Du bist sooo deutsch!«, hat er mich am Ende angeschrien und mir die Scheine vor die Füße geworfen.

Ich muss laut auflachen.

»Was ist?«, fragt Djamshid und wirkt sofort verunsichert.

»Nichts«, winke ich ab und lache weiter in mich hinein. Wer hätte das gedacht, Djamshid und ich haben eine Gemeinsamkeit. Er ist so deutsch, ich bin so österreichisch und beide sehen wir aus wie die Urperser.

»Warum haben Sie eigentlich letzte Woche so viel geweint?«

Mist! Warum habe ich ihm das auch erzählt? Jetzt heißt es einfach etwas erfinden. Oder noch besser, eine kryptische Antwort, die alles offen lässt.

»Ich hab entdeckt, dass ich etwas verloren hatte«, sage ich und versuche dabei geheimnisumwoben und gleichzeitig so distanziert wie möglich zu klingen, damit er nicht weiterbohrt. Ich kann das, bin ja gelernte Schauspielerin.

»Was hatten Sie denn verloren?«, fragt Djamshid keinen Atemzug später und sieht mich auffordernd an. An Djamshid würde auch Meryl Streep scheitern, glauben Sie mir.

»Mich«, sage ich schließlich, aber so beiläufig, als würde ich von meinem Schlüsselbund reden. Ich will nicht dramatisch klingen. Djamshid sieht mich perplex an. Und dann passiert etwas Komisches. Unsere Blicke bleiben ineinander hängen und für einen kleinen Moment bin ich wie ... hypnotisiert? Dann gleite ich langsam von seinen dunklen Augen zu seinem Mund, beobachte fasziniert, wie er sich leicht öffnet, und spüre seinen warmen Atem auf meinem Gesicht. Wie von allein klappen meine Lippen zitternd ...

Moment mal! Wieso kommt mir das so bekannt vor?
Ich reiße mich aus seinem Blick und deute auf die Straße.
»Vertrauen Sie mir, Khoshgele, ich bin ein guter Fahrer.«
Das nächste Déjà-vu. Ich wende mich im Zeitlupentempo zu Djamshid. Langsam dämmert es mir.
»Glauben Sie an Träume?«
»Klar. In unseren Träumen leben wir unsere verborgenen Sehnsüchte aus.«
»Ach ja?«, frage ich entsetzt und starre während der restlichen Fahrt auf die Fahrbahn.
Stumm.

※

Wir sind angekommen. In Marzahn. Am selben Drehort wie vor einer Woche. Und schon steht auch Mehrnaz, die Praktikantin, an der Wagentür.
»*Salam, Mehrnaz. Du sprich bitte Farsi mit mir!*«, stelle ich sie vor vollendete Tatsachen, während ich aussteige.
»Ja?... Aber Sie... ich dachte, Sie können... aber...«, stammelt sie erschrocken vor sich hin, als ob ich sie aufgefordert hätte, schmutzig zu mir zu reden.
»*Ich Farsi verstehe gut. Ich will lern auch sprecht Farsi, versteht?*«
Mehrnaz wirft Djamshid einen Blick zu. Der lächelt nur gelassen und beginnt mich zu loben, als wäre ich eine Fünfjährige.
»Afarin, Afarin,* Khoshgele, sehr gut, *Muttersprache ist wichtig!*«
Fehlt nur noch, dass er mir in die Wangen kneift und »Mash'allah« ruft. Stattdessen beugt er sich über den Wagen

---

* Bravo, Bravo!

zu mir vor und flüstert konspirativ »*Vergessen Sie nicht: Die Mischung der Kulturen bringt das beste Resultat hervor*« und deutet dabei grinsend auf sich.

Ich verdrehe die Augen, wende mich ab und mache mich mit Mehrnaz auf den Weg.

»Khodafez, Tingeltangel-Bob!«, höre ich ihn dann in meinen Rücken rufen.

»Khodafez, Deutscher«, kontere ich, ohne mich umzudrehen.

»Khodafez, Almani«, maßregelt mich Mehrnaz.

»Wie bitte?«

»*Deutscher heißt Almani auf Farsi*«, erläutert sie.

Mehrnaz nimmt ihren Job als Sprachlehrerin sehr ernst.

»*Danke, Mehrnaz, für Erklärung. Ich bin dein Opfer.*«

»*Passt nicht, Frau Madani.*«

»Was?«

»›*Ich bin dein Opfer*‹ *kann man nicht immer sagen.*«

»*Nein?*« Dabei ist das doch der einzige Satz, den ich akzentfrei beherrsche!

Im Kostümmobil lege ich Faribas Kleider an, werfe einen Blick in den Spiegel, stehe etwas unbeholfen herum, winke meinem Spiegelbild kurz ein »Hallo« zu, finde mich albern dabei und begebe mich zum Maskenmobil.

»Salam Aleikum«, begrüßt mich eine neue Maskenbildnerin. Beim zweiten Mal hingucken erkenne ich, es ist eine neue Brigitte.

Ihre blonden Schnittlauchsträhnchen sind gewellt. Die Augen hat sie mit schwarzem Kajal umrahmt, Rouge aufgelegt, die Lippen dunkelrot angemalt. An ihren Ohren hängen verschnörkelte Ohrringe. Zu Jeans und Pullover trägt sie einen typisch persischen Schal. Sie wirkt ... verkleidet?

»Wow!« Mehr fällt mir bei ihrem Anblick nicht ein.

»Haste wat jemerkt ... Echt jetze?«, fragt sie erfreut und zuppelt ihre Löckchen zurecht.

Selbst ein Blinder hätte Brigittes Typveränderung registriert.

»Du siehst so orientalisch aus!«

»Ach wat!«, wehrt sie verlegen ab. »Aba n' bissken steckt dit schon an, wa? Dit persische Flair hier«, und sieht dabei zufrieden lächelnd in den Spiegel.

Dit persische Flair? Ich tippe eher auf einen persischen Mann!

»Mensch, du kiekst aba ooch janz andas aus da Wäsche«, meint Brigitte und deutet etwas schockiert auf meine Haare und die Brille.

»Sorry. Hab verschlafen.«

»Macht nüscht. Ick zauber dir gleich 'ne Frisur«, beruhigt sie mich und beginnt mit ihrer Arbeit.

»Dit letzte Mal ... dit war 'ne ord'ntliche Leistung, dit muss ick dir mal sajen, Porsche, dit war Jänsehautkino, wat du da jeboten hast. Da ham wa noch viel von jeredet danach.«

»Echt jetzt?«, frage ich verlegen und zupfe nun an meiner Tingeltangel-Frisur.

»Ihr habt ebent Jefühl, ihr Persa«, resümiert sie und bekommt einen ganz verträumten Gesichtsausdruck. »Nich' wie die Deutschen«, fügt sie dann hinzu und macht ein missmutiges Gesicht.

»Na ja, also, ich finde, dass die Deutschen...«, will ich gerade eine Lanze für ihre Landsleute brechen, aber dazu komme ich nicht.

»Ne, wirklich, Porsche, gloob mir. Ick fühl' dit. Ick mag zwar ausseh'n wie 'ne Deutsche, aba in mir schleejcht dit Herz eina Orientalin«, sagt sie und tippt sich dreimal auf die Brust. »Ick bin voll im falschen Land jebor'n«, seufzt sie dann.

»Und?«
»Wat und?«
»Dich hat's doch voll erwischt!«
»Wat meinste denn?«
»Wie heißt er?«
Mit einem Mal wird Brigitte knallrot.
»Ick wees ja nich', wovon du redest«, sagt sie ertappt, wirkt plötzlich sehr geschäftig und schweigt für die nächste halbe Stunde.

»Darmamdschott«, sind die nächsten Worte, mit denen sie mein Ohr wieder erfreut. Was sie damit sagen möchte, ist mir allerdings schleierhaft. Dann wiederholt sie ganz langsam und überdeutlich: »Dar – Mamm – Dschott« und sieht mich erwartungsvoll an. Ich sehe ratlos zurück. Brigitte sieht enttäuscht zu Boden.

Ich überlege intensiv. Es dauert. Aber dann: »Ahhh! Tamam Shod – Fertig!«, rufe ich heurekamäßig aus und fast fällt Brigitte mir vor Freude um den Hals. Ich hingegen freue mich, dass es auf diesem Set wenigstens eine Person gibt, die schlechter Farsi spricht als ich. Bis auf die Deutschen, die gar kein Farsi sprechen.

»Ta-mam Shod«, wiederholt Brigitte ein paarmal konzentriert und geht dabei in ihrem kleinen Maskenmobil hin und her, als ob sie gleich eine wichtige Rede halten müsste. Dann blickt sie auf und lächelt mich verschmitzt an.

»Es iss der Kotzro«, sagt sie unvermittelt und wiegt sich kokett wie ein kleines Mädchen hin und her.

»Wer?«
»Der Kotz-roo!«, wiederholt sie rufend.
Ich habe noch immer keine Ahnung, von wem sie spricht.
»Na, der Ton!«
»Achso! Der Khosro!«

»Sach ick doch!... Aba keen Sterbenswörtchen zu den andan, wa? Hab' echt keen Bock auf dit Jerede. Von wejen Setaffäre und so!«

»Kein Sterbenswort!«, sage ich und hebe zur Bekräftigung Zeige- und Mittelfinger.

»*Frau Madani, darf ich Sie zum Set bringen?*« Mehrnaz lugt zur Tür rein.

»Khaste nabashin!«, fügt sie noch an, als wir uns auf dem Weg machen.

Ich lächle sie fragend an.

»Ich hoffe, Sie sind nicht müde, heißt das«, klärt sie mich auf.

Hat sich etwa herumgesprochen, dass ich heute Morgen verschlafen habe?

»Nein, nein, ich bin nicht müde. Also doch, ein bisschen, weil ich heute ein klitzeklein wenig ver...«, versuche ich meinen Fauxpas herunterzuspielen, da unterbricht sie mich schon...

»*Frau Madani – das ist nur eine Floskel. Nicht nachdenken. Einfach lächeln und ›ich bin Ihr Opfer‹ sagen.*«

Und wieder stehe ich in der kleinen, muffigen Wohnung im 12. Stock – also genau dort, wo vor einer Woche meine Krise begann. Wieder wieseln Beleuchter um mich herum, bauen auf, bauen ab, sind schwer beschäftigt... und plötzlich habe ich das Gefühl, in einer Endlosschleife zu stecken. Alles wiederholt sich. Dann wird der heutige Drehtag ebenso in einer Katastrophe enden wie der letzte, überkommt mich plötzlich eine unverrückbare Gewissheit. Und auf einen Schlag ist sie da. Aus dem Nichts. Wie in einem schlechten Horrorfilm krallt sich die Panik unerwartet an meine Knöchel, hangelt sich zügig an mir hoch, erweicht meine Knie, bringt meine Hände zum Zittern, schnürt nebenbei meine Kehle zu und lässt sich alsbald in meinem Magen nieder, um dort gemächlich alle viere von sich zu strecken. Fehlt nur noch, dass sie sich ein Bier nimmt und die Glotze anmacht.

Bin ich etwa noch tiefer gelandet, als ich vor einer Woche gestartet bin? So erbärmlich es auch ist, ich will jetzt nur eins: davonlaufen. Da ich das nicht kann: in Ohnmacht fallen. Wenn auch das nicht geht: ich brauche schnell eine Naturkatastrophe! Bitte!

Ich will gerade in Verhandlungen mit dem Universum treten, da entdecke ich aus dem Augenwinkel Golbanu und Babak. Und ich stelle beruhigt fest, der Drehtag wird nicht nur in einer Katastrophe enden, er fängt auch mit einer an. Hauptdarstellerin und Regisseur stehen nämlich in einer Ecke und streiten. Das heißt, die engelsgleiche Golbanu gestikuliert wild und lässt eine atemlose Suada auf Babak nieder, der wiederum vor ihr steht wie ein kleiner Junge und sich die Leviten lesen lässt. Er vermeidet es, ihr ins Gesicht zu sehen. Kann ich verstehen. Sie hat in der Tat medusaähnliche Züge angenommen.

Aber was um alles in der Welt ist ihr Problem? Neugierig schleiche ich mich ein wenig näher, da entdeckt mich Golbanu und schleudert mir einen zornigen Blick entgegen. Automatisch weiche ich zwei Schritte zurück und sehe ebenfalls zu Boden. Nicht nur, weil ich mich ertappt fühle, ich will auch nicht versteinern.

Sie wendet sich wieder Babak zu, zischt ihm ein mir unverständliches, aber mit Sicherheit wenig freundliches Schlusswort ins Gesicht, lässt ihn stehen und schreitet wie eine Diva von dannen. Babak will ihr noch nach, lässt es dann doch sein und kommt stattdessen mit ausgebreiteten Armen auf mich zu.

»Puruschat«, ruft er, »schön, dass du wieder da bist.« Er umarmt mich und bleibt an mir hängen, als ob er sich für einen Augenblick auf mir ausruhen müsste. Ich klopfe ihm beschwichtigend auf den Rücken. Dem Mann scheint es schlechter zu gehen als mir. Das freut mich. Nichts wofür ich mich rühmen kann, aber Katastrophen anderer haben oft eine mildernde Wirkung auf meinen katastrophalen Zustand. Ich fühle mich nicht mehr so allein.

Babak führt mich wieder durch die Wohnung und erklärt mir die bevorstehende Szene. Ich soll mit einem Brief von der Behörde die Wohnung betreten. Golbanu alias Farsaneh wartet auf mich. Der Inhalt dieses Briefes entscheidet über ihre Aufenthaltsberechtigung in Deutschland. Ein schicksalsträchtiger Moment. Voller Spannung. Ich öffne langsam das Kuvert, ziehe das Schreiben heraus, entfalte es mit zittrigen Händen und verfalle in Jubel. Farsaneh darf bleiben.

Dann nimmt mich Babak wieder beiseite und flüstert: »Brauchst du Hilfe mit deinem Text, Puruschat?« Er nickt mir aufmunternd zu. »Das ist kein Problem. Ich übe das gern mit dir. Solange du brauchst.«

Kurz überlege ich, dann lehne ich sein freundliches Angebot ab. Geübt habe ich genug. Eine Entführung durch Außerirdische wäre hilfreich. Da die aber selten auftauchen, wenn man sie braucht, entscheide ich mich einfach dafür, ins kalte Wasser zu springen. Was bleibt mir auch anderes übrig?

Golbanu erscheint wieder. Ihr Gesichtsausdruck ist eine hochexplosive Mischung aus Trotz, Wut und Arroganz. Wäre ich eine Zeichentrickfigur, würden mir jetzt die Knie schlottern. Aber ich bin ja nicht der Grund für ihre Rage, spreche ich mir Mut zu, hisse innerlich die weiße Fahne – sicher ist sicher –, schreite ihr energisch entgegen, setze mein gewinnendstes Lächeln auf, reiche ihr die Hand und sage: »*Salam, Golbanu, wie du geht? Bitte nicht müde sein.*«

Golbanu sieht mich an, als ob **ich** eine Außerirdische wäre, streift dann kaum spürbar meine Hand und sieht an mir vorbei in die Ferne. Offensichtlich erfreut sie die Aussicht auf den Samowar mehr als mein Anblick.

»Wollt ihr Text machen?«, bringt sich jetzt Babak ins Spiel und versucht die betretene Stimmung zu lösen. Bevor ich antworten kann, schüttelt Golbanu wortlos den Kopf und begibt sich auf Position. Babak guckt hilflos zu mir und hebt entschuldigend die Schultern, Ich gucke hilflos zurück und begebe mich auch auf Position.

Die Probe beginnt. Ich betrete die Wohnung, Golbanu blickt auf und – Sie haben es erraten – ihre Augen füllen sich auf Anhieb mit Tränen. Wie macht die das bloß? Die muss doch irgendwo ein Leck haben! Fasziniert über die schauspielerischen Fähigkeiten meiner Kollegin vergesse ich für einen Augenblick weiterzuspielen. Was sollte ich nochmal tun? Ach ja, das Kuvert öffnen, den Inhalt lesen, in einen persischen Jubelmonolog verfallen und das Wichtigste: keinen Fehler machen! Das könnte sonst kritisch für mich enden. Bei Golbanus Stimmung heute! Aber offensichtlich beflügelt mich der Druck, denn der kleine Monolog sprudelt aus mir heraus, als hätte ich mich selbst entkorkt. Wie Champagner. Spritzig, leicht und flüssig. Üben lohnt sich doch!

»Bravo, Puruschat, bravo! Alle Sätze gesprochen!«, lobt mich Babak überschwänglich. »Und kein Akzent zu hören!«, setzt er noch eins drauf. Auch ihm scheint ein Stein vom Herzen zu fallen. Die Euphorie breitet sich wie warmer Honig in mir aus. Von Panik keine Spur mehr. Ich habe nicht versagt. Von wegen Katastrophe! Ich funktioniere! Wie eh und je! Und Golbanu hat keinen Grund, böse auf mich zu sein.

Yeah! Innerlich setze ich wieder zu einem triumphierenden Michael-Jackson-Moonwalk an, mache die ersten Schritte, gerate ins Stocken und komme zum Stehen. Innerlich wie äußerlich.

Was habe ich mir da gerade gesagt? »Ich funktioniere wie eh und je«?

Moment mal, war es nicht gerade das, was ich vermeiden wollte? Erfülle ich wieder, anstatt zu erfühlen? Mache ich, anstatt zu sein, halte ich mich zurück, anstatt mich zuzulassen? Diese verdammten Muster! Kaum ist man einen Augenblick unaufmerksam, wird man... ach, Sie wissen schon. Und ich auch. Aber was nutzt das? Nichts, wenn ich mich nicht entmustere. Jetzt, hier, an Ort und Stelle.

Es gibt nur ein Problem: Ich will mich nicht entmustern. Es ist so anstrengend. Als wenn man mit Gewichten an den Füßen einen Marathon läuft. Oder mit Gewichten an den Füßen ins offene Meer geworfen wird. Oder mit Gewichten an den Füßen vor einem Topfenstrudel sitzt und nicht zubeißen darf. Gut, das passt nicht ganz ... aber egal!

»Bravo, Proschat, Du hast alle Sätze gesprochen! Und ohne Akzent«, kommt mir Babaks Kommentar in den Sinn. Ist das alles, was man mir zutraut? Was ich mir selbst zutraue? Das ist ja nicht mal eine Blinddarm-OP, das ist höchstens die Entfernung eines eingewachsenen Nagels!

Das ist er also. Mein zweiter Marshmallow-Test heute.

Entschlossenen Schritts begebe ich mich zu Babak, stelle mich auf die Zehenspitzen, klopfe ihm auf die Schulter und falle wieder in Ursprungsgröße zurück. Er unterbricht sein Gespräch mit dem Kameramann und dreht sich mir zu.

»Babak?«

»Ja?«

»Ich hätte da einen Vorschlag zu machen.« Ich muss mich offenbar im Ton vergriffen haben, denn Babak weicht erschrocken zurück.

Ich will weiterreden, da fällt mein Blick auf Golbanu und diesmal weiche ich erschrocken zurück. Ich weiß nicht genau, was sie da tut, aber es sieht gefährlich aus. Ihre schönen Augen haben sich in kleine Sehschlitze verwandelt, aus denen schießt sie wahrscheinlich hochgiftige Pfeile ab, zielgenau auf Babak und mich. Da hilft kein Lächeln mehr, auch keine persische Höflichkeitsfloskel, hier ist Flucht angesagt. Ich nehme Babak am Arm, ziehe uns aus der Schusslinie und setze erneut an: »Babak, du hast doch das letzte Mal gesagt, ich soll den Inhalt der Worte in meinen Gesichtsausdruck legen, nicht wahr?«

Babak nickt beflissen.

»Das würde ich in dieser Szene auch gern tun.«

Babak zieht die Augenbrauen zusammen und sieht mich konsterniert an.

»Aber du beherrschst den Text doch perfekt. Warum willst du das?«

Ja, warum will ich das? Gute Frage. Ich weiß es nicht. Ich ...

»Weil ... weil ... weil es sich für mich so richtig anfühlt«, sage ich plötzlich entschieden.

Babak antwortet nicht. Er schaut mich an, schaut wieder weg. Überlegt. Nach gefühlten drei Stunden sagt er schließlich: »Biete mir was an«, um gleich verängstigt zu Golbanu zu blicken. Dann gibt er sich einen Ruck und geht auf sie zu.

Ungefähr 2,5 Sekunden später bröckelt der Putz von den Wänden, Gläser fallen aus den Regalen, Krater öffnen sich im Boden und die Anwesenden im Raum werden von Wand zu Wand geschleudert. Das Erdbeben, das ich herbeigesehnt habe? Nein, Golbanus Ausbruch: *So könne sie nicht arbeiten ... wenn jeder Nebendarsteller die Szenen verändern dürfe ... er lasse sich auf der Nase herumtanzen ... sie werde abreisen ...*

Babak scheint unter ihren verbalen Hammerschlägen immer mehr in den Boden geklopft zu werden. Bald wird nur noch sein Haarschopf zu sehen sein. Was habe ich bloß angestellt? Jetzt bin ich doch der Grund für Golbanus Rage. Und Babak muss es ausbaden.

Und schon will ich mich zwischen Regisseur und Hauptdarstellerin werfen und alles rückgängig machen. Um Golbanus Kopf kreisen, ihr meine gegrillte Leber schenken und vor allem ihr Opfer sein. Es ist ihr Film, nicht meiner. Sie ganz groß und ich ganz klein.

Und plötzlich sehe ich, wie Golbanu Babak schubst. Immer und immer wieder. Babak wehrt sich nicht. Kein bisschen. So wie ich damals in der Schule. Er wendet seinen Kopf zu mir, lächelt mich traurig an und zuckt mit den Schultern: »Es gibt Schubser und Geschubste. Wohin wir beide gehören, das wissen wir, nicht wahr?«, scheint sein Blick zu sagen. Habe ich vorhin gefühlt, wie sich die Panik an mir hochgehangelt hat, so ist es jetzt die Wut. Auf Golbanu. Auf Simone. Auf die Fellner. Auf alle Schubser dieser Welt.

Natürlich schubst Golbanu nicht wirklich und Krater gibt's auch nicht im Boden. Meine Fantasie geht mit mir durch. Aber das kennen Sie ja schon. Kein Grund zur Beunruhigung. Im Gegenteil. Denn mir wird in diesem Moment etwas Wesentliches klar: Manchmal gilt es, nicht Grenzen zwischen sich und den anderen einzureißen, sondern ganz bewusst welche zu setzen. Nur dann ist man geschützt vor den Drachen, Monstern, Medusen und Fellners, die uns in Angst und Schrecken versetzen, um uns nach ihrer eigenen Pfeife tanzen zu lassen.

Und jetzt setze ich **meinen** Voodoozauber ein. Nicht gegen Golbanu. Für Babak.

Ich schließe die Augen und rede telepathisch auf ihn ein. Ich mache ihm Mut, feuere ihn an, gebe ihm Kraft, baue ihn auf, trage ihn, ziehe und schiebe ihn ... und was soll ich Ihnen sagen? Als ich meine Augen aufmache, sehe ich, wie Babak sich Stockwerk für Stockwerk hochfährt und seine ursprüngliche Größe wieder gewinnt.

»*Ich will, dass Puruschat das ausprobiert. Wenn es gut ist, dann machen wir es, wenn nicht, dann lassen wir es bleiben*«, sagt er leise, aber bestimmt.

Hätte ich einen Marshmallow, ich würde ihn Babak abgeben.

Golbanu scheint nicht beeindruckt, sie redet weiter wie eine Xanthippe auf ihn ein, überschüttet ihn mit Vorwürfen, Forderungen, Drohungen ... bis etwas reißt. Babaks Geduldsfaden, in seinem Fall eher ein Geduldsseil.

»*Ich bin hier der Regisseur und ich bestimme, wie ich die Szene haben möchte. Und wenn ich sage, das passiert so, dann passiert das auch so, hast du verstanden?*«, brüllt es plötzlich ohrenbetäubend aus ihm heraus.

Stille.

Jetzt ist es so weit: Wir sind allesamt versteinert. Auch Golbanu. Sie sieht aus, als wenn man ihr den Stecker rausgezogen hätte. Bewegungslos steht sie vor Babak und starrt ihn mit offenem Mund an. Babak lässt sie stehen und geht. Es dauert eine Zeit, aber langsam kommt wieder Leben in die Umstehenden. Auch in Golbanu. Und sie tut, was sie am besten kann, sie weint. So bitterlich, wie sie vielleicht noch nie vor der Kamera geweint hat. Fast so wie ich. Vor einer Woche. Und so wiederholen sich die Dinge doch. Nur ein bisschen anders.

Wie aus dem Nichts taucht Djamshid auf, fasst Golbanu wortlos um die Taille, sie lässt es wie selbstverständlich mit sich geschehen und er führt sie in ihre Garderobe. Ich blicke ihnen verdattert nach. Djamshid und Golbanu sind ein Paar? Warum? Ich meine, warum gibt mir das jetzt so einen Stich? Ich werde doch nicht etwa ...? Lächerlich!

Ich setze mich, stütze meinen Kopf in die Hände und starre vor mich hin. Meine Euphorie ist aus mir herausgesaugt. Kein Krümelchen mehr vorhanden. Dafür richtige Brocken von Zweifel. Die liegen mir schwer im Magen. Bin ich egoistisch? Immerhin ist der Dreh unterbrochen worden. Wieder einmal wegen mir. Nicht, weil ich diesmal nicht funktioniere, wie ich soll, sondern spielen will, wie ich will. Vielleicht hätte ich doch lieber nachgeben sollen? Um des lieben Friedens willen? Wie ich es bis jetzt immer getan habe?

»Frieden entsteht nicht dadurch, dass du den Konflikten aus dem Weg gehst, Proschat, sondern indem du dir und den anderen zumutest, sie gemeinsam durchzustehen«, sagt eine Stimme zu mir, die ich noch nie vorher gehört habe. Ich sehe mich um. Da ist niemand. Dann blicke ich an mir runter und stelle erstaunt fest: Die kam ja aus mir. Hey, cool, ich habe auch eine innere Stimme, die Dinge zu mir sagt. Wer hätte das gedacht? Ich möchte mich schon weiter mit ihr unterhalten, doch da erscheinen Golbanu, Babak und Djamshid wieder.

Offensichtlich hat Djamshid zwischen den beiden vermittelt. Er flüstert Golbanu etwas ins Ohr und die begibt sich artig auf ihre Position. Babak raunt Djamshid anerkennend ein »*Danke*« zu. Und die Arbeit kann weitergehen.

Wir werden drehfertig gemacht. Ich begebe mich vor die Tür, warte auf meinen Auftritt und spüre, wie die Nervosität in mich einfährt wie ein Zug in einen Bahnhof. Und ich bin es müde. Diese ständigen Gefühlswallungen: Panik, Euphorie, Wut, Nervosität ... abhängig von der Situation, in der ich mich befinde, von den Menschen, denen ich begegne, den Zuständen, die mich gefangen halten ... und ich sehne mich nur nach einem: Ruhe. Ich lehne meinen Kopf an die Tür, schließe die Augen, folge meinem Atem, spüre das Gewicht meiner Füße am Boden, die Wärme meiner Haut, das Klopfen meines Herzens, beginne langsam, **mich** zu fühlen, und denke nicht mehr. Und plötzlich ist sie da. Die Stille. Und ich bin angekommen. Im Moment. Bin bei mir. Wie ein Grashalm. Fest verwurzelt und gleichzeitig beweglich und frei.

Ton läuft – Kamera läuft – Action.

Ich öffne die Augen, drücke die Türklinke herunter, betrete den Raum und sehe Farsaneh am Tisch sitzen. Ich setze mich zu ihr, öffne langsam das Kuvert, hole das Schreiben heraus, entfalte es und lese stumm die Worte, die über Glück oder Unglück, womöglich sogar Leben und Tod Farsanehs entscheiden. So sitze ich eine Weile da, spiele nicht, lasse zu, was immer kommt, spüre, wie meine Brust sich immer heftiger auf und ab bewegt – bis etwas reißt. Ganz leise. Was war das? Ich versuche das Geräusch zu orten, da werde ich von einem anderen Geräusch unterbrochen, einem lauteren. Es hört sich an wie – Lachen? Ich sehe an mir runter und stelle erstaunt fest: es lacht es aus mir heraus. Und ich kann gar nichts dagegen tun. So sehr, dass mir bald Bäche von Tränen und Schleim das Gesicht runterrinnen. Mein Kontrollsystem scheint defekt zu sein. Und das fühlt sich verdammt gut an.

Yeah!

Drehschluss. Ich habe mich abgeschminkt, die Haare zu einem strengen Knoten gebunden, meine zwei unterschiedlichen Stiefel an und die Brille auf der Nase. Kurz: attraktiv ist anders. Babak und Jens, sein Kameramann, geben heute gemeinsam eine »Klappe«. Das heißt, sie schmeißen für das ganze Team eine kleine Party und haben mich persönlich gebeten, mit dabei zu sein. Ich habe mich entschieden zu bleiben. Unattraktiv wie ich bin.

Ich betrete also die »Faribawohnung«, in der die Fete stattfindet, bahne mir meinen Weg vorbei an Kameraassistent, Skriptgirl und Innenrequisiteur, grüße die Produktionsassistentin, nicke den Garderobemädels zu, wechsle ein paar freundliche Worte mit der Setaufnahmeleitung, scherze mit dem Oberbeleuchter, komme am Büffet an und – verstumme. In Ehrfurcht.

Es gibt Ghormeh Sabzi, Bouletten, Tshelo Kebab*, Bratwurst, Abgusht** und Schrippen. Als Nachspeise Pfannkuchen, Baklava*** und Kalter Hund. In meinen hungrigen Augen: das Beste der Deutschen vereint mit dem Besten der Perser. Djamshid sozusagen. Kulinarisch gesehen.

Ich schaufle mir von allem, was zur Auswahl steht, etwas auf den Teller, setze mich in eine Ecke und höre zu. Denn Babak hält gerade eine Rede. Besser gesagt, er beendet sie eben. Mit den Worten: »Film ist wie ein Mosaik. Jeder Stein, so klein er auch sein mag, muss glänzen, dann strahlt am Ende auch das ganze Bild.«

Ich schaue auf meinen bunten Teller und denke: »auch Mosaik«, führe mir eine Mischung von Abgusht, Boulette und Ghormeh Sabzi zu, spüle es mit einem Schluck Bier hinunter und beiße in eine Schrippe, dass es nur so kracht. Neue Geschmackskombination. Gar nicht mal schlecht. So wie ich – ein persisches Baklava, das nach österreichischem Kai-

---

* gedämpfter Reis mit gegrilltem Fleischspieß, Lamm oder Rind
** Persischer Lamm-Eintopf mit Hülsenfrüchten und Kartoffeln
*** Süßspeise

serschmarrn schmeckt und gleich in eine deutsche Bratwurst beißt. Nicht zuordenbar, dafür einzigartig.

Während ich so esse, klopfe ich mir gleichzeitig selbst auf die Schulter. Innerlich. Ich finde, ich habe das gut gemacht heute. Mit dem Entmustern. Und wer weiß? Vielleicht bin ich sogar grundentmustert. Es gibt ja auch so etwas wie Spontanheilungen, oder nicht?

Dann lehne ich mich zurück, falte meine Hände entspannt über meinem Bauch und betrachte das rege Treiben um mich herum: Mehrnaz erklärt Olaf, dem Kameraassistenten, die Zubereitung der einzelnen persischen Speisen nebst einer Auflistung der verwendeten Gewürze und ihrer Anbaugebiete. Olaf ist bereits im Wachkoma. Jens lernt gerade von Azadeh, der Setfotografin, seinen Namen auf Persisch zu schreiben. Khosro tanzt und Brigitte versucht es ihm gleichzutun, mit der allergrößten Leidenschaft und dem allergeringsten Talent. Von unrhythmischen Hüftschwenks über wilde Armbewegungen bis hin zu ruckartigen Kopfverrenkungen ist alles drin. Sie lässt sich dennoch nicht beirren. Auch nicht von den Umstehenden, die hinter vorgehaltener Hand über sie schmunzeln.

Babak kommt auf mich zu und setzt sich.

»Film ist Krieg, hat einmal ein Produzent zu mir gesagt«, beginnt er zu erzählen, »zu viele unterschiedliche Menschen auf einem Fleck. Da muss Blut fließen.«

Er schüttelt den Kopf.

»Film kann aber auch das sein«, spricht er weiter und deutet auf die bunte Truppe vor uns.

»Ein Bild, in nur einer Farbe gemalt – das ist bloß eine leere Fläche. Eine Symphonie, in einem Ton gespielt – das ist keine Symphonie. Ohne Unterschiede keine Kunst. Ohne Kunst kein Leben. Für mich zumindest«, fügt er noch dazu und wirkt wie ein weiser, alter Teddybär.

Übersetzt aus dem Orientalischen ins »Wie man normal spricht«: Wir sind alle anders. Das ist auch gut so. Sonst wär's fad. Aber so sind sie halt, die Perser. Müssen alles in Metaphern packen, blumig, dramatisch und – schön!

»Manchmal muss man aber Krieg führen, damit wieder Frieden einkehrt«, widerspricht er sich selbst und ich sehe wie sich seine Teddybärbacken dabei ruckartig nach unten bewegen und dort traurig hängen bleiben.

Die Geschichte mit Golbanu muss ihm sehr nahegehen. Ich nehme seine Hand und drücke sie.

»Danke!«

»Wofür?«

»Dass du dich für mich eingesetzt hast.«

»Nicht für dich, Puruschat, für die Sache. Es war gut, was du vorgeschlagen hast. Viel besser als das, was ich geschrieben hatte.«

Sein Gesichtsausdruck wird ernst.

»Ich mag zwar wie ein gutmütiger Idiot wirken, aber ich opfere für niemanden meinen Film.«

Dann lächelt er mich an.

»Und du hast mir sehr geholfen, dass er so wird, wie ich ihn will.«

Ich senke meinen Blick, wieder weiß ich nicht, ob ich elf oder schon zwölf Jahre alt bin.

»Ach, was habe ich denn schon gemacht? In meiner kleinen Rolle. Ein bisschen geweint, ein bisschen gelacht, mehr nicht«, lasse ich das Kompliment nicht auf mir sitzen.

»Aber wie du geweint hast und wie du gelacht hast, das soll dir mal einer nachmachen«, ruft er plötzlich aus, kneift in meine Wangen, schenkt mir ein überschäumendes »Mash'allah«, nimmt mich in den Arm und presst mich so fest an seine Brust, dass sich meine Brille verbiegt.

»Babak?«, sage ich nach einer Weile.
»Ja?«
»Ich krieg keine Luft!«
Er lässt mich wieder los.

Ich nehme meine Brille ab, versuche sie gerade zu biegen, stelle fest, sie bleibt schief ... und setze sie wieder auf. Mich haut heute nichts mehr um.

In dem Moment tauchen Djamshid und Golbanu auf. Wieder hat er sich an ihrer Taille angedockt und sie lässt sich von ihm führen. Und wieder gibt es mir einen ... Quatsch! Nein, ehrlich, mir geht's gut. Prächtig sogar.

»Entschuldige mich bitte«, wendet sich Babak zu mir und deutet auf Golbanu, »ich muss etwas erledigen.«

»Frieden schließen?«

Er nickt und geht auf sie zu.

Ich sage es nicht gern, aber sie sieht hinreißend aus. Mit ihrem langen, schwarzen Schneewittchenhaar, ihrer kleinen Stupsnase und den schönen großen Augen, aus denen sie so empfindsam in die Welt blickt, als ob der zarteste Lufthauch sie umstoßen könnte. Tja, nicht immer ist drin, was draufsteht.

Babak ist bei ihr angelangt. Ich halte mich vorsorglich an meinem Stuhl fest, falls das nächste Erdbeben im Anrollen sein sollte. Aber offensichtlich hat Golbanu sowohl die Rolle der Medusa als auch die der Xanthippe abgelegt. Babak redet, sie hört zu. Ruhig und aufmerksam. Mit ihrem Bodyguard hinter ihr, der seine Hand zärtlich auf ihre Schulter gelegt hat.

Ein schöner Anblick, Djamshid und Golbanu, wie füreinander gemacht. O.k., ich gebe es zu. Jetzt gibt es mir einen Stich. Klitzeklein, winzig, minimal, kaum spürbar, nicht der Rede wert eigentlich. Ich senke meinen Kopf, da fällt mein Blick auf meine Stiefel. Unauffällig schiebe ich meine Füße unter den Tisch. Dann nehme ich meine Brille ab, versuche, sie doch nochmal gerade zu biegen, erfolglos, knalle sie mir schief, wie sie ist, wieder auf die Nase und stopfe aus lauter Frust ein Riesenstück Bratwurst in den Mund. In dem Augenblick wendet Djamshid seinen Blick zu mir, lächelt mich an und kommt auf mich zu.

»Khoshgele, wie geht's Ihrem Farsi-Unterricht?«, fragt er, als er schließlich vor mir steht.

»Mmfgh... brmg... hmmg...«, gebe ich unverständliche Laute von mir und versuche das Würstchen so elegant wie möglich runterzuwürgen. Djamshid streckt den Arm nach mir aus. Ich blicke zwischen seiner Hand und seinem Gesicht hin und her und weiß nicht, was er will. Dann nimmt er mir ungefragt den Teller aus der Hand, stellt ihn beiseite und zieht mich hoch.

»Würstchen können Sie später essen, jetzt wird getanzt«, sagt er, und bevor ich noch weiß, wie mir geschieht, hat er mich schon auf die Tanzfläche gezerrt. Mein Alptraum. Wie damals im Iran. Nirgendwo sonst fühle ich mich so deplatziert wie unter tanzenden Persern. Mein Körper wird steif, mein Kiefer verkrampft und ich strahle die Geschmeidigkeit einer vertrockneten Holzlatte aus. Djamshid scheint das nicht weiter zu tangieren. Er umkreist mich hüftschwingend und wirft abwechselnd die linke und die rechte Schulter dabei hoch. Wahrscheinlich zuckt er auch mit seinen Brustmuskeln, dem deutschen und dem persischen. Das kann ich gerade nicht sehen, da ich an ihm vorbei in die Ferne gucke, in der Hoffnung, dass von irgendwoher Rettung daherkommen möge.

So erbärmlich es auch ist, ich will jetzt nur eins: davonlaufen. Da ich das nicht kann: in Ohnmacht fallen. Wenn auch das nicht geht: Golbanu! Kann sie nicht wieder die Erde zum Erzittern bringen?

Keine Chance. Sie und Babak sind mittlerweile zu uns gestoßen und tanzen sich in die Versöhnung. Neben mir werfen sich Khosro und Brigitte in halsbrecherische Posen. Selbst Mehrnaz verrenkt und verbiegt sich mit dem aus dem Koma erwachten Olaf. Mit einem Mal bin ich umzingelt vom ganzen Team – Deutsche und Perser – und alle tanzen sie, als ginge es um ihr Leben. Ein Komplott gegen mich?

HILFE!

Und mit einem Mal ist sie wieder da. Wie aus dem Nichts. Die Stimme. Von vorhin. Die aus mir.

»Auch ein Muster, Proschat?«, fragt sie jetzt mitfühlend und sanft.

»Was?«, frage ich die Stimme zurück.

»Deine Abneigung gegen das Tanzen?«

»...«

Meine Stimme lächelt nur mild. Ich kann das hören.

Mir schwant Schreckliches.

»Mein dritter Marshmallow-Test heute?«

Meine innere Stimme nickt gütig, aber bestimmt.

»Ich will aber nicht, dass man...«

»Da hilft nur eins...«

»Über mich selbst lachen?«

»Bingo!«

Ob man inneren Stimmen, die »Bingo« ausrufen, trauen kann? Ach, was soll's!

Schließlich habe ich in den letzten Tagen geweint wie die Perser, jetzt gilt es zu tanzen wie sie. Und so atme ich tief ein, schließe die Augen und springe – indem ich meinen Nacken lockere ... meinen Kiefer entspanne, meine Knie biege, meine Schultern rauf und runter werfe, meine Hüften hin und her schiebe, den Kopf nach rechts und links drehe, meine Arme ...

Und dann ist es wieder so weit. Der Putz bröckelt von den

Wänden, Gläser fallen aus den Regalen, Krater öffnen sich im Boden ... Ein Erdbeben? Nein, ich tanze!

Ich sitze im Auto. Djamshid fährt. Wie gehabt. Oder auch nicht. Denn es ist bereits gegen vier Uhr morgens. Wir haben noch lange gesungen, getanzt und Sonnenblumenkerne geknackt. Jetzt kann ich es auch. Knacken. Ich musste nur betrunken genug dafür sein. Ja, Sie haben richtig gehört, diesmal war ich es tatsächlich. Und bin es immer noch. Ein wenig.

Es ist ganz still. Nicht einmal der CD-Player läuft. Sogar Djamshid ist stumm. Außer dem Fahrgeräusch ist nichts zu hören. Beide blicken wir vor uns auf die Straße. Ich habe das Gefühl, mich wie in einer Raumkapsel nicht nur durch das menschenleere Berlin, sondern auch durch die Zeit zu bewegen.

»Film ist wie ein Mosaik«, hat Babak gesagt. Das Leben auch. Besteht aus vielen kleinen Momenten. Je mehr Momente glänzen, desto mehr strahlt am Ende das Lebensbild. Und der heutige Abend fügt sich als kleiner, aber leuchtender Stein in mein Mosaik mit hinein.

Der Frieden, den ich damals im Iran nicht finden konnte, heute habe ich ihn geschlossen. Mit dem Volk meines Vaters. Jahre später. In Berlin. Dass es so lange gedauert hat, lag nicht an den Persern. Es lag an mir. Zu dick waren die Schutzschichten, die ich angelegt hatte, zu groß war die Angst, von ihnen nicht angenommen zu werden. Als Entperserte.

Aber wahrscheinlich läuft es wohl immer nach demselben Prinzip. Nicht nur für Mütter. Zuerst muss man Frieden schließen mit sich selbst, dann lässt er sich viel leichter mit den anderen schließen.

Und wer weiß, vielleicht auch eines Tages mit meinem Vater.

»*Ich und die Spatzen, wir fliegen hin zu dir, zurück zu dir, du bist der, der die Körner für uns verteilt*«, singe ich leise vor mich hin.

Wo mein Vater jetzt wohl ist? Und ob er seine Tochter heute gesehen hat? Singend und tanzend?

Wir fahren noch lange, ohne ein Wort zu sprechen. Djamshid und ich haben heute gemeinsam den Gipfel des Ruhms erklommen, da lässt es sich auch gemeinsam schweigen. Khosro und Brigitte durften vielleicht den Titel der Dancing Stars mit nach Hause nehmen, Djamshid und ich wurden dafür Karaokemeister des heutigen Abends. Ich habe die Medaille noch umhängen. Hatte ich es nicht gesagt? Als persisches Schlagerduo sind wir nicht zu toppen.

Ich betrachte Djamshid von der Seite und schmunzle. Wie viel Spaß ich mit diesem Mann heute hatte. Wer hätte das gedacht?

»Du hast gesagt, du machst den Job als Freundschaftsdienst«, unterbreche ich dann doch die Stille.

Er nickt.

»Wer ist denn dein Freund?«

»Golbanu.«

»Eher ein Liebesdienst also«, denke ich, sage aber nichts.

»Sie braucht jemand, der auf sie aufpasst, die Kleine.«

»Ach ja?«

»Sie ist sehr lieb, aber auch sehr unsicher.«

»Unsicher? Kam mir nicht so vor.«

»Weil sie immer auf Angriff aus ist?«

»Zumindest lässt sie sich nicht so leicht die Butter vom Brot nehmen.«

»Weil sie glaubt, mit dem Brot allein zu verhungern.«

Ich sehe ihn fragend an.

»Golbanu muss immer im Mittelpunkt stehen. Tut sie es nicht, hat sie Angst, sich in Luft aufzulösen. Und dann schlägt sie eben wild um sich. Reiner Überlebenskampf.«

»Du hast sie ziemlich bedroht«, fügt er nach einer kurzen Pause noch hinzu.

»Ich?«, frage ich überrascht.

»Sie hatte Angst, du stiehlst ihr die Show.«

Wie absurd. Ich hatte die ganze Zeit Angst vor Golbanu – und sie vor mir.

»Ihr seid ein schönes Paar, du und Golbanu.«

»Ein Paar?«

Djamshid lacht laut auf.

»Sie ist meine kleine Cousine. Ich kannte Golbanu schon, da hat sie noch in die Windeln gekackt, und etwas später – schlimmer noch – mit Barbies gespielt.«

Ich schaue Djamshid an, als ob er mir gerade erzählt hätte, die Erde sei quadratisch. Dann blicke ich schnell aus dem Fenster und strahle wie ein Honigkuchenpferd. Ich will das gar nicht. Aber ich kann nichts dagegen tun. Kontrollsystem defekt und so. Sie wissen schon.

Aber gleich gibt es ohnehin nichts mehr zu strahlen. Denn wir sind angekommen. Mist.

Djamshid steigt aus und öffnet mir die Wagentür. Ich trete hinaus und bleibe stehen.

Stille.

»Tja, also dann, vielen Dank!«, ergreife ich das Wort und schüttele ihm energisch die Hand.

Djamshid schüttelt zurück.

»In dem Beruf sieht man sich ja mindestens zweimal ... ach, Blödsinn, du bist ja gar kein Fahrer ...«

Djamshid nickt.

»Nun ja ... also dann ... Tschö, na ...«, sage ich und bewege mich nicht vom Fleck.

Djamshid auch nicht.

Ich atme laut aus, wende mich schließlich dann doch irgendwann ab und mache mich auf den Weg.

Langsam.

Sehr langsam.

Immer langsamer.

»Khodafez, Khoshgele!«, höre ich ihn hinter mir rufen.

Ich gehe weiter und wünsche mir eine Ohnmacht, ein Erdbeben oder sonst eine Katastrophe, die mich davon abhält, den Schlüssel rauszuholen, in das Schlüsselloch zu stecken, umzudrehen ... Mist, gleich bin ich im Hausflur verschwunden und sehe ihn nie wieder.

Das Leben bestraft mich also doch!

Als ich gerade anfangen will, mir selbst schrecklich leid zu tun, schweben plötzlich sechs Marshmallows an mir vorbei. Begleitet von Fanfarenmusik. Ich schaue ihnen verblüfft nach, bis sie aus meinem Sichtfeld verschwunden sind, dann wende ich meinen Blick langsam zurück und mir fällt es wie Schuppen von den Augen.

Ich bin heute ohne Sprungtuch gesprungen, bin über mich hinausgewachsen, habe mich zugegebenermaßen nicht völlig, aber doch ein Stück weit entmustert, habe drei Marshmallow-Tests an einem Tag bestanden. Wo – bleibt – verdammt – noch – mal – meine – Belohnung?

Ohne nachzudenken, mache ich auf dem Absatz kehrt, gehe auf Djamshid zu, nehme ihm seine Zigarette aus den Fingern, schnippe sie weg – da ploppt plötzlich meine Mutter im Hintergrund auf. Ich will sie gerade wegscheuchen, doch anstatt den Zeigefinger zu heben, zwinkert sie schelmisch, nickt mir anerkennend zu und verpufft von selbst.

Dann sehe ich in Djamshids dunkle Augen, langsam gleitet mein Blick zu seinem Mund und ich beobachte, wie er sich leicht öffnet. Ich spüre seinen warmen Atem auf meinem Gesicht, meine Lippen klappen zitternd auseinander, mein ganzer Körper... und ich tue es. Einfach so. Es darf ja neuerdings auch leicht gehen.

Ich küsse den ersten Perser meines Lebens.

Und er küsst sich so weich, leidenschaftlich, genussvoll, schmackhaft, wunderbar, nicht enden wollend... bis ich mich von ihm losreiße.

»Ich sage es aber gleich...«, wende ich ein.

»Was?«

»Ich kann kein Ghormeh Sabzi kochen.«

»Bring ich dir bei, Kleines.«

»Hab 'ne bessere Idee.«

»Die wäre?«

»Du kochst für mich.«

»Ich bin ein persischer Mann!«

»Ach, halt die Klappe und...!« – unversehens ist die Amazone in einer romantischen Komödie gelandet.

Und so küssen sich Djamshid und Porsche, Borschat, Prosciutto, Großstadt, Poschet, Broscherl, Bruscetta, Popschi, Puschat, Prochat, Puschi, Puruschat und Proschat... und wenn sie nicht gestorben sind, dann küssen sie sich noch heute.

CUT

Danksagung

Mein Dank gilt der Agentur Gorus, meinem ersten Ansprechpartner auf dem spannenden Weg zum fertigen Buch.

Besonders glücklich bin ich mit meinem Verlag, allen voran mit meiner Redakteurin Stefanie Heim und der Redaktionsleiterin Silke Kirsch. Vielen, vielen Dank für Euren Einsatz und die schöne Zusammenarbeit.

Ina Raki, meine Lektorin, was soll ich sagen? Ein dickes Dankeschön an Sie für Ihre unverbrüchliche Zuversicht, Freundlichkeit, Ihren steten Zuspruch und Ihre Engelsgeduld, die ich immer wieder arg strapaziert habe. Ihr Verständnis für frische Schreiberlinge wie mich ist Gold wert.

Charlotte Pollex möchte ich für das schöne Buchvideo danken, das sie gedreht hat. Einfach, ästhetisch und geschmackvoll. Ich mag es sehr.

Danke an Sanam für die Farsi-Betreuung, Christian für die Überprüfung der österreichischen Kraftausdrücke und Annika für das astreine Berlinerisch. An Margit und Helmut für ihre »Bibel-Unterstützung«, an Birgit für die Informationen über das Burnout-Syndrom. Gregor, Dir danke ich für Deine Hilfe bei der Parfümrecherche.

Hans, Efi, Beverly ... danke, dass Ihr Euch immer wieder die Zeit genommen habt, um etwas gegenzulesen. Euer Feedback war mir sehr wichtig.

Kathi und Anneliese, nicht nur für unseren gemeinsamen Tag, den Ihr ganz in den Dienst meines Buches gestellt habt, will ich Euch von Herzen danken, auch für Euer Feedback, die guten Gespräche, Eure liebevolle Unterstützung. Ihr seid Freunde, wie man sie sich nur wünschen kann. Vielen Dank!

Matthias, wie groß Dein Anteil daran ist, dass es dieses Buch gibt, wissen wir beide. Ohne Deine Unterstützung, insbesondere auf den letzten Metern, würde ich diese Danksagung heute nicht schreiben. Wieder einmal hast Du unter Beweis gestellt, dass Du der integerste und selbstloseste Mensch bist, den ich kenne. Danke!

Meinem Bruder Babak danke ich, dass er sehr wahrscheinlich der erste Amazon-Vorbesteller meines Buches war. Fariba, meine wunderbare Schwester, Dir danke ich, dass Du mir, wann immer ich es gebraucht habe, ein liebevolles Ohr geliehen hast. Und meine großartige und außergewöhnliche Schwester Nasi hat mehr zu diesem Buch beigetragen, als sie jemals ahnen wird. Ihr seid die besten Geschwister, die man haben kann. Danke!

Die Liste der Gründe, derentwegen ich meiner Mutter dankbar bin, würde diese Seiten sprengen. Nicht nur hat sie mich in den mitunter auch dunklen Stunden des Schreibens mit Essen, bedingungsloser mütterlicher Liebe und einem unverrückbaren Glauben an mich versorgt, sie hat sich auch noch als wertvolle Dramaturgin und kreative Ideengeberin entpuppt. Meine Mutter wird wohl nie aufhören, mich zu überraschen. Auch dafür meinen tiefsten Dank.

Mein besonderer Dank aber gilt der größten Lehrmeisterin in meinem Leben: Lea. Du hast aus mir einen besseren Menschen gemacht. Danke – wem auch immer – dass ich Deine Mutter sein darf!

Last but not least möchte ich all den Menschen danken, die den Mut haben, sie selbst zu sein. Sie motivieren mich tagtäglich, meinen eigenen Weg zu gehen und immer mehr die zu werden, die ich bin. Danke!

Quellenverzeichnis

1 Carl R. Rogers: Entwicklung der Persönlichkeit. Psychotherapie aus der Sicht eines Therapeuten. Klett-Cotta
2 Michael Niarvarani – Zitat aus YEK SHABE IRANI (Eine iranische Nacht), eine persisch-österreichische Comedy Show. Zu finden unter: http://www.niavarani.at/kabarett/die-persisch-oesterreichische-comedy-show (19.1.2013)
3 Sternstunde Philosophie – Sendung auf 3Sat vom 13. Februar 2011 – Richard David Precht im Gespräch mit dem Philosophen Thomas Metzinger. Anzuschauen unter: http://www.youtube.com/watch?v=BXJU_srHqA0 (19.1.2013)
4 Sternstunde Philosophie – Sendung auf 3Sat vom 13. Februar 2011 – Richard David Precht im Gespräch mit dem Philosophen Thomas Metzinger. Anzuschauen unter: http://www.youtube.com/watch?v=BXJU_srHqA0 (19.1.2013)
5 David Eagleman: Inkognito. Die geheimen Eigenleben unseres Gehirns. Campus, S. 135 – 1. Absatz
6 Diese Behauptung bezieht sich auf den »Halo-Effekt« in der Psychologie. Kurze Erklärung nachzulesen hier: http://www.psychology48.com/deu/d/halo-effekt/halo-effekt.htm (19.1.2013)
7 Bezieht sich auf Experimente mit Gruppen von Henri Tajfel, Sozialpsychologe. Nachzulesen unter: Werner Herkner: Lehrbuch Sozialpsychologie, Verlag Hans Huber, 2. Auflage, S. 491 – 2. Absatz
8 Jonathan Haidt: Die Glücks-Hypothese. Was uns wirklich glücklich macht. Vak-Verlag, S. 35 – 1. + 2. Absatz.
Sehr lustig zum Angucken: http://www.youtube.com/watch?v=6EjJsPylEOY (19.1.2013)
9 Sternstunde Philosophie – Sendung auf 3Sat vom 4. Oktober 2009 – Roger de Weck im Gespräch mit Muhammad Yunus. Anzuschauen unter: http://www.youtube.com/watch?v=I0jKPDtli10 (19.1.2013)
10 Fritz B. Simon, Interview, anzuschauen unter: http://www.youtube.com/watch?v=dDwpEijTtFg (19.1.2013)
11 Nachzulesen unter: Die Welt vom 02.04.2012, http://www.welt.de/politik/ausland/article106148765/FPOe-wirbt-mit-Heimatliebe-statt-Marokkaner-Diebe.html (19.1.2013)
12 Who is Who in Österreich, 15. Ausgabe 1999

13 Nachzulesen unter: http://www.hagalil.com/austria/gemeinde/artikel/2001/fremdenfeindlich.htm, und http://sciencev1.orf.at/science/news/34264 (19.1.2013)
14 Nachzulesen unter: Tagesspiegel vom 11.10.2010, http://www.tagesspiegel.de/meinung/fpoe-chef-strache-zu-viel-fremdes-tut-niemandem-gut/1954448.html (19.1.2013)
15 http://www.sheldrake.org/Deutsch/Aufsatz/morfeld.html (19.1.2013) und Buch: Bert Hellinger: Die Quelle braucht nicht nach dem Weg zu fragen. Ein Nachlesebuch. Carl-Auer-Verlag, S. 49 – 1. + 2. Absatz
16 Nachzulesen unter: Masaru Emoto: Die Botschaft des Wassers. Sensationelle Bilder von gefrorenen Wasserkristallen. Koha Verlag. Anzuschauen unter: http://www.youtube.com/watch?v=OyJ2rYjbW8E (dritter von 4 Teilen der Doku, in der es um Worte geht) http://www.youtube.com/watch?v=aqWzEd2fI_Y (1. Teil der Doku) (19.1.2013)
17 Lutherbibel 1545: 2. Mose 20.12
18 Søren Kierkegaard: Die Krankheit zum Tode, Reclam, S. 35
19 Khalil Gibran: Der Prophet. Patmos, S. 26
20 Nachhören und -schauen unter: Brené Brown hält eine Rede auf der Ted-Konferenz: http://www.ted.com/talks/brene_brown_on_vulnerability.html (19.1.2013)
21 Michael Ende: Momo, Thienemann
22 Stück: Zur schönen Aussicht, Zitat (von Ada): »Ich bin nämlich eigentlich ganz anders. Nur komme ich so selten dazu.«
23 Erich Fromm: Authentisch leben, Herder, S. 154 – 1. Absatz
24 Stück von William Shakespeare: »Wie es Euch gefällt«, Zweiter Aufzug/7. Szene
25 Irena Eppler: Wilde Kinder – Anthropologische Untersuchung von Kindern in außergewöhnlichen Lebensumwelten anhand ausgewählter Fallbeispiele. Grin, S. 14/3.1. Die »Ursprache« des Menschen
26 Sam McBratney/Anita Jeram: Weißt du eigentlich, wie lieb ich dich hab? Sauerländer
27 Sendung »Peter Voß fragt Manfred Spitzer« vom 13. August 2012 auf 3Sat
28 Sendung »Peter Voß fragt Manfred Spitzer« vom 13. August 2012 auf 3Sat
29 »A Single Man«, Regie: Tom Ford. http://www.imdb.de/title/tt1315981/ (19.1.2013)
30 Googoosh, Man o Gonjeshkhâje Khooneh, 1995

Es wurde versucht, alle Quellen ordnungsgemäß zu benennen. Sollten sich Rechteinhaber ungenannt wiederfinden, können sie sich gerne an den Verlag wenden.

ISBN 978-3-517-08795-5

© 2013 by Südwest Verlag, einem Unternehmen der Verlagsgruppe
Random House GmbH, 81673 München

Alle Rechte vorbehalten. Vollständige oder auszugsweise Reproduktion,
gleich welcher Form (Fotokopie, Mikrofilm, elektronische Datenverarbeitung
oder andere Verfahren), Vervielfältigung und Weitergabe von Vervielfältigungen nur mit schriftlicher Genehmigung des Verlags.

Lektorat: Ina Raki
Umschlaggestaltung und Konzeption: zeichenpool, München, unter
Verwendung eines Fotos von Mirjam Knickriem sowie Illustrationen von
shutterstock/pale62 (Kuh) und shutterstock/N.N. (Kamel)
Layout: Nadine Thiel | kreativsatz, Baldham
Satz: textum GmbH, München + Nadine Thiel | kreativsatz, Baldham
Druck und Verarbeitung: GGP Media GmbH, Pößneck

Printed in Germany

Verlagsgruppe Random House FSC-DEU-0100
Das für dieses Buch verwendete FSC®-zertifizierte Papier *Munken Premium*
liefert Arctic Paper Munkedals AB, Schweden.

817 2635 4453 6271
www.suedwest-verlag.de